谨以此书

献给中国共产党建党 100 周年！

大宁县老区建设促进会

全国革命老区县发展史丛书——山西卷

大宁县革命老区发展史

大宁县老区建设促进会　编

山西出版传媒集团　山西人民出版社

图书在版编目（CIP）数据

大宁县革命老区发展史 / 山西省大宁县老区建设促
进会编. -- 太原 ： 山西人民出版社，2023.6
ISBN 978-7-203-12576-1

Ⅰ．①大… Ⅱ．①山… Ⅲ．①大宁县－地方史 Ⅳ.
①K292.54

中国国家版本馆CIP数据核字(2023)第031999号

大宁县革命老区发展史

编　　者：山西省大宁县老区建设促进会
责任编辑：魏　红
复　　审：刘小玲
终　　审：梁晋华
装帧设计：王聚金

出 版 者：山西出版传媒集团·山西人民出版社
地　　址：太原市建设南路 21 号
邮　　编：030012
发行营销：0351－4922220　4955996　4956039　4922127（传真）
天猫官网：https://sxrmcbs.tmall.com　电话：0351－4922159
E－mail：sxskcb@163.com　发行部
　　　　　sxskcb@126.com　总编室
网　　址：www.sxskcb.com

经 销 者：山西出版传媒集团·山西人民出版社
承 印 厂：山西万佳印业有限公司

开　　本：787mm×1092mm　　1/16
印　　张：26.75
字　　数：340 千字
版　　次：2023 年 6 月　第 1 版
印　　次：2023 年 6 月　第 1 次印刷
书　　号：ISBN 978-7-203-12576-1
定　　价：118.00 元

如有印装质量问题请与本社联系调换

《大宁县革命老区发展史》
编纂委员会

县城鸟瞰图

堡村崾阻击战遗址

阎红彦

西南堡阻击战遗址

兔沟伏击战遗址

贺龙路居处遗址

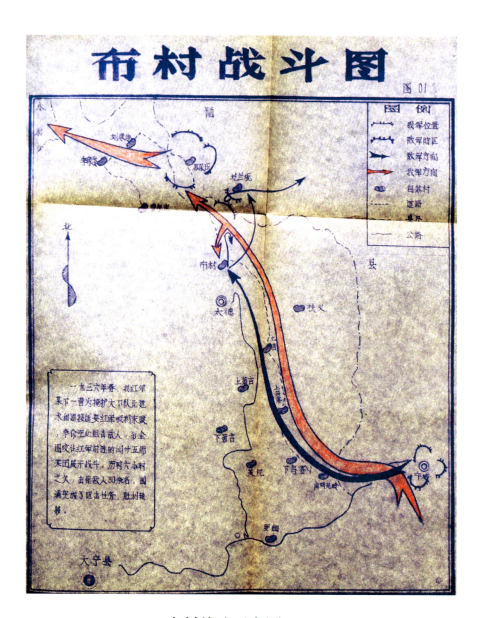

布村战斗示意图

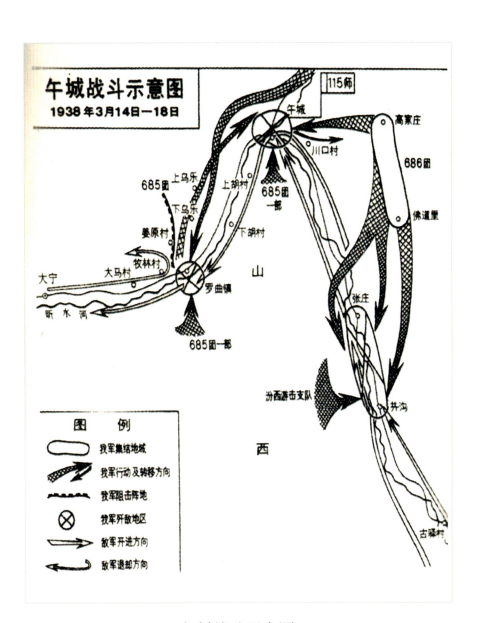

午村战斗示意图

1946年房居平和许科堂在一起

许科堂烈士墓

1949年3月10日，大宁县土改工作胜利结束。图为县、区、行政村干部合影。

大宁县破获主要反革命改治案件图

单志文军功章

中国共产党大宁县第一届委员会合影

1958年，大宁县曲峨乡除四害南堡战地动员大会

大 宁 红 苹 果

有 机 蔬 菜

大 宁 西 瓜

櫻 桃

有机小杂粮

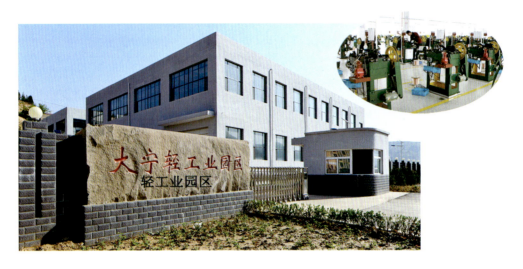

隆泰花卉基地

山西鸿晋塑胶一次性防护手套厂

山西安装集团宁扬能源公司

煤层气开发

大宁龙吉种猪场

光伏发电集中式电站

"宁脆"苹果

南山公园

马头关黄河公路大桥

全民健身活动中心

滨河路夜景

乡村公路

捎　石　　　　　　　　　　　　　孔　山

盘龙山云雾

二郎山红叶

黄河仙子祠全貌

黄河仙子祠

川庄瀑布

马斗关渡口

刘家庄村塬上塬主题公园

上乌落村花埔

大宁县党员教育实践基地

总　序

在举国欢庆中华人民共和国成立 70 周年前夕，中国老区建设促进会王健会长请我为《全国革命老区县发展史》丛书作序，作为一名在老区战斗过并得到老区人民生死相助的老兵，回首往事，心潮澎湃，感慨万千，深感义不容辞，欣然应允。

中国革命老区，是以毛泽东为代表的中国共产党人在领导人民推翻帝国主义、封建主义和官僚资本主义三座大山，争取民族独立和人民解放伟大斗争中建立的革命根据地。在这片红色的土地上，诞生了无数可歌可泣的革命英雄儿女，为后人树起了一座不朽的丰碑，她是中华人民共和国的摇篮，是党和军队的根。

在艰苦卓绝的战争年代，老区人民把自己的命运与中华民族的命运紧紧地联系在一起，与中国共产党和人民军队的命运紧紧地联系在一起，他们生死相依，患难与共。我曾亲历过战争年代，并得到过老区红哥红嫂的救助，切身感受到发生在身边的一幕幕撼天动地的革命故事。在那极其艰难的条件下，老区人民倾其所有、破家支前，不怕艰难困苦，不怕流血牺牲。"最后一碗米送去做军粮，最后一尺布送去做军装，最后一件老棉袄盖在担架上，最后一个亲骨肉送去上战场"，这是当时伟大的老区人民为建立中华人民共和国做出巨大牺牲的真实写照，它将永远镌刻在中国共产党、中国人民解放军、中华人民共和国的历史丰碑上。他们的光辉业绩永载史册，他们的革命精神必将影响一代又一代的革命新人，造就一代又一代的民族脊梁。

在社会主义革命和建设时期，革命老区和老区人民响应党的号召，面对落后的面貌、脆弱的经济、恶劣的生态环境，他们本色不变，精神不丢，自力更生，艰苦奋斗，干一行爱一行，始终坚持"革命理想高于天"，自觉做共产主义远大理想的坚定信仰者和忠实实践者，勇于向恶劣的自然环境和贫穷落后宣战，他们在各条战线上为国建功立业，用平凡的双手创造了一个又一个不平凡的奇迹，彰显了老区人的崇高精神和人格力量。

在改革开放的伟大进程中，老区人民解放思想，勇于创新，发奋图强，攻坚克难，老区的经济社会建设取得了辉煌成就。特别是在改变中国的面貌、中华民族的面貌、中国人民的面貌、中国共产党的面貌的伟大实践中发挥了至关重要的作用。老区人民既是改革开放的参与者，也是改革开放的推动者。

艰苦练意志，危难见精神。老区人民在近百年的革命战争、社会主义建设和改革开放的伟大实践中，孕育形成了伟大的老区精神：爱党信党、坚定不移的理想信念；舍生忘死、无私奉献的博大胸怀；不屈不挠、敢于胜利的英雄气概；自强不息、艰苦奋斗的顽强斗志；求真务实、开拓创新的科学态度；鱼水情深、生死相依的光荣传统。这是党和人民宝贵的精神财富、丰厚的政治资源，是凝心聚力、振奋民族精神的重要法宝，也是社会主义核心价值观的重要内容。

中国老区建设促进会怀着强烈的政治责任感和历史使命感，组织全国各地老促会人员克服困难，尽心竭力编纂《全国革命老区县发展史》丛书，记录老区的光辉历史和辉煌成就，传承红色基因，弘扬老区精神，是功在当代，利及千秋的一件大事。手捧这部丛书的部分书稿，读着书中的故事，倍感亲切，深感这部丛书具有资政、育人、存史的社会功能，有着重要的时代和历史价值。它是不忘初心、牢记使命的源头活水，是赞颂共产党、讴歌老区人民的一部精品力作，是弘扬老区精神、传承红色记忆的丰厚载体，是一项继承优秀传统文化、弘扬革命文化、发展社会主义先进文化，坚定"四个自信"的宏大文化工程。它必将成为一种文化品牌，为各界人士了解老区、宣传老区、支持老区提供一部有价值的研究史料。

希望读者朋友们能从中了解并牢记这些为党和民族的利益不断奉献的老区人民，从中得到教益，汲取人生奋斗的精神动力。

新时代赋予新使命，新起点开启新征程。让我们更加紧密地团结在以习近平同志为核心的党中央周围，坚持以习近平新时代中国特色社会主义思想为指导，增强"四个意识"，坚定"四个自信"，做到"两个维护"，弘扬老区精神，铭记苦难辉煌。为实现"两个一百年"奋斗目标，实现中华民族伟大复兴的中国梦作出新的更大的贡献！

迟浩田

2019 年 4 月 11 日

目　录

第三编 全国解放战争时期

（1945 年 8 月至 1949 年 9 月）

第四编 社会主义革命和建设时期
（1949 年 10 月至 1978 年 12 月）

第六编　新时代中国特色社会主义时期

（2012 年 11 月至今）

概 述

　　大宁县地处吕梁山南端，临汾市西陲；东经110°27′55″到111°0′4″，北纬36°16′40″到36°36′25″。东与蒲县、隰县为邻，西与陕西省延长县隔黄河相望，南邻吉县，北与永和县接壤。东西长50公里，南北宽38公里；总面积967平方公里。2019年全县辖2镇4乡，84个村民委员会、297个村民小组，5个社区居民委员会。总人口6.59万人（户籍人口）。境内沟壑纵横，丘陵起伏，山地、平原、河沟参差其间。地势略似梯形，东西略长，南北较窄；东部宽，西部窄；东部高、西部低、南北高、中间低；南部石头山为本县高峰，海拔1719米；西部的芝麻滩是本县最低点，海拔481米。大宁县西临黄河，境内有昕水河、义亭河两条河流。昕水河分别由交口县、蒲县发源，从东部进入县境；义亭河由吉县发源，从南部进入县境，在县城汇入昕水河西入黄河。境内属暖温带大陆性气候，春季多风，夏季炎热，秋季凉爽，冬季寒冷，四季分明。年平均气温11℃，年平均日照总时数为2432.2小时，年平均降水量467.7毫米。境内有1条209国道，1条520国道，一条沿黄二级公路，隰吉高速、沿黄旅游公路正在建设中。2021年建设开通县道公路6条，乡级公路32条，纵横交错，四通八达。

境内资源丰富，前景广阔。已探明的矿产资源有煤炭、煤层气、石材、矿泉水等资源。煤炭：为 2 号、9 号优质煤，储量 21 亿吨。煤气层：储量 300 亿立方米，厚度大，未受破坏。石材：黄河砂岩储藏量 30 亿吨以上，品种有翠微砂、金土地、粉黛丝、满山红等 10 多个品种，是国家 A 类建筑材料，到大宁县开发石材的企业 12 家。矿泉水：全县有大泉、小泉 108 处，水含有锶、钠多种元素，其成分含量完全符合可饮用天然矿泉水国家标准，已开发 2 处。这些独特的自然优势和良好的社会条件，为古老神奇大宁创造了得天独厚的发展环境。

大宁县有悠久的历史。在石器时代，就有远古人群聚集、生活、繁衍，有旧石器时代的芝麻滩遗址、新石器时期的翠微山遗址、大南坪龙山文化遗址等已经有关部门认定。春秋属晋之屈邑，战国时属魏之北屈，秦、汉到东晋十六国，皆为北屈县地。北魏历属禽昌、京军、五成等县地。北周保定元年（561）始置大宁县。嗣后历隋、唐、宋、元、明、清、民国，建制大体未变。中华人民共和国成立后，1958 年 6 月并入隰宁县，同年 10 月又并入吕梁县，1961 年 6 月恢复大宁县建制至今，现属临汾市。

大宁县是革命老区，有着光荣的革命斗争历史。早在 1933 年，在太原"友仁"中学读书的大宁县白杜村青年许建业就参加了"左翼作家联盟"，积极传播进步思想。1935 年，许建业在太原加入中国共产党，积极从事进步活动，传播马克思主义。1936 年 4、5 月间，中国工农红军东征回师陕北时路经大宁，红军广泛发动群众，宣传中共抗日救国的方针、政策，为建立中共大宁县地方党组织打下了思想基础和群众基础。

1937年7月7日，卢沟桥事变爆发，国共两党再度合作。山西省牺牲救国同盟会大宁县分会随即成立。大宁县牺盟分会最大限度地团结各阶级、各阶层民众，组成广泛的抗日民族统一战线，并建立了抗日武装，同御外敌。

1937年10月，中共洪赵特委派共产党员郝光耀、武荣魁到大宁开辟党的工作。1938年2月，经上级党组织同意，中共大宁县临时县委成立。5月，中共大宁县委正式成立。县委建立后，秘密发展党员，建立和健全基层组织，并与其他抗日组织结成广泛的统一战线，同顽固势力进行了针锋相对的斗争。1939年12月，"晋西事变"发生，大宁县地方党组织遭到严重破坏。

1941年8月，上级党组织任命房居平为中共大宁县委负责人，负责恢复大宁县的党组织工作，但因政治环境恶劣，大宁的党组织未能得到恢复。1945年9月，中共晋绥分局吕梁区党委派共产党员只金耀、许科堂等人到大宁协助房居平恢复党的组织工作。由于当时阎锡山在大宁驻军较多，只金耀、许科堂只能以游击的形式在大宁周边活动。1946年11月21日，太岳部队第十一、十二旅一举攻克大宁，大宁县第一次获得解放。同年12月，国民党胡宗南部三十师六十七旅一九九团反扑大宁县城，中共大宁县委、大宁县人民民主政府主动撤离县城，与敌人周旋。1947年5月，晋冀鲁豫野战军第四纵队和太岳部队六十三旅发起晋南战役，5月27日，大宁县全境获得解放。中共大宁县委、大宁县人民民主政府正式进驻县城，领导全县人民群众开展建党、建政、土改、支前、反奸霸、恢复生产等工作。

1949 年 10 月 1 日，中华人民共和国宣告成立，中共大宁县委及各级党组织以更加积极的姿态、更加旺盛的精力，领导全县人民投入到轰轰烈烈的社会主义革命和建设的热潮中，谱写新的壮丽篇章。

中华人民共和国成立后，大宁人民在党和政府的正确领导下，自力更生，奋发图强，取得改革开放和社会主义现代化建设的一个又一个辉煌胜利，涌现出许许多多的劳动模范和建设英才。特别是党的十八大以来，在习近平新时代中国特色社会主义思想指引下，在广大干部群众共同努力下，大宁县的经济建设和各项事业有了突飞猛进的发展，经济运行持续向好，脱贫攻坚再战再胜，发展质量显著提升，发展活力充分释放，生态环境持续改善，城市乡村美丽宜居，民生福祉不断增强，社会大局和谐稳定。2019 年全县地区生产总值完成 9.43 亿元，同比增长 17.1%，增速全市第一；一般公共预算收入完成 6199 万元，同比增长 64.3%，增速全市第一；规模以上工业增加值同比增长 57.4%，增速全市第二；全社会固定资产投资完成 17.9 亿元，同比增长 19%，增速全市第三；社会消费品零售总额完成 3.92 亿元，同比增长 7.8%，增速全市第四；城镇居民人均可支配收入完成 21375 元，同比增长 8.4%，增速全市第四；农村居民人均可支配收入完成 4485 元，同比增长 18.6%，增速全市第一。全县累计脱贫 80 个贫困村 6343 户 17470 人，贫困发生率下降至 0.4%。贫困发生率、贫困村退出率两项核心指标全面完成；标准化卫生室、综合文化活动场所、公路硬化和客运班车、安全饮水、动力电、互联网实现行政村全覆盖，易地扶贫搬迁 27 个安置点全部建成入住，七项基础设施指标达到 100%；农村居民人均可支配收入完成 4485 元，农村低保标准提高到每人每年 5200 元，适龄儿童学前入园率达到 99.14%，义务教育阶段无因贫辍学学生，贫困人口参加城乡居民基本养老保险、基本医疗保险参保率达到 100%，五项民生社保指标超过全省平均水平。贫困县退出 14 项指标全部达标，顺利通过第三方评估验收，如期实现脱贫"摘帽"。

回顾历史，豪情满怀；展望未来，信心百倍。历史的经验雄辩地证明：奋斗才能有为，实干才能兴邦。站在新的历史起点，打赢脱贫战，全面建小康，实现大宁振兴崛起，是大宁老区人民义不容辞，责无旁贷的历史责任。在习近平新时代中国特色社会主义思想的伟大旗帜指引下，在中国共产党的坚强领导下，勤劳勇敢的大宁人民始终铭记初心，时刻使命在肩，恪尽职守，不懈追求，谱写新时代中国特色社会主义的大宁篇章！

第一编

土地革命战争时期
（1933 年秋至 1937 年 7 月）

第一章 早期革命活动

第一节 早期革命活动

早在土地革命战争时期，大宁县就有中国共产党组织的宣传与活动。1933年秋，在太原"友仁"中学读书的大宁县白杜村进步青年许建业，参加了"左翼作家联盟"，积极传播进步思想。他多次给在家乡的房普明（大宁县道教村人）、武修文等同学写信传播革命思想，并动员他们去太原求学深造。

1934年7月，房普明考入太原"友仁"中学。同时，参加了许建业主办的进步文艺团体"曦光社"，并参加了文艺月刊《一天》的校对工作。9月，许建业介绍房普明加入"左翼作家联盟"。12月，许建业、房普明寒假期间回到大宁，在"左翼作家联盟"组织的要求下，房普明回村后，领头唱秧歌，吸引了全村一大批年轻人一起创作秧歌唱词。他还创作对联，创作了短篇小说《夜，静悄悄》等。

1935年1月，许建业奉父之命到道教村"催债"。许建业拿出道教村债户名单，由房普明陪同到各家问了一遍。看到债户确实困难，就说道："没有就算了！"道教村债户全部轻松地渡过了年关。这说明许建业受进步思想的影响，对农民的疾苦有了切身的理解。5月，房普明在"友仁"中学经李文（原名曹德本）介绍加入了进步组织——社会科学联盟。

6月，许建业因领导毕业班反"会考"活动被校方开除，离开"友仁"中学。7月，许建业经李文、张鹏来介绍，在太原加入中国共产党，成为大宁县籍最早的共产党员。9月，许建业因党组织破坏离并返乡，继续从事党的活动。

1936年初，房普明在太原加入了共产主义青年团，不久加入中国共产党，他受党团组织的派遣回到大宁开展工作。回乡后组织了"讨蒋抗日救国会"，宣传中国共产党的主张和抗日救国的道理。

1936年4、5月间，中国工农红军抗日先锋军东征回师路经大宁，在县境内与国民党军队及晋军进行了3次大的战斗，给其以沉重的打击。红军沿途开仓济贫，除暴安良，宣传中共抗日救国的主张和政策，给大宁人民群众留下了深刻的影响。

进步分子的宣传和红军东征的影响，为中共大宁县地方党组织的建立和发展奠定了思想基础和群众基础。

第二节 社会科学联盟

1935年5月，太原友仁中学社会科学联盟支会（以下简称"社联"）成立，曹越贵任秘书，房普明（范铭）任组织委员，李维祺任宣传委员。

"社联"支会成立后，首先是在本校开展工作，在读书交谈的基础上，接近同学，发展思想进步的同学参加"社联"。从5月初支会成立到放暑假，支会发展到大约10个社员。

"社联"的组织生活是很严格的。支会每星期三下午(不上课)开一次会,会议的内容有三方面:第一,工作汇报;第二,工作检讨;第三,时事分析。通过国民党的报纸,分析了解共产党和红军的动向。

经过一段实际工作的锻炼,大家都有了一定的工作经验,开始觉得"社联"组织严格,联系工农,又有许多革命的行动。"社联"支会在友仁中学的工作做得很好,到八九月份,"社联"组织就由开学时的十几人发展到40多人。

第二章 红军东征在大宁

第一节　红军东征回师在大宁的经过

1936 年春，红军东征挺进山西，4 月中旬转战至大宁，前后活动 20 多天。在此期间，红军一方面宣传党的抗日民族统一战线政策，推动抗日救亡运动的发展；另一方面打击贪官污吏和土豪劣绅，扩红筹粮，开仓济贫。并在大宁县境内的堡村和苏家庄崾里，中垛、下合格塬上，西南堡一带背靠黄河打了 3 次较大的阻击战，有力地抵御了国民党军和晋绥军几个师对红军的围追堵截，予敌以重创，从而确保了红军主力安全西渡。

大宁当时的政治局势

1935 年 10 月，中国工农红军经过二万五千里长征到达陕北，山西的土皇帝——阎锡山深感自己的宝座处在风雨飘摇之中，认为晋陕毗连，陕北红军之活跃，实威胁山西之安全。于是，阎锡山一面迎合蒋介石之意，派遣部队西渡黄河入陕进剿红军，一面在山西境内特别是沿黄河地域积极加紧筹措防共阵线。

大宁县紧临黄河，与陕西隔河相望。境内以峰峦为屏障，地理位置更显得重要。阎锡山深知此属红军出入晋之门户，决定派重兵驻扎，踞而不弃。派遣晋南警备司令、六十九师师长杨澄源部之刘光斗旅二〇五团驻守大宁，由该团一营驻守马头关渡口。还积极拼凑地方武装成立了"防共保卫团"，名为第四辖团（隰县、大宁、永和统编为防共保卫团第四辖团），团长于镇河坐镇隰县，遥控大宁（大宁为一个大队），派其心腹谭连登为大队长，于庭杰为副大队长，固守大宁，并在全县建立了3个区队，分驻县城、三多、曲峨，凭险顽抗，妄图阻击红军。

1936年11月间，阎锡山又派其十九军一部进驻大宁，征集民工，在大宁沿河渡口，挖掘战壕，构筑工事。严令查封船只渡口，不时派出侦探，掌握红军动向。根据阎锡山的指令，在全县范围内开展了反共大宣传，恫吓欺骗群众，制造白色恐怖，全县上下一片混乱，民不聊生。

鉴于东征红军粉碎晋绥军阻挠，北进方山，震撼太原，东出灵石、洪洞，南困临汾，克襄陵，占侯马，同蒲路处处被割断的锐不可当之势，蒋介石派10万大军分南北两路以"援晋"为名，大举进入山西。南路以汤恩伯第十三军等5个师为主力，从陇海线分别渡过黄河入晋。北路以商震第三十二军相机南进。阎锡山也派了5个师和另2个旅由晋中向晋西南的红军压过来，企图把红军消灭于吕梁山南麓。

此时，红军在大宁以南及周围各地活动的消息传到大宁，阎锡山委派的县长王建勋和"反共保卫团"大队长谭连登及当地土豪劣绅像热锅里的蚂蚁，惶惶不安。一方面向阎锡山呼救，乞求援兵；一方面又将"防共保卫团"的二期壮丁全部集中县城，重新部署兵力，加固城池，并慌忙下令拆掉了昕水河上的南门桥（当时是座木桥）。同时抓回许多壮丁星夜赶筑5座城门，用土石袋子封门盖顶。还几经密议，想出一个所谓的救命绝招，让所有的工、商、农户门前一律挂出蓝布旗，以示住满了入晋的中央军，虚张声势。然而，此举是螳臂挡车，枉费心机。4月17日（农历三月二十五日），红军战士即一举占领了城西古乡山头的大碉堡，并严严实实地包围了县城，王建勋吓得勉强爬上城楼窥视，结结巴巴地说："说着，说着，红军真的来了，天呀！"而后龟缩城内，紧闭城门，坚守不出。

红军在大宁的活动路线

从4月16日起（农历三月二十五），红军先头部队进驻大宁西南地区二郎山下的上垣、下垣、内史村和县城东南的川庄、马家窑村一带。4月17日，红一军团主力分3路长驱直入大宁城附近各村庄。

红一师主力和红二师一部，16日进驻大宁县盘龙山马家窑地域。17日经午城直抵大德塬，驻扎在龙吉、扶义、太德、堡村等村庄。18日经堡村嵋子和苏家庄进入高山一带。

红二师主力和红一师一部为一路，由师长刘亚楼及政委肖华率领，从吉县方向进入大宁县境。16日先头部队进驻川庄。17日一早沿义亭河槽直抵吉亭，从柳沟上坡分两路到中垛、合格塬，后又下到古乡村。这一路部队约有3000多人，师部驻葛口村村民李贺喜院内，指挥部队抵近大宁县城周围地带。19日拂晓，红二师二团一部重返合格、中垛塬上，歼灭阎军两个连。之后，从贺益、上下白村、秋卜坪翻越山岭，进入永和县境。

另一路红军4月16日下午从吉县方向沿二郎山一带下来，当日驻扎在内史、上下垣村一带，夜间扫掉曲峨区公所。第二天，红军经道教、曲峨、阎家坪、堡业、陈间及永和县南楼，到铁罗关渡黄河回师陕西。

当红一军团主力经大宁向永和县沿河渡口挺进之际，蒋军关麟征部和阎军杨澄源部，紧紧尾追红一军团不放，并企图穿插到红军前面封锁黄河各渡口，截断红军回师之路。红军为了阻击这股蒋阎部队，为掩护渡口做好准备工作，红一军团主力一部 3000 余人掉过头来转战大宁，迎头痛击尾追之敌。红军主要活动于大宁境内的堡村、太德、龙吉、白村、房村、割麦、任堤村等地域，一面阻击敌人，一面宣传抗日，打富济贫，动员发动群众开展抗日救亡运动。28 日后，红军奉命向永和方向转移撤离。

红军背水三战蒋阎军

从 4 月中旬到 5 月上旬，红一军团主力和红三十军，在红军挥师西渡之前顽强击退蒋阎军两个师以上兵力对红军的围追堵截，歼敌约一个团。

（一）堡村嵊里阻击战

4 月 17 日傍晚，北风怒吼，沙尘蔽日，红一军团主力从隰县午城经乌落沟抵达大宁县的太德塬，当晚驻扎在太德、堡村、扶义以北一带。在红军的背后紧紧尾追着的是蒋军关麟征部的二十五师，驻扎在龙吉以南一带。当晚，双方均是人不卸甲、马不卸鞍、子弹上膛、荷枪待命，战斗一触即发。

4 月 18 日早晨，太阳刚露出山头，双方在龙吉马庙附近打响了第一枪。顿时，战斗在太德、扶义、堡村 3 个村子的三角地带"查访坪"展开。红军辎重部队北撤，只留下轻装部队掩护阻击。此刻，关麟征部的后续部队压了过来，在重炮轰击下，以优势兵力向北推进。红军一面阻击，一面后撤，上午 10 时左右，撤至堡村以北 2 里多远的地方——堡村嶷、苏家庄一带，随之以堡村嶷子为依托阻击敌人，双方短兵相接，步枪声、机枪声、手榴弹爆炸声响成一片。嶷南面的蒋军凭借兵力多，火力强，向红军发起了一次次猛烈攻击。嶷北面的红军依托有利地形，坚守阵地，顽强阻击。蒋军几次发起冲锋都被红军火力击溃，死伤惨重。接着，敌人改用重炮向红军阵地猛轰，红军战士灵活地避实击虚，寻机还击，打得敌人焦头烂额。战斗一直进行到下午，蒋军尽管使尽了浑身解数，但仍未能前进半步，只留下了具具尸体。

下午 3 时左右，狡猾的敌人改变了战术，由强攻变为偷袭，悄悄地调了一个团的兵力，从扶义村后坪的大河坡、东神圪瘩一带迂回到枣子河，秘密占领了嶷北，在短凸圪垴高地架起 3 挺重机枪向红军猛扫过去，红军在腹背受敌的情况下，快速调整部署，立即分兵组织抗击。当时在阵地指挥战斗的二师参谋长钟学高和五团政委林龙发，号召战士们："人在阵地在，宁死不当俘虏兵。"敌人的炮火越来越猛，形势越来越危急。钟学高等带领红军勇士们上好刺刀，跃出堑壕，在敌群中杀开了一条血路，从燕家河方向突出了重围。这次战斗非常激烈，整整打了一天，蒋军关麟征师死伤约一个多营的兵力，当天夜里即匆匆忙忙逃回了隰县。红二师参谋长钟学高和百余名战士在激战及突围中壮烈牺牲，用鲜血和生命为红军主力渡河回师争得了主动。

（二）大宁城边"回马枪"

4 月 17 日，红二师主力向大宁县城方向进发，将县城从四面包围起来，并在周围村庄发动群众，捆扎云梯，准备攻打大宁县城。4 月 18 日下午，阎军杨澄源第六十九师一部紧紧尾追红军，进入大宁县城，并在县城西南方向的中垛和下合格村各驻一个连。红军得知这一情况之后，决定歼灭这两个连。为了麻痹敌人，当天晚饭后红军将县城四周的部队全部撤走，杨部以为红军畏惧撤退，遂放松了警备。4月19日拂晓，红二师二团以迅雷不及掩耳之势从几十里外的高山地带折返回来，神不知鬼不觉地出现在阎军跟前。

这天早晨，大宁县境内弥漫着浓厚的尘雾，尖刀排干净利索地活捉了敌人哨兵，探明了敌情。然后，向下合格村的阎军发起了突然袭击，睡梦中的阎军如瓮中之鳖，乖乖地当了俘虏，整个战斗仅用了10多分钟。

之后，红二团继续向南疾进。这时，中垛村的敌人正在起床，有的还睡梦未醒，见我军突然扑来，顿时乱成一团，不辨东南西北，不分大道小道，有的抱着衣服，有的赤身裸体，纷纷逃跑躲藏，红军抓住有利战机一阵猛打猛冲，不到半个小时，痛快淋漓地打了一个歼灭战，干脆、利落地杀了一个"回马枪"。

这次战斗，红军全歼阎军两个连，活捉敌连长1名，还抓了40多个俘虏，缴获枪支弹药、物资十几驮骡。在撤出战斗时，为击退阎军，战斗英雄冯崇信和30多名红军战士壮烈牺牲。

（三）大宁县西南堡阻击战

红军西渡回师时，总部命令红三十军担任掩护。红三十军接到命令，一直往南插到隰县、汾西、大宁一带，主动向敌人出击。敌人果然调动了主力向红三十军猛扑过来，阎红彦军长命令全军一定要把敌人拖住，掩护中央指挥机关和红军主力摆脱敌人的追击，安全撤回黄河西岸。

5月4日，阎红彦率领两个营转战到大宁县城西南10

余公里的西南堡和张家源一带。当天，红军在关家店附近袭击了敌人的辎重部队，由此吸引来晋绥军杨澄源部四○六团，并由黑城村向张家垣、西南堡的红三十军发起猛烈进攻。红军一营二连搁下饭碗，跑步上山迅速占领了有利地形，与晋绥军展开激战。敌人在黑城村内的3门重炮和9门迫击炮，同时向张家垣和西南堡村轰击，顷刻山崩地裂，硝烟弥漫，红军边打边转移到西南堡村的山神庙，凭借有利地形，留下少数战士阻击敌人，其余向二郎山纵深撤退。此时，敌机由1架增到3架，大部队也进至离山神庙不远的地方。红军在人少弹缺的情况下找了一只破旧煤油桶，里面放了许多火药和鞭炮，待敌人靠近的时候，突然向敌人猛烈扫射，同时，点响了油桶内的鞭炮，弄得敌人晕头转向，不知道有多少红军部队，只好停止前进，红军完成阻击任务后趁机向二郎山方向撤走。

第二节　红军与大宁人民的深情厚谊

红一军团主力和红三十军等从4月16日进入大宁，到5月上旬离开，虽只有20多天时间，但红军在大宁人民群众中播下了革命火种，留下了不可磨灭的印象，军民之间结下了深情厚谊。

人民军队，军纪严明

红军初来，群众因受到反动派的欺骗宣传和威胁，大都逃进深山沟壑避藏。当红军撤离，人们返回后，耳闻目睹红军的所作所为，无不感动。凡红军住过的房窑庭院、大街小巷都打扫得干干净净，家中锅碗瓢勺等家具原物不动，秋毫无犯。凡是红军住宿或吃饭用过的米面缸里都留有账单或付给的现金。如果家中无人，烧了柴火，用过的东西或有损坏之物，都照价留条说明并付款赔偿。群众看到这一切，对红军产生了无限敬仰，情不自禁地说："红军真好，红军才是我们穷苦人的队伍。"

中垛村的冀文斌，当红军主力行至他们村时，他挑了几担水放在路边，让过路红军喝，红军战士喝了几口凉水也要留几个零钱给他，部队路过完毕，他一点钱数，足足有两吊多铜钱。他高兴地逢人就讲："红军真好，我给挑了几担水就给了我两吊钱，而给地主扛活，累死累活一整年，也得不到几个钱。"

石城村的柴金龙，道教村的房遵照在村野外碰到红军的哨兵给吃了一块干馍，红军战士还要付给现钱两角。甘棠村的贺国环，红军路过他村时做了一顿饭，搞后勤的红军战士征得他的同意，杀了他的一口肥猪，付给他5块大洋。后坡村的冯茂珍，因当时红军到他村时，全家人都不在家，吃了他家的6石麦子，红军把钱留给本村冯自修老汉代其算账（每石麦子付6块现洋），诸如此事，村村皆有，群众交口称赞红军是人民的好队伍。

宣传抗日，打富济贫

红军所到之处，总有一批宣传人员刷写标语，张贴布告，座谈演讲。通过宣传抗日救亡的道路和共产党抗日民族统一战线的政策及主张，从而唤起民众同心同德，抗日救亡，保卫家园。

红军进入大宁当天，就开进了川庄村大地主王家大院，发动群众清算了其罪恶，将王家的两匹马充为公有，粮食分发给贫苦农民。在花间村，红军根据广大群众的强烈要求，处决为了富不仁、作恶多端的大地主冯七兰。红军还把步街村的张希良、仁堤村的郭瑞林、东木村的郝福祥、而吉村的苏贵元、白杜村的许光漠、堡村的冯记全、龙吉村的许殿仁等富户的囤积的财粮赈济给贫民。群众纷纷说："红军是为民的军队，蒋阎军是害民的匪兵。"

拥军爱民，情深似海

在红军实际行动的感召下，人民群众逐渐由怕红军变成了近红军、爱红军、跟随红军干革命。红军转战回师之时，所到之处无不受到热情接待和欢送。贫苦农民有的为红军挑水、磨面，有的让住房、缝被褥。东房村小青年王晋主动帮红军提墨桶，写标语；任堤村的郝文胜主动帮助红军购粮食，买鸡羊；道教村的房居平组织起几个进步青年跟着红军操练，主动为红军带路。黑城村的陈取锁、城关的李仓、当支村的李云华、白杜村的许建业、茹古村的张五成、堡村的冯庭贵、道教村的王执奎等进步青年先后参加了红军。

第二编

抗日战争时期
（1937 年 7 月至 1945 年 8 月）

第一章 党的建设和武装斗争

第一节　在抗日烽火中诞生的大宁党组织

1937 年七七卢沟桥事变爆发后，日军发动了全面侵华战争。在民族危亡的严重关头，只有全民族团结抗战是中国生存和发展的唯一出路。中国共产党高举起抗日的大旗，在事变发生的第二天就通电全国，号召"全国同胞，政府与军队团结起来，筑成民族统一战线的坚固长城，抵抗日寇的侵略！国共两党亲密合作，抵抗日寇的新进攻！"

1937 年 10 月，国共两党统一战线基本形成。在山西，由于中国共产党的积极推动，和阎锡山政权形成了特殊的统一战线组织——牺牲救国同盟会（以下简称牺盟会）。中国共产党地方组织为加强对大宁地区抗日救亡运动的领导，曾先后利用山西省牺盟会这一合法组织，组建革命武装，建立群众组织。

本时期，中共大宁地方党组织经历了一个由创建到发展而后被破坏的曲折历程，以晋西事变为界可分为两个阶段。

第一阶段，1937 年 10 月至 1939 年 12 月。

1937 年 10 月，中共洪赵特委派共产党员郝光耀、武荣魁以牺盟协助员的合法身份来到大宁开展党的工作。1938 年 2 月，中共山西省委巡视员赵方到大宁同郝光耀、武荣魁在县城秘密组建了中共大宁临时委员会，并任命郝光耀为临时县委书记兼组织部部长，武荣魁为宣传部部长。临时县委成立之后，面临的主要任务是，迅速发展党组织力量，建立党的基层组织。郝光耀、武荣魁深入而吉、麦留、当支等村，先后介绍马万瑞（而吉村人）、贺思宏（麦留村人）、李文华（当支村人）加入中国共产党。2月下旬，临时县委在而吉村建立了大宁县第一个党支部。书记为马万瑞，组织委员为贺思宏，宣传委员为李文华。同年4月底，建立了大宁县第一个区委会。区委书记为单永福，组织委员为马万绪，宣传委员为马万瑞。在此期间，临时县委上归中共洪赵特委领导，下属一区区委和而吉村党支部。其活动方式是在县牺盟分会的掩护下秘密开展党的工作。临时县委无固定住址，先后驻大宁县城关和当支、而吉等村，活动范围以一区各大村为主。

1938年4月底，中共大宁临时县委以县牺盟分会的名义在县城召开了抗日动员群众大会，号召全县人民和各阶层爱国人士立即行动起来，有人出人，有钱出钱，有物献物，支援抗日前线。会议结束后，广大青壮年纷纷报名参军参战，临时县委在此基础上挑选了200余名青壮年直接输送到八路军一一五师，给部队补充了新兵源。

1938年5月，根据中共大宁临时县委的申请，经中共洪赵特委批准，中共大宁临时县委改建为中共大宁县委，由洪赵特委派郭宜民任大宁县委书记，郝光耀任组织部部长、武荣魁任宣传部部长。县委在此期间一面秘密发展党员，壮大党的力量，建立健全各级党组织，一面领导全县人民开展反顽固斗争。1938年7月，中共大宁县二、三区委相继建立。二区区委书记为贺思宏，组织委员为贺向礼，宣传委员为王武魁；三区区委书记为房梓明，组织委员为房居平。1938

年 5 月，中共晋西南区委员会在孝义西宋家庄会议上决定成立中共隰蒲特委，解学恭任书记、赵方任副书记、张永清任组织部部长、杨毅任秘书。下辖大宁、永和、隰县、蒲县 4 个县的党组织。特委驻地在隰县张家山。

1938 年 8 月，中共大宁县委为了更好地宣传《抗日救国十大纲领》，组织成立了抗日救国动员剧团，全团有 20 余人，马浩天任团长。剧团在全县进行巡回演出。演出的主要节目有《放下你的鞭子》《到敌人后方去》等。通过演出，唤起民众进行抗日。9 月，郭宜民调离大宁，隰蒲特委派郭万胜任中共大宁县委书记。月底，中共大宁县委在三多鸭圪塔村召开各区委负责人参加的党的工作会议，会议总结了党组织发展中的经验和教训，特别强调了进一步发展党的基层组织，注意发展农村党员，壮大抗日力量，巩固抗日民族统一战线等一系列重大问题。会后，为了提高干部队伍素质，以适应形势发展的需要，县委先后分三批输送贺思宏、贺万仓、房居平等十几名同志参加了中共晋西南区党委在孝义县禅房头举办的干部培训学习班，为大宁县的党组织培养了一批骨干力量。12 月，晋西南区党委在隰县潘龙庄决定撤销隰蒲特委，将洪赵特委、隰蒲特委合并为洪赵特委。大宁县委归属洪赵特委领导。1938 年底，大宁县普遍建立了党的各级组织，党员发展到 100 余名。

1939 年 2 月，六专署在大宁县道教村兴建了纺织厂，纺织厂有织布机 20 余台，工人 100 余人，中共党员吴万信任军事教官，中共党员马筱玲（女，现名马云）任政工员。马筱玲在厂秘密发展了 4 名党员，建立了党支部，马筱玲任支部书记。

1939 年 3 月，县委和县农救会发动群众除奸反奸，驱除了消极抗日、贪赃枉法的阎锡山政权的二区区长王建基，进一步扩大了党在群众中的影响。8 月，中共大宁县委根据上级党组织的指示精神，积极动员青年参加八路军，先后有李还恩、王灵智、房风山、杨学义、李万庆、房贵生、房居正、刘锡林等人参加了八路军一一五师陈士渠支队的学兵队，给八路军输送了一批兵源。同年秋，阎当局为了控制牺盟会的活动，在全省各地成立了同志会，企图以之取代牺盟会组织，中共大宁县党组织将计就计，将牺盟会员编册登记，以同志会员的名单上报。其中，有意识地把反动当局的一些红人编入，以蒙蔽当局的耳目，这也就是所说的"新瓶装旧药"。但也给这部分同志以后的工作带来了不便。

1939 年 10 月，为了争夺革命武装力量，大宁县公安局中共党组织在党员刘国标、贺定邦、贺全录、蔡培义等人的带领下，同阎锡山当局在县公安局的反动势力代理人宋文秀进行了针锋相对的斗争。他们扣压了宋文秀，并交回六专署，严厉地打击了阎锡山当局在县公安局的反动势力。由于新旧军摩擦日益加剧，时局日趋恶化，"晋西事变"即将发生，为了保存革命力量，大宁县公安局中共党支部决定实行"反正"。在局长蔡光庭、分队长刘国标、工作员蔡培义、贺定邦、贺全录等人的带领下将 80 余人的武装队伍拉出，带回六专署，为革命积蓄了力量。

1939 年底，中共大宁县党组织已发展成为一个县委，3 个区委，27 个基层党支部，98 个党小组，党员发展到 601 名。"晋西事变"发生后，中共大宁县委根据上级指示精神，带领大部分党员干部及时撤离大宁。未来得及撤离的中共党员及时执行了中共中央关于"隐蔽精干，长期埋伏，积蓄力量，以待时机"的方针，保存了革命力量。也有部分党员在阎锡山"净化阵营，烘炉训练"等暴政下，被迫"自白"，个别党员甚至叛变投敌，使党组织遭到严重破坏，大宁县党的组织活动基本停止。

第二阶段，1940 年初至 1945 年 8 月，是大宁县党组织遭受严重破坏的阶段。

1939 年 12 月，武荣魁被捕后，1939 年 3 月在狱中同几个年轻力壮的政治犯策动了一起砸监越狱事件，打开了南北两个监门，放走了 60 多名被关押的难民。这一事件轰动一时，使阎锡山当局大为震惊。同月，"晋西事变"后，阎锡山从秋林派一个所谓"安抚赈济团"到达大宁。团长张奎尧、副团长张心田。他们名为安抚民众，实则搜集牺盟会和共产党员的有关资料，进一步侦破共产党的组织。

1940 年春，牺盟洪赵中心区冀浩然等 3 人因在"晋西事变"中未能及时撤离，来到大宁。后与延安保卫处刘国柱（大宁籍）取得联系，在刘国柱的掩护下，秘密西渡黄河到达延安。同年冬，阎锡山派"巡回分训团"到达大宁，团长冯履中，副团长任生光。他们一方面为阎锡山当局培训地方势力，另一方面澄清共产党组织，打击共产党的力量。同期，虽然大宁处于阎当局统治下的白色恐怖之中，但在离县城不远的古乡村经常出现"反顽固、反投降、反分裂"的大幅标语。阎锡山当局因此将同志会大宁分会主任张奎尧调离，另调郭城道（五台人）到大宁任同志会主任。

1941 年 5 月 25 日，县农救会主任房居贤从延安"抗大"回到大宁，路经西南堡村时，因坏人告密，不幸于当夜在西南堡村被晋军七十三师逮捕，晋军将其带到北桑峨村，严刑拷打。房居贤毫无惧色，骂不绝口，一个月后，被暗杀于二郎山。

28日，阎锡山当局正式颁布《辰俭指示》，公开进行"肃清伪装"工作，在同志会下成立"北区（隰县）真理辩证处"，对隰县、大宁等地的共产党人进行拉网式的清查。

1941年8月，中共晋绥分区为了恢复大宁等沿黄河诸县的党组织，组建了中共沿黄河工作委员会（简称沿河工委），对外称"黄河商店"，驻陕西省清涧县界首村。书记王文达，组织部部长黄石山，宣传部部长杨毅，下辖离石、中阳、石楼、永和、大宁、隰县6县的党组织。本年，阎当局大批军、政要员集结在晋西这片弹丸之地，从此大宁人民负担更趋加重。阎锡山当局整日抓兵，征粮，要官布、官鞋；抓民工支差做苦工，劳苦大众痛苦不堪。仅以每两粮银要粮一项来说，即有：征粮、购粮、附加粮、马料粮（所谓征一、购二、附加三，山药蛋、马料随后赶），妇女没完没了地交纳官布，逼得人们背井离乡，妻离子散。

1942年春，房居平在沿河永大工委工作，他积极贯彻中共中央对白区工作的指示，执行"隐蔽精干，长期埋伏，积蓄力量，以待时机"的方针，设法与大宁党组织联系。因阎当局统治森严，未能取得联系。同期，晋军突击二十四团进驻连村一带，主任尹尊党。二十七团进驻李家垛、割麦一带，主任吴福喜。阎锡山当局设立"战工团"，大宁设"战工队"，王云照任队长。4月22日，民族革命大学（简称民大）700余名学生在三多镇举行武装起义，反对阎锡山与日军勾结。当学生到达吉县五龙宫时，遭到阎锡山十九军包围镇压，起义失败，民大负责人智力展等被捕，强行将学生带到陕西秋林。

1942 年秋，大宁县在"晋西事变"中未能撤出的中共党员，在冯文奇的倡导下，在县"民救馆"以组织读书会的形式，秘密开展活动。同年冬，冯文奇（大宁县下白村人，1938 年 7 月加入中国共产党。晋西事变后叛党投敌，中华人民共和国成立后，1951 年在太原被镇压）被捕叛变后，供出了他所知道的大宁县中共党员名单，使一些共产党员又相继被捕入狱，大宁县的党组织再次遭到破坏。

1943 年 4 月，晋二十四、二十七团解散，大宁县"组、政、经、军、教统一行动委员会"成立，简称"统委会"，主任乔文秀，下设 3 个专委："兵农专委""经济专委""肃伪专委"。尹尊党任"肃伪专委"主任，主要负责肃清共产党的组织。5 月，中共晋绥分局决定撤销沿河工委，成立沿河地委，范铭任地委书记。地委下辖 3 个工委：石（楼）、隰（县）工委，永（和）、大（宁）工委，中（阳）、离（石）工委。沿黄河地委成立后，范铭和永大工委的房居平、郝光耀等按照中共中央关于白区工作的十六字方针，开展大宁和永和两县的工作，并数次东渡黄河，但未取得成功。

1943 年 7 月，阎锡山派战工团团长赵中枢到大宁，赵中枢根据大宁战工队队长王云照提供的情况，一夜之间，将参加过"牺盟会""决死队"的革命积极分子扣捕起来，共抓捕共产党嫌疑人 50 余名，严刑逼供，白色恐怖再次笼罩大宁。8 月，"战工团"再次在大宁抓捕共产党嫌疑人，有一次，一根绳子就捆绑了 17 个人。有楼底村的高建寅，太德村的张克明，贺益村的宋奎武、宋世孝，索堤村的贺崇德，任堤村的郝文胜，坡角村的张文玉等，一并带到隰县监狱，严刑逼供，进行所谓的"净白阵营"运动，威逼扣捕人员交出与共产党的"关系"，强迫他们协助"流动工作队"进行破坏活动。大宁的党员和革命积极分子又一次遭到了严重伤害。11月，中共晋绥分局决定撤销沿河地委，地委全体干部调回分局。

第二节　地方武装组织的产生与发展

抗日战争时期，大宁县从 1937 年 7 月至 1945 年 8 月，先后建立过 3 支武装组织。即：大宁县人民武装自卫队、大宁县游击队、大宁县武装工作队。

大宁县人民武装自卫队

1937 年 7 月，山西省牺牲救国同盟会派赵军任牺盟大宁县分会特派员，时值日军对华北各地大举进攻，到处烧、杀、掠、抢，局势十分危急。根据中共中央确定的全民族抗战路线，赵军同已回大宁的许建业等人立即筹备组建武装力量，不久，大宁县人民武装自卫队（简称自卫队）成立，赵军任总队长，赵静仁任副总队长。自卫队由牺盟会出面组建，在县委的秘密领导下工作，总部设在县城。12月自卫队扩大后，姚会青任总队长，陈祖辰任副总队长，下辖 3 个区中队，一区中队长张克勤、二区中队长丁风、三区中队长房居平。中队下设分队，以编村为单位。同月，大宁县牺盟分会在八路军兵站的协助下，举办了自卫队训练班，由赖成发、钟铭鹿、曾仁文等人讲授军事知识及游击战术课，受训党员30 余名。1939 年 11 月，自卫队进行整顿，县上为总队，区为大队，编村为中队，自然村为小队。12月晋西事变发生后，自卫队自行解散。

大宁县游击队

1937年10月8日，中国共产党为了扩大抗日武装力量，八路军延安警备司令部保卫处直接派遣五团二营政工团宣传队的白志英、高自甫奉延安警备司令部之命，率20多人，从陕西凉水岸过黄河到大宁组建游击队。经宣传发动，有100余人报名参加了队伍。大宁县第一支人民武装——大宁县游击队正式成立，王延安任队长、白志英任指导员。游击队属于地方性武装，但直属延安警备司令部保卫处领导，是一支公开的武装力量。这支队伍先后活动于龙吉、榆村、金岗岭一带。在榆村金圪塔同溃退的国民军打了一仗，抓获俘虏30余人，缴获战马4匹，机枪1挺，步枪30余支，从此声威大震。同年秋，大宁游击队在战斗中进一步发展壮大，队员发展到150余人，主要活动于大宁的榆村、曲峨、川庄，吉县的窑渠，井岗岭山，隰县的午城一带。1938年2月，中共大宁县委建立后，游击队同时接受延安警备司令部保卫处和中共大宁县委的双重领导。1938年8月，延安保卫处将大宁游击队改编为八路军警备五团二营七连，归部队建制。指导员白志英、连长王延安、副连长张天顺，下辖3个排。部队边作战边扩军，主要活动于沿黄河一带。

大宁县武装工作队

1944年6月，在延安保卫处的直接领导和支持下，大宁县武装工作队（简称武工队）在陕西省延长县组建成立。有20余人参加，后发展到80多人。武工队主要活动于大宁、永和沿黄河一带，部队驻扎在陕西西马斗关。郝中正任指导员，阎信任队长。1945年8月，大宁武工队改编为大宁游击队。

第二章 统一战线和群众团体

第一节 特殊的统一战线组织——牺牲救国同盟会

1937年7月，抗日战争爆发后，在中国共产党的积极努力下，国共两党二次合作，抗日民族统一战线基本形成。山西牺牲救国同盟会（以下简称牺盟会）派赵军（中共党员）任牺盟会大宁县分会特派员。随之，卫开明、郭生茂也先后到达大宁，开展党的统一战线工作。县牺盟分会成立后，大力宣传中国共产党《抗日救国十大纲领》和《牺盟会纲领》，加快发展牺盟会员，在全县掀起抗日救国宣传热潮。

牺盟分会的主要任务是：唤醒民众，共同抗日，为打败日本帝国主义而斗争。牺盟分会作为一种特殊的组织形式，同党组织保持了极其广泛的密切联系，大多数共产党员在牺盟会这一合法组织的掩护下开展党的工作。牺盟大宁县分会上属牺盟洪赵中心区领导，下属3个牺盟区分会，机关驻地在大宁县城。

赵军等到大宁后，先后深入农村、学校积极发展牺盟会员。1937年秋，洪赵牺盟中心区派陈祖辰（上海籍）等10余名同志到大宁开展工作。同年8月，大宁县第一区牺盟分会组建成立。先后担任区秘书的有许建业、郝光耀、武荣魁、张一亚。12月，县牺盟分会在八路军兵站的协助下，举办了自卫队训练班，由赖成发、钟铭鹿、曾仁文等人讲授军事知识和游击战术课，受训牺盟会员 30 余名。

1938 年 2 月，二、三区牺盟区分会相继建立。牺盟二区区分会秘书先后由郝光耀、黄荣第、马浩天、王武魁担任；牺盟三区区分会秘书先后由姚廷忍、郝光耀、黄荣第担任。

同月，大宁县牺盟分会先后在县城西堂培训骨干分子 130 多名。以这些骨干分子为主体，先后建立了大宁县农民、青年、妇女抗日救国会等各种群众组织。3 月，县牺盟分会发动群众赶走了阎锡山政权县长张守仁，六专署派共产党员郭钦安任大宁县县长。4 月，在大宁县牺盟分会的领导下，建立了大宁县农民抗日救国会（简称农救会）、大宁县青年抗日救国会（简称青救会）、大宁县妇女抗日救国会（简称妇救会）、大宁县儿童抗日救国会（简称儿救会）。农救会负责人先后为房梓明、贺进堂、房居贤、李源珠；青救会负责人贺志华；妇救会负责人先后为郭玉花、李淑英；儿救会由青救会代管。同时，各区也成立了相应的群众抗日救国组织。同月，县农救会负责人贺进堂组织群众在县城举行了声势浩大的游行示威，要求政府减租减息，减轻农民负担。同期，大宁县牺盟会吸收进步青年，在县城举办了一期干部训练班，结业后分配到各编村任自卫队长。参加训练班的有共产党员贺思宏以及王相国、于玉山、苏林、曹恩子、贺达、冯成库等 20 余名。同期，赵军调离大宁任永和县牺盟特派员，郭生茂任大宁县牺盟特派员。10 月，郭钦安调离大宁，六专署派共产党员刘晋清任大宁县县长。

1939 年 2 月，郭生茂调离，陈祖辰任大宁县牺盟特派员。3 月，大宁县牺盟分会以县农救会的名义在县城召开了"外攘日寇，内除贪官污吏汉奸"动员大会。会后，农民代表贺义员带领群众游行示威，赶走了阎政权二区区长王建基。为此，阎县政权将贺义员逮捕，经县牺盟会多方交涉才得释放。9月18日，牺盟会大宁县分会在县城东关高校操场召开"九一八"八周年纪念大会。会议规模空前。会场上"反倒退、反分裂、反投降"的口号此伏彼起。在主席台上就座的牺盟会领导个个扬眉吐气，而阎锡山精建会和国民党县党部的代表却个个垂头丧气。这次大会大长了革命群众的志气，大灭了反动势力的威风。10月，陈祖辰调任临汾县牺盟特派员，刘仰时任大宁县牺盟特派员。陈祖辰调任临汾后不久即被敌人杀害。同月，刘晋清调走，六专署派共产党员高芸生任大宁县县长。同月，阎政权派六十一军军法处陶伯符抢先到达大宁，接任大宁县长职务。同时派来的还有公安局长才润生。这是阎锡山、政府等有意挑动摩擦搞分裂的阴谋。大宁县牺盟分会组织千余名群众举行大规模的示威游行，游行群众高呼"挽留刘县长（刘晋清），拥护高县长（高芸生），反对陶伯符"的口号，使陶伯符慑于群众的声威不得上任。一周以后，阎锡山当局六十一军1个连的部队到达大宁，镇压群众，强行让陶伯符就任了大宁县县长。11月30日，中共洪赵特委通知大宁县委及牺盟会：阎锡山要发动事变，责成刘仰时布置大宁县、区主要干部迅速集中撤离大宁。当夜，全县共产党员和牺盟会骨干分子大部撤到永和、隰县交界地带的羊角山待命。12月11日，按照上级党委指示精神，牺盟大宁县分会重新进行整编，牺盟会员另行分配工作，大宁县的多数牺盟会员编入区党委直属三大队，跟随党组织转战晋西北各地。

第二节　群众团体组织及活动

1937年七七卢沟桥事变发生后，面对日军的猖狂进攻，牺盟大宁县分会为了广泛地领导全县人民开展抗日救亡运动，1938年4月，在县牺盟分会的统一领导下，大宁县农民抗日救国会、青年抗日救国会、妇女抗日救国会和儿童抗日救国会（由青年抗日救国会代管）相继成立。

各抗日群众团体成立后，一面积极配合县牺盟分会开展减租减息和反对贪官污吏的斗争；一面发动群众大搞"空室清野"抗击日本侵略者。

县农、青、妇各救国会隶属县牺盟分会领导，下属3个区的农、青、妇组织。

大宁县农民抗日救国会

大宁县农民抗日救国会成立后，先后担任（农救会领导人称秘书）秘书的是：房梓明、贺进堂、房居贤、李源珠。县农救会下属3个区的区农救会先后担任一区农救会秘书的是：许科堂、王治统、马有义；先后担任二区农救会秘书的是：贺荣、景舒旺；先后担任三区农救秘书的是：冯停礼、渠活水。

大宁县青年抗日救国会

大宁县青年抗日救国会成立后，贺志华（又名贺生智）任青救会秘书（青救会领导人称秘书）。县青救会下属3个区的区青救会。先后担任一区青救会秘书的是：宋世兆、曹祯祥；先后担任二区青救会秘书的是：张克勤、贺达；先后担任三区青救秘书的是：贺万山、白波。

大宁县妇女抗日救国会

　　大宁县妇女抗日救国会成立后，先后担任（妇救会领导人称秘书）秘书的是：郭玉花（女）、李淑英（女）。县妇救会下属3个区的区妇救会。先后担任一区妇救会秘书的是：李梅英（女）、郭秉儒（女）；先后担任二区妇救会秘书的是：李文英（女）、郭志锐（女）、冯翠平（女）；先后担任三区妇救秘书的是：白菊英（女）、郭志锐（女）。

　　1939年12月，晋西事变发生后，各救国会的骨干分子同牺盟县分会的领导成员大部分撤离大宁，转战晋西北，后另行分配工作。

第三章 抗战时期在
大宁发生的几个重要事件

第一节　西北战地服务团在大宁的活动

　　1937年抗战爆发后，在中国共产党的积极推动下，抗日民族统一战线基本形成。中共中央为了宣传群众、发动群众，掀起更大的抗日热潮，组织了战地服务团，采用群众喜闻乐见的文艺形式，深入内地，向群众进行广泛的抗日宣传。战地服务团由著名作家丁玲任团长，从延安出发，途经延长，过黄河向大宁、临汾等地进发。8月，到达大宁。

　　当时，中国共产党和进步力量在大宁的工作开展得十分活跃。所以，丁玲带领西北战地服务团来到大宁，受到当地政府和人民的热烈欢迎。在丁玲后来写的一篇名为《临汾》的散文中，她这样写道："过黄河以来，国民党大宁县曾给过我们意外的欢迎，离城二十里，就遇到来迎的骑兵，五里外又停候着一群代表，有一千多民众在城外等候了一个多钟头了。第三天又照常欢送。"

　　在这"意外的"热情欢迎和接待中，丁玲带领的西北战地服务团用极大的热情和努力在大宁开展工作。他们一住下就铺开场面，有的到学校给师生讲话，宣传抗日救国的道理，和师生们一起讨论"怎样争取抗战胜利"的命题，并教学生们和师生们唱抗日歌曲，有的就上街粘贴抗日标语和画漫画、壁画，找群众谈话，随地表演一些灵活多样的小节目，很快就使这个偏僻的小县城沸腾了起来，到处能听到欢歌笑语。战地服务团的同志还早早地把晚上演戏的布告贴了出去，又早早地将红色的幕布挂在县城的城隍庙。城里的男女老少把城隍庙的四周围得水泄不通。演出的节目有《打倒日本升平舞》《放下你的鞭子》《黄河大合唱》等。当唱到"保卫黄河，保卫华北，保卫全中国"时，人群中顿时暴风骤雨般地响起了"打倒日本帝国主义！""联合起来，争取抗战胜利！"的口号。

演出结束，商会、学校为战地服务团送来了许多慰问品。

第三天，丁玲带领西北战地服务团离开大宁，当局又组织了盛大的欢送仪式。60 多名队员整队走出县城，丁玲和人们握手、挥手告别。

第二节　八路军部分部队在大宁的活动情况

抗战时期，大宁县是八路军和其他抗日组织通往华北各地的主要通道之一，也是陕甘宁边区的主要屏障，地理位置十分重要。大宁沿黄河有两个天然渡口：马斗关和平渡关，能平稳渡过。八路军将士经大宁开赴抗日前线，前方战利品、伤病员、爱国人士和热血青年从这里辗转到达陕甘宁根据地。

1937 年 10 月，八路军总兵站第一分站进驻大宁西堂，站长王文礼、特派员赖成发、教导员钟铭鹿。分站一方面为前线供应物资；另一方面在当地建立革命武装，扩充兵源。

同月，八路军一一五师附属医院在院长王冰、教导员彭胜的率领下进驻葛口村。医院除了服务前线伤病员外，还积极为当地群众举办了两期医务训练班，并为他们送医上门。同期有兵站医院进驻石城村，卫生所进驻古乡村。11 月，延安抗日军政大学、陕北公学院派赴华北战场的 1000 余名干部，路经大宁奔赴抗日前线。12 月，大宁县牺盟分会在八路军兵站的协助下，举办了自卫队训练班，由赖成发、钟铭鹿、曾仁文等人讲授军事知识及游击战术课，受训党员 30 余名。

第三节 兔沟伏击战

1938 年 3 月，日军占领山西临汾后，除继续沿同蒲路南下外，3 月 12 日，日军第十一师团以及二十五旅团步、骑兵 4000 余人从临汾出发经蒲县向大宁进发，企图占领马斗关等黄河渡口，威胁陕甘宁边区，进犯延安。

3 月 15 日夜，八路军一一五师政治部主任罗荣桓与代师长陈光率三四三旅六八五、六八六团在决死二纵队汾西游击队的配合下，在大宁罗曲村后湾的兔沟，上、下乌落和隰县午城，蒲县井沟、张庄一带组织了"午城井沟战役"。16 日拂晓，日军十一师团兵站的 200 多名日军，押送大批军用物资经过罗曲村后湾兔沟时，被埋伏在兔沟两侧和乌落坡的八路军三四三旅的六八五、六八六团包围。日军在这条狭沟里突然遭到打击，进退维谷，拼命抵抗，战斗持续了两小时，全歼日军 200 余人，缴获战马 100 余匹，并缴获了大量的枪支弹药等军用物资。17 日一一五师一部在大宁以东的罗曲至蒲县的井沟附近截击日军汽车 6 辆，歼敌 200 余人。当夜，又以一部兵力袭击午城镇，歼敌一部 50 余人，烧毁汽车 10 辆。

18日，日军第108师团步兵、骑兵800余人由临汾前来增援。第115师两个团及地方武装一部，以主力设伏于井沟、张庄、佛道里地区，以一部兵力狙击大宁来援之敌。19日6时，援敌由蒲县继续西进，10时，全部进入伏击地区。八路军预伏部队突然出击，激战至黄昏，敌除固守窑洞的30余人外，全部被歼。

这次战斗共歼敌1000余人，缴获骡马100余匹，损毁汽车79辆，切断了蒲（县）大（宁）交通线，迫使大宁之敌东撤，粉碎了敌人侵占黄河渡口的企图。

第四节　决死二纵队六总队在大宁活动情况

山西青年抗敌决死队（以下简称决死队）二纵队第六总队，原系国民军官教导第八团改编而成，学员全部是从雁北13县招考的。其中大部是小学教员和具有初中文化程度的青年。该团原住山西原平县，因日军攻进娘子关，于1937年10月间移驻长治，转战晋东南各县。1938年春，改编为决死六总队（又称老六团）。同年10月，奉命归还二纵队建制，由晋东南于11月间到达晋西，汾西勍香镇一带，不到半月调往大宁曲峨一带驻防。

总队是一个团的建制组织，所不同于旧军队的是，内部设有政治工作人员，团设政治部，大队、中队设指导员和工作员。政工人员多系进步青年和共产党员，连设有支部（全系秘密的地下活动）。纵队政委为张文昂，政治主任为韩钧，六总队长为陈纯汉，政治主任为廖鲁言（共产党员），二大队政治指导员为张俊造（曾任抗日同盟军旅长、共产党员）。

全团共有 3 个大队，每个大队 4 个中队，团还设机枪中队、迫炮中队、警卫排、通讯排等大约 2500 多人。阎锡山称决死队为新军。 1939 年春，改编为独立第二旅第六团（亦叫老六团）。

1938 年 11 月间，六总队奉命进驻大宁曲峨一带，计划休整（城内驻阎锡山嫡系部队六十六师）。第五天，日军第二次进攻大宁，六十六师视而不战，临时退往东木、割麦一带。六总队很快就布防县城附近，一个大队驻而吉、安古、圪塔村，一个大队驻麦留、刘垣、杜村一带，一个大队驻贺益、白村、堡业一带。对县城之敌形成北山包围圈，每天向敌人小部队频繁出击，如在圪塔村、南庄、杜村等地，致使北山各村遭受扰害较少。

日军第一次约一个小队袭击杜村，二大队六中队一个分队埋伏村外，将敌人包围于村内，当场击毙敌军一名，打伤五六人，其余全部跳沟逃跑，绝死队缴获敌人步枪一支及全部装束。

决死队二纵队六总队是一支有文化、有政治觉悟、军纪十分严明的队伍，对违犯纪律的都要一一严处。在杜村、圪塔村战斗中，曾对错报敌情、违犯俘虏政策的两个人作了严肃处理。队伍除内部紧张的军政教育外，配合县公安局成立稽查处，捉汉奸、捉坏人（如赌博、抽大烟者等）。连部设有壁报组、宣传队，写标语，协助地方训练自卫队、儿童队等工作，官兵衣食不分。每个兵都会写、全唱、会讲演，军民亲如一家人，人人都说这支队伍真稀罕，军民亲密无间，和阎锡山那些旧军一说三瞪眼相比，真是天壤之别。

部队在大宁过了一个年，1939 年农历正月间，六总队移驻午城，当月全团开驻汾西、赵城铁路沿线，进行4月反攻。决死队全纵队，北至霍县，南至赵城，日夜向敌进攻，而南线之阎六十一军视而不打，致使日军1个师团及两个旅团的兵力全部对抗决死队。决死队殊死而战，损失惨重，仅六中队（系全团模范中队）在前沿33天大小打了13次仗，全连220多人，连死和伤只剩了58人，因损失太大，团部令六中队返回大宁，驻防三多镇给教导一师师部作警卫部队。回大宁后，由当时县长刘晋清及牺盟会召集各团体商号，在火神庙召开了隆重的欢迎大会。由于各方在精神上、物质上的支援，从此使六中队从人员到装备上得到恢复，于1939年冬在隰县又投入迎击敌人第三次对大宁进攻的战斗。

第六节　日军三次进犯大宁

1938年3月至1939年11月间，日军3次侵犯大宁，骚扰县城北部、南部、西部的大部分地区，所到之处，烧杀掳掠，给大宁人民带来深重灾难。

1938年3月中旬至4月初，日军首次侵犯大宁，先后侵占县城及胡城、罗曲、牧岭、大冯、小冯、乌落、龙吉、太德、堡村、麻束、任家、圪塔上、南庄、吉亭、中垛、合格等22个村庄。3月15日，日军十一师团兵分两路进犯大宁。一路沿东川直扑县城，一路由隰县午城上坡入大宁县境，到太德塬至白杜塬，再到安古塬由圪塔上村进入县城。沿东川一路的日军到达牧岭村时，来不及躲避的村民慌忙往山上逃，日军进村一面抢杀牲畜、烧毁房屋，一面向逃跑群众射击，10余户人家的牧岭村8人死于日军枪弹下，房屋财产被日军焚烧殆尽。3月17日，日军在县城中街将农民冯三顺用刺刀活活刺死，纺麻绳老李头父子及轿夫张小辫等被残杀。3月20日，驻扎在山头、而吉等村的阎锡山第十九军王靖国部派出班哨到下麻束、任家等村，日军出城追击至白杜村，阎军闻风而逃。日军在白杜村北坪向山头、而吉炮击，而后进入白杜村放火，顿时全村成为一片火海，年逾七旬的李万发老人和牺盟自卫队员李润锁被关进窑洞活活烧死，烧毁窑洞70孔、房子30间，家具杂物不计其数。日军撤离时抢走耕畜14头、粮食3万公斤、棉花2000公斤。3月22日，驻大冯村的日军派一个班向任家、小冯中间的河套角地带搜索，正在山上放哨的许乃普被日军发现，不幸中弹，他忍痛跑回河套角给躲在这里的乡亲报信，日军顺着许乃普的血迹找到躲藏人群，7名妇女全遭奸污，14名男人被押到塬头梁家坟全部屠杀，惨不忍睹。3月23日，日军在县城南5里的下吉亭村将村民王纯子、王云山和一名青年女子用刀劈死。日军第一次在大宁盘踞半个多月，杀害无辜群众30余人。

1938年10月，窜至永和县的日军从安古一线二次向大宁县城进犯。阎锡山第十九军在东索堤、西索堤、毛咀山、李家岭一带与日军接火，激战三昼夜后，十九军撤到高山一线扼守。日军改道从堡村、太德一线进入县城，在胡城村残杀村民6人，沿途太德、龙吉、茹古等村皆遭烧杀抢掠。11月间，山西青年抗敌决死先锋队第二纵队六总队在安古、麦留、杜村、贺益、白杜、堡业等村一带布防，袭击日军，分别在圪塔上、杜村与日军激战，活捉日军1人，击毙1人，伤6人。11月中旬，日军撤出县境，驻扰20余日。

1939年11月间，日军在轰炸机的配合下第三次侵占县城。日军飞机在县城疯狂轰炸，沿街大部分房屋被炸毁，死伤数人。同时，日军袭扰太仙、连村、下则头、东南堡、北庄等村，所到之处无恶不作，屠杀村民30余人，烧毁民窑200多处，抢粮食5万公斤、棉花万余公斤，抢杀耕畜100余头。

日军三次侵犯大宁犯下了不可饶恕的罪行。大宁人民在中国共产党领导下，实行坚壁清野，开展游击战争，迫使日军盘踞不久即撤离大宁。

第七节　反顽斗争和"晋西事变"

大宁县位于山西省吕梁山南麓，境内沟壑纵横，高山耸立，易守难攻。抗战初期的1938年2月，中共大宁县委成立后，积极发展党员，壮大革命力量。同时配合县牺盟分会，建立抗日武装，组建抗日群众团体，使大宁县的抗日救亡群众运动一浪高过一浪，极大地孤立了反动顽固势力。

大宁境内有两个黄河码头，马斗关和平渡关是天然的渡河良港，这里水面开阔，水流缓慢，渡船平稳。前方急需的兵员、军用物资从这里源源不断运过。国统区的爱国学生和进步人士也频繁从这里前往延安。

1937年11月4日，太原失守前4天，阎锡山部退守晋西南，计划驻军大宁。为此，阎锡山部曾在大宁的太德塬逼令群众赶收成熟的晚秋作物。退守途中，王靖国临阵畏敌逃走，致使日军乘虚而入，使阎军遭受重创。二战区长官部执法总监张培梅愤恨不已，致电阎锡山要将王靖国执行军法，阎锡山再三不依。张培梅悲愤交加，吞服大量鸦片，死于大宁。阎锡山觉得晦气，由是打消了在大宁驻扎的念头，前往吉县克难坡（此地原名南村坡，阎锡山来后改名克难坡）。

阎锡山驻扎克难坡后，为了达到其对晋南铁桶般的统治，开始压制和打击包括大宁在内的进步力量。面对日军大举进攻，中共加紧了对阎锡山政权的统战工作，允许共产党员以合法的身份进入阎锡山政权。在晋南，阎锡山政权的六专署就驻扎于隰县车家坡，主任张文昂就是共产党员。在这种特殊情况下，张文昂以专署主任的身份，在各县派遣牺盟特派员。因此，晋南各县党的工作，包括抗战支前工作、统战工作、群众工作等，都搞得相当出色。大宁位于六专署与阎锡山"行宫"的中间地带，不断发生摩擦与反摩擦的斗争，既受到了共产党的极大关注，也触动着顽固派的每一根神经。

1938 年 6 月上旬，阎锡山在吉县克难坡召集各军、师主要高级军官举行秘密会议，加紧压制和打击进步力量。1939 年春，中共领导的进步力量与阎锡山政权内部顽固势力的摩擦日趋激烈，大宁县的反顽斗争也日趋尖锐。

大宁县反顽斗争大致分为三个阶段：

第一阶段：即 1939 年三四月间，反对二区区长王建基的斗争。

1939 年春，当时的二区区长王建基消极抗日并有贪赃枉法行为。在中共大宁县委的周密策划下，县牺盟分会以县农救会的名义，组织农、青、妇各界群众展开了声势浩大的反王（顽）运动。中共大宁县委以县牺盟分会的名义在县城召开"外攘日寇，内除贪官污吏汉奸"的动员大会，号召全县人民积极行动起来，同一切阻挠抗日的势力及贪官污吏作不屈不挠的斗争。会后，县农救会在县城张贴标语，农民代表贺义员带领群众游行示威，王建基被逼低头认罪，被迫出走。为此阎政权将贺义员拘捕，经县牺盟会多方交涉才得释放。紧接着，中共掌握实际权力的大宁县政府重新委派了进步人士担任二区区长，二区的领导权最终掌握在中国共产党手中。至此，全县 3 个区的区长和各区的农、青、妇各群众团体都牢牢地掌握在进步势力手中。

第二阶段：即 1939 年 5 月至 10 月间，发动群众赶走顽固派县长的斗争。

1938 年 10 月，大宁县县长郭钦安（中共党员）调走，上级委派刘晋清（中共党员）任大宁县县长。1939 年 5 月。阎政权又要调走刘晋清。此时，大宁县的共产党员及牺盟会等进步人士都很担心，怕阎锡山政权派来"阎王"（阎顽）县长。中共大宁县委以牺盟会及各群众团体的名义向上报告，挽留刘晋清继续任职。但是阎锡山政权终将刘晋清调走了。10 月，又派高芸生从兴县来到大宁任县长。县牺盟会及各群众团体得知高芸生也是共产党员，就在县城东关集会欢迎。同月，阎锡山政权又要将高芸生调走，派来了一个叫王润全的县长。中共大宁县委经过秘密研究，决定以县牺盟会的名义动员各群众团体，公开要求高芸生拒绝交权，致使王润全进不了县政府，这就是发生在大宁的著名的"双县长之谜"。大宁县党组织通过县牺盟会和各群众团体，一方面给六专署及第二战区发去电文，反对调离高芸生；另一方面发动群众进城示威游行。示威群众手执小旗，在街上张贴标语，并高呼口号："拥护高县长！反对王县长，赶走王县长！""坚持抗战，反对投降；坚持团结，反对分裂；坚持进步，反对倒退！"经过斗争，使王润全不敢抛头露面，不久就离开了大宁。

第三阶段：即1939年10月，发动更大规模的群众运动，"反顽"运动达到高潮。

10月，阎锡山政权派出61军军法处陶伯符抢先到达大宁，接任大宁县长。同时派来的还有公安局局长才润生。这是阎政权顽固势力有意挑动摩擦搞分裂的阴谋。中共大宁县委以县牺盟会的名义组织千余名群众举行大规模的示威游行，游行队伍高呼"拥护高县长，赶走陶伯符"等口号，同时组织群众日夜固守县府，使陶伯符无法上任。为了控制局势，不使事态进一步扩大，阎锡山当局调61军一个连的部队到达大宁镇压群众，强行让陶伯符就任了大宁县县长。

在这种情况下，中共大宁县委召集牺盟会及各群众团体负责人多次召开会议，酝酿更大规模的"反顽"斗争。

陶伯符强行就任大宁县县长之后，立即接管县公安局，迫害进步力量。为了争夺武装力量，大宁县公安局的中共地下党员刘国标、贺定邦、贺全录、蔡培义等人，同阎锡山当局在县公安局的顽固势力代理人宋文秀进行了针锋相对的斗争。他们扣压了宋文秀，并把他交回六专署。

由于新旧军摩擦日益加剧，时局趋于恶化。1939年10月25日，中共大宁县委指示县公安局中共支部，由局长蔡光庭、分队长刘国标及贺定邦、贺全录带领县公安局80余人，打死部分顽固分子，连夜撤出县城，辗转到达六专署，为革命积蓄了有生力量。

1939年12月3日，阎军在永和袭击决死第二纵队196旅旅部及部分游击队，屠杀共产党员和进步人士，"晋西事变"爆发。大宁的党组织按照中共中央"隐蔽精干、长期埋伏、积蓄力量、以待时机"的方针，于12月30日将大部分共产党员和牺盟会骨干分子撤出大宁，转移到晋西北。

"晋西事变"的发生使大宁乃至全晋南笼罩在白色恐怖之中，使革命形势转入低潮。但"野火烧不尽，春风吹又生"，经过斗争洗礼的大宁县各级党组织和人民群众，以更加高昂的斗志投入到新的抗日反顽斗争中。

第三编

全国解放战争时期

（1945 年 8 月至 1949 年 9 月）

第一章 党组织的恢复和发展壮大

第一节 大宁县党组织活动的两个阶段

全国解放战争时期，中共大宁县的地方组织以其活动方式讲大体可分为两个阶段。即：1945 年 9 月至 1947 年 5 月为秘密活动阶段，1947 年 5 月至 1949 年 10 月 1 日为公开活动阶段。

第一阶段，1945 年 9 月至 1947 年 5 月。

抗战胜利后，1945 年 9 月，中共晋绥分局吕梁区党委成立。区党委为了开辟敌占区的工作，派共产党员只金耀、许科堂等人到大宁，任命只金耀为中共大宁县委副书记，负责恢复大宁县党组织工作。当时大宁尚未解放，只金耀、许科堂等只能活动于靠近黄河的大宁西部一带。10 月，上级党组织派四地委宣传部部长杨毅及薛光钦、杨汝珍、薛温增、李毅等人活动于陕西沿黄河一带，负责开展石楼、永和、大宁 3 县的河东工作。

1946 年 3 月，上级党组织决定成立石楼、永和、大宁中心县委，任命杨毅为中心县委书记，白秉新为中心县县长，王三武为中心公安局局长，领导石楼、永和、大宁 3 县工作。同月，中共晋绥分局四地委派房居平任石（楼）、永（和）、大（宁）中心县委宣传部部长兼大宁县委书记。房居平将东木战斗中 74 名战俘带回陕西马斗关，编入石、永、大支队大宁游击队。随后上级又派白波、周仲达到大宁工作。此时，大宁县委领导机构逐渐建立健全，党组织活动随着武装斗争的推进，逐步由黄河边缘地带向县城周围发展。县委驻地设在陕西省固临县安河镇冯家山村。同年 11 月 21 日，太岳部队十一、十二旅，在大宁游击队配合下，一举攻克大宁县城。县委、县政府一度进驻大宁县城工作。12 月底，胡宗南部队三十师六十七旅一九九团反扑过来，县委、县政府主动撤出县城，活动于大宁与永和交界处，并于 1947 年 1 月在沿黄河一带重新组建了 3 个区委会，从思想上、组织上为彻底推翻旧政权建立新政权做了大量的准备工作。本阶段，县委以从事武装斗争和恢复壮大党组织为主要工作。

第二阶段：1947 年 5 月至 1949 年 9 月。

1947 年 5 月，晋冀鲁豫野战军第四纵队和太岳军区六十三旅发起晋南战役。5 月 26 日，左尔禹政府在逃跑时，狗急跳墙，大肆杀害共产党员和革命群众。他们将大宁县二区区长贺敏智、通讯员朱德才、黄天祥及群众王永祥拉到二郎山活活烧死；将大宁游击队情报员顾占奎、阎万盛、郝小子及群众张彦贞、房星照等 8 人投入南门井内残酷杀害。27日，大宁县全境获得解放。县委、县政府正式进驻县城，由秘密到公开，走上执政地位。6 月，房居平调离，罗沛任大宁县委书记，此时，中共大宁县委的组成人员是：罗沛（县委书记）、黄建邦（县长）、曹步斐（县委组织部部长）、梁大鳌（县武委会主任）、李善喜（县公安局局长）。县委工作机构设组织部和宣传部。组织部部长曹步斐，宣传部部长黄建邦升任县长后暂时空缺。县委下辖 3 个区委会：一区区委书记周仲达，区委驻地小冯村；二区区委书记张如林，区委驻地三多村；三区区委书记刘志如，区委驻地曲峨村。

此时，晋西南地区大部分县城都已获得解放。中共大宁县委的各级党组织从此正式公开活动，走向执政党的领导地位，开始领导全县人民医治战争创伤，恢复生产，重建家园，并着手抓好建党建政等工作。

1947年1月，中共大宁县委、大宁县人民民主政府先后组建了3个区委会和3个区人民政府。从1947年1月至1949年9月3个区的区委书记先后是：一区区委书记周仲达、宋生昌；二区区委书记贺敏智、张如林、刘舒昌、景舒望；三区区委书记白波、刘志如、郝维智。

1947年5月，中共晋绥边区党委划分大宁县委隶属晋绥吕梁分局（也称九地委）。

第二节　支援新解放区建设和"三查"运动

1947年6月，中共晋绥分区九地委决定抽调大批干部西进支援解放大西北。大宁县组织了20余人的西进队伍，在县委书记房居平的带领下，开赴陕西、甘肃等地开展新解放区的建设工作。中共大宁县委领导班子进行了调整，罗沛任中共大宁县委书记。

1947年12月，根据晋绥九地委指示精神，大宁县将县、区、行政村三级干部集中县城开展了"三查"整党运动。通过这次运动，划清了阶级，纯洁了党的组织。但由于受"左"倾思想的影响，县委将极少数干部清洗回家，有的被开除了党籍。事后，根据党中央有关政策规定，县委对这些错误处理的干部都给予妥善的安置和处理。

1948 年 7 月，周仲达任中共大宁县委宣传部部长。1949 年 6 月 9 日，中共晋南地委、晋南地区行政公署宣告成立，其下辖 23 个县，大宁县是其中之一。6 月，根据晋南地委指示，县委再次抽调一批干部西进，参加新解放区建设。县委书记罗沛和县长黄建邦带领 30 余名干部开赴陕、甘、宁地区，支援新解放区建设工作。县委领导班子再次作出调整。

1949 年 8 月，大宁县长黄建邦、副书记周仲达、公安局长李善喜、完校校长王旭光、一区区长宋全举、二区区委书记刘舒昌、三区区委书记郝维智、区长王仲胜等 30 余名干部在县委书记罗沛的带领下西进，到陕西、甘肃等地支援大西北解放和建设工作。上级党组织对中共大宁县委和县人民民主政府的领导班子进行了调整和补充，任命曹步斐为中共大宁县委书记、解学温为县长、白波为组织部部长。县人武部的组成人员是：部长梁大鳌、副部长马占清。大宁县人民民主政府的工作机构设：公安局（局长李洪祥）、民政科（科长王德政）、建设科（科长王恩德）、财政科（科长白振东）、教育科（科长王佩贞）、司法科（科长冯志明）、中国人民银行大宁县支行（行长王武功）、邮政局（局长苏家德）、县供销合作社联合社（主任董生贵）、税务局（局长贺荣祥）、县政府秘书室（秘书丁风）、外贸公司（经理白明昌）。

9 月 10 日至 10 月 22 日，大宁县委在县城举办训练班，有 71 名党员干部和群众积极分子参加了培训，通过学习党的政策，解开了思想疙瘩，同志们受到了一次深刻的政策教育和思想教育。

　　本时期，是中共大宁县的党组织逐步恢复并通过历次运动不断壮大的时期，截至中华人民共和国建立前夕，本时期县委的隶属关系是：1945 年 9 月至 1946 年 3 月归属晋绥十地委领导，1946 年 3 月至 1949 年 2 月归属晋绥九地委领导，1949 年 3 月至 1949 年 9 月先后归属隰县地委和隰县中心县委领导。中共大宁县委下属 3 个区委、12 个党支部、287 名党员，占全县总人口的 1.3%。县委驻地 1949 年 5 月前设在陕西省固临县安河镇冯家山村，1949 年 5 月后驻大宁县城。

　　1945 年 9 月，中共大宁县委恢复后，县委领导人均由上级党委任命产生，本时期县委主要领导人作了 2 次调整。

第二章 政权建设与地方武装

第一节 政权组织从无到有不断发展

抗战胜利后，大宁县的政权建设工作一度曾由石（楼）、永（和）、大（宁）中心县代管。在政权建设方面：1949年9月，中共吕梁区委员会为了开辟晋西南工作，派许科堂任大宁县人民民主县长。当时大宁仍是阎锡山政权统治的重点县之一，县人民民主政府活动在沿黄河一带，先后驻扎于陕西省延长县的西马斗关和固临县安河镇的冯家山村等地。县政权在此期间，一面着手建政工作，一面发动群众，向县城推进。

1946年11月22日，太岳部队十一旅调赴延安保卫党中央，路经大宁时，一举攻克大宁县城，大宁人民第一次获得解放。大宁县委、县人民民主政府进驻县城。11月24日，大宁县民主政府一次发放救济粮1000大石。

同月，县人民民主政府设立了3个科的工作机关，即：民政科、财政科、城工部（后改称为公安局）。民政科的主要职能是：协助县人民民主政府搞好政权建设，负责行政区划、社会优抚救济、婚姻登记等各项工作。从1946年11月至1949年9月，先后担任科长的有：李永秀、张如林、郭水源、王德政。财政科的主要职责是：协助县人民民主政府开展工作，负责地方财政收支、粮油的收购储运、调拨及商品流通等工作。从 1946 年 11 月至 1949 年 9 月先后担任科长的有：张良智、白振东。城工部（后改称公安局）的主要职能是：协助县人民民主政府开展工作，负责社会治安、侦破案件、缉捕罪犯、看押犯人等工作。从 1946 年 11 月至 1949 年 9 月先后担任局长的有：李善喜、李洪祥。

1946 年 12 月 30 日，国民党中央军胡宗南部三十师六十七旅一九九团雷文清部卷土重来，反扑大宁县城。为保存革命力量，县委、县人民民主政府主动撤离，与敌周旋，大宁县重新被阎政权统治。在撤离大宁县城期间，县委、县人民民主政府仍紧锣密鼓地开展建政工作。

1947 年 1 月，大宁县人民民主政府根据本县的自然特点组建了 3 个区政府，区政府属县人民民主政府领导，下辖各行政村。一区区政府（驻地小冯村）先后担任区长的是刘晋清、王恩德；二区区政府（驻地三多村）先后担任区长的是贺敏智、董生贵、高万山；三区区政府（驻地曲峨村），先后担任区长的是：阎璞、王仲胜。

1947 年 3 月 18 日，大宁县人民民主政府县长许科堂，二区区长贺敏智及 1 名战士在给人民群众发放救济款及侦察敌情时不幸分别被左尔禹政府逮捕，贺敏智等相继壮烈牺牲。5 月中旬，许科堂在临汾城被杀，英勇就义。1947 年 8 月，上级任命黄建邦为大宁县人民民主政府县长，1949 年 8 月，黄建邦西进，调离大宁，上级任命解学温为大宁县人民民主政府县长。

1947 年 5 月 27 日，大宁县全境获得解放。县委、县政府正式进驻县城。

1947年5月，设立了税务局，其主要职能是：按照国家规定的税目负责全县各种税务的征收和有关税收政策、法令的宣传、解答等工作。从设立起到1949年9月，先后担任局长的有：李进治、贺荣祥。

6月，经上级批准，大宁县人民民主政府将罪大恶极的投诚复叛反革命分子高登科、高风其、宋世兆等3人处决。（高登科、高风其、宋世兆3人于1946年3月投诚游击队，1947年3月携武器复叛投敌，曾多次带兵军伏击游击队）。

7月，全县建立了村民代表大会制度，各村相继召开了村民代表大会。8月，县人民民主政府设立了2个科和1个公司，即建设科、司法科、外贸公司。建设科的主要职能是：主管农、林、牧、副和水利工作，负责制定生产规划，落实经济政策。从1947年8月至1949年9月先后担任科长的有：解学温、王恩德。司法科的主要职能是：负责刑事和民事案件的审理工作。从1947年8月至1949年9月先后担任科长的有：冯志明、张纯恒。外贸公司的主要职能是：负责全县的农副产品的收购、交换及全县人民群众生活日用品的需要。从设立起到1949年9月，白明昌任外贸公司经理。

1948年4月14日，中共大宁县委、县人民民主政府在三区道教行政村开展建政试点工作，召开了村人民代表大会，民主选举了村人民政权。1948年7月，县人民民主政府设立教育科，其主要职能是：负责全县行政教育管理，推广普及教育、扫除文盲、落实教育方针政策。从1948年7月至1949年9月先后担任科长的有：王佩贞、景舒望。9月，在中共大宁县委、县人民民主政府的支持关怀下，大宁县第一完全小学校创办成立。

1949 年 2 月，设立中国人民银行大宁县支行。其主要职能是：负责管理全县金融事业，代国家发行货币，开展信贷监督，管理国家各项资金的投资和使用。中国人民银行大宁县支行的负责人当时称经理，从设立起到 1949 年 9 月，王武功任经理。

1949 年 3 月，设立秘书室。其主要职能是：负责管理政府机关内部事务，督促落实政府决定的有关事宜，为县长提供信息，起草政府文件，协调政府各部门之间的工作。从成立起到 1949 年 9 月，秘书室负责人称秘书，丁风任县政府秘书室秘书。

1949 年 8 月，设立邮政局和供销合作联合社。邮政局的主要职能是：负责全县信件投寄，电话、电报的接收，办理汇款、邮寄包裹及报刊发行，建设管理邮电线路。从成立起到 1949 年 9 月，苏家德任局长。供销合作联合社的主要职能是：负责所属企业的商品流通，工、农业产品的交换，管理调配所属企业干部、职工。从设立起到 1949 年 9 月，董生贵任供销合作联合社主任。9 月 1 日，山西省人民政府宣告成立，全省设 7 个专区，大宁县属临汾专区。9 月 26 日，中国人民银行发行的人民币 500 元与 1000 元新钞票开始在大宁流通。

截至 1949 年 10 月 1 日，大宁县辖区面积为 890 平方千米，有 22462 人，县人民民主政府下辖 3 个区政府，9 个行政村。

第二节 地方武装的壮大

本时期，大宁县地方军事组织经历了 4 次较大的演变。

抗战胜利后，1945年8月，大宁县武工队改为大宁游击队。文平、王进有先后任队长，只金耀任政治委员。丁风、魏绍征先后任指导员。游击队主要活动于沿黄河两岸。1945年10月，大宁游击队在队长文平、政委只金耀、指导员丁风的带领下，从陕西渡黄河到大宁割麦，先后包围了云居村公所和割麦编村的"爱乡团"，消灭、俘虏敌人百余人，缴获枪支弹药90多件。12月，大宁游击队在战斗中不断发展壮大，由原来的20余人发展到200余人。1946年3月，大宁游击队在延安保安十团三营一连的协助配合下，全歼东木村守敌爱乡团1个营（5个连）。这次战斗以鸡鸣为信号，分三路出击，经过两个多小时激战，全歼了守敌，打死敌人21名，俘虏192名，活捉爱乡团营长孙德亮，缴获机枪、步枪200余支，子弹18箱及大量的手榴弹。这次战斗打通了大宁与延安的交通线，提高了游击队的作战能力，使革命武装力量进一步发展壮大。

1946年3月，为了展开对敌斗争，中心县委决定组建人民武装。为此，将三县的武装合并，成立石楼、永和、大宁游击支队，任命白秉新为司令员，慕生忠为政治委员。支队受中心县委领导，下辖两个营，共有500余人。队伍主要活动于石楼、永和、大宁地区。支队建立不久，在大宁石城山上与敌军打了一仗，缴获了部分军用物资。同月，中共晋绥分局四地委派房居平任石楼、永和、大宁中心县委宣传部长兼大宁县委书记。房居平将东木战斗中74名战俘带回陕西马斗关，编入石楼、永和、大宁支队大宁游击队。随后上级又派白波、周仲达到大宁工作。

1946年8月，大宁县游击队从石楼、永和、大宁支队分出，恢复大宁游击队（也称县大队）建制。魏绍征任大队长，房居平、罗沛先后任政治委员，文平任指导员。11月，大宁游击大队在大队长魏绍征、指导员文平的领导下，在任堤、云居等地接连打了几个大胜仗。这支队伍进一步发展壮大。大宁县游击大队还配合主力部队参加了两次解放大宁的战斗。

1946年11月，为了加强大宁解放后的地方军事组织建设工作，组建成立大宁县武装工作委员会，上级任命薛光钦为大宁县武装工作委员会（简称武委会）主任，房居平兼任政治委员，成员有杨汝珍、李赖则、薛温增等。武委会是地方军事武装的领导和决策机关，政委由县委书记兼任，武委会主任由上级军事部门直接任命。属晋绥九分区和大宁县委的双重领导。1947年4月，薛光钦调离。6月，房居平调离，罗沛任大宁县武装委员会政治委员。8月，上级任命梁大鳌为大宁县武装委员会主任，马占清任副主任。1947年11月，大宁县武委会在3个区设立区武委会，武委会领导人称大队长。一区武委会大队长冯学彦、副大队长蔡金保，二区武委会大队长杨汝珍、副大队长李贵荣，三区武委会大队长李广英、副大队长房俊恒。期间，县武委会曾组织过一次较大规模的支前活动。

1947年1月，解放军太岳部队在大宁游击队的配合下，在麦留塬与蒋军一个团激战6个多小时，迫使敌人退回县城。太岳部队开往孝义。2月，县游击大队在道教、甘棠两地伏击敌军。5月26日，九分区司令员黄学忠率一个大队在后楼底、三多、茨林一带伏击从县城往吉县转运武器弹药的胡宗南三十师六十七旅一九九团运输队，激战中，俘虏敌人一个排，缴获武器弹药 32 骡驮，白面、衣物 79 骡驮。同日，一九九团风闻人民解放军大兵压境，连夜向吉县方向逃窜。

1947 年 11 月，奉晋绥九分区之命大宁游击队与蒲县游击队合并改编为蒲大独立营。营长魏绍征，营指导员席志清，一连连长张金明、连指导员文平，二连连长阎璞、连指导员李占国，三连连长徐景明、连指导员史怀惠。蒲大独立营主要活动于汾河一带。期间，与该地区的国军和晋绥军及地方武装展开战斗，经汾西"西沟"和蒲县"乔家湾"两战两捷后士气大振。1948 年 4 月，奉晋绥第九军分区命令调往汾西、灵石一带，又接连打了几次胜战，特别是"辗子垣大会战"一举歼灭灵石、介休两县晋绥军一个团，是当地规模较大的战斗。1948 年 9 月，蒲大独立营奉命开赴晋中榆次县，后进军大西北，进入中国人民解放军序列。

第三章 群团组织的发展和土改运动

第一节 群团组织迅猛发展

本时期，大宁县妇联组织、新民主主义青年团组织以及区农会组织等群众团体先后建立，并日臻完善。

1947年8月，中共大宁县委为了加强对妇女工作的领导，成立了大宁县民主妇女联合会。县妇联的主要任务是：积极主动配合县委开展各项中心工作，宣传《婚姻法》，解放妇女生产力，实行男女平等。从1947年8月至1948年9月，县民主妇女联合会隶属晋绥九地委和隰县地委和大宁县委的双重领导，主席由县委任命产生。1947年8月，县委任命安梅英为县妇联会负责人。1949年9月，安梅英调离，县委任命赵金翠为县妇联会主席。

1948年10月，中共大宁县委、县人民民主政府根据《中国土地法大纲》和晋绥九地委万安会议精神，着手开展土地改革运动。中共大宁县委成立了土地改革工作队（县上未成立农会）并决定在一、二、三区建立农会。全县建立了三个区农会组织和138个村农会组织。一区农会负责人潘福祥，二区农会负责人芦铁成，三区农会负责人贺志成。

1949年1月，中国新民主主义青年团大宁县委员会（简称青年团）正式成立。团县委的主要职能是：积极主动配合县委开展各项中心工作，搞好团的自身建设，抓典型、抓榜样，培养教育青年为共产主义事业而奋斗。青年团属上级团组织和中共大宁县委双重领导，青年团书记由县委任命产生。周仲达任书记，刘文秀任副书记。

这些群众组织从建立至中华人民共和国成立期间，为协助县委开展各项中心工作做了大量工作，在团结教育群众方面起到了桥梁和纽带的作用。

第二节　土地改革运动顺利完成

1947 年 6 月，中共吕梁区委员会在汾西县召开了"土改实验"会议，中共大宁县委组织部长曹步斐参加了这次会议。会议结束后，大宁县委着手开展土地改革。8 月，县委在小冯村召开县、区、村三级扩大干部会议，进行第二次调整土地。11 月，中共大宁县委、县人民民主政府在全县范围内展开了"反奸、反霸"斗争，查封"地、富"100 余户，关押"地、富、奸、霸"150 余人。12 月，根据九地委"在干部中开展'三查'的指示"精神，中共大宁县委将县、区、行政村三级干部集中回县城进行"三查"运动。运动中将刘国柱、王保兰等 15 名干部清洗回家，还有一些人被开除了党籍。

1948 年 2 月，中共中央书记处书记任弼时《关于土地改革中的纠偏政策讲话》发表以后，大宁县委组织干部对反奸、反霸斗争中的"误斗户"，错定成分户及伤害中农利益的错误进行了纠正和补偿。给在"三查"运动中错误地清洗回家的王保兰、丁风、马进山、高万山等人恢复了公职。

1948 年 9 月，九地委在洪洞万安镇召开了今冬明春土改动员大会，中共大宁县委书记罗沛、县长黄建邦、组织部部长曹步斐、宣传部部长周仲达、公安局局长李善喜参加了这次大会。

1948 年 10 月，中共大宁县委遵照中共中央颁发的《土地法大纲》及晋绥九地委万安会议精神，在全县着手开展了土地改革及反奸反霸运动，县委根据土地改革工作的政策作出了 6 条决定，即：采取以会代训的方式，训练好县、区、村三级骨干，掌握土改中的各项政策，注意斗争方式、方法，并作好土改准备工作；在群众中广泛深入地宣传土改的伟大意义，从政治上打击地主、富农的威风，实现土地归农民所有，消灭封建剥削制度；要在划分阶级成分时，特别注意富裕中农和富农的界限；党员在群众中要起模范带头作用，接受群众的监督，并在土改运动中发现培养积极分子；今（1948 年）冬明（1949 年）春必须完成土改工作；搞好社会治安，防止阶级敌人在土改中趁机破坏，保持良好的社会秩序。具体做法是：①深入广泛地宣传党的各项土地政策，发动群众清理阶级敌人。②整顿农代会，建立健全农会组织。③对照文件划清阶级成分，对地、富、霸进行说理斗争。④丈量土地，评好产量，以人带产，按产分地。

同时，集中县、区、行政村全体干部 100 余人，举办了土改培训班，培训时间 20 多天，而后赴全县各地展开土改工作。

1948 年 10 月，中共大宁县委、县人民民主政府根据《中国土地法大纲》及晋绥九地委万安会议精神，为了广泛发动群众，开展土地改革，成立了土地改革工作队并在 3 个区组建了农会，此时，全县设 3 个区农会，138 个村农会。

1949 年 3 月，大宁县土改工作胜利结束，全县划出雇农 324 户，贫农 2061 户，中农 1975 户，上中农 147 户，富农 150 户，地主 91 户，计 4748 户。对全县 153840 亩耕地逐块评产，合理分配。农会会员达 1194 人。在土改运动中先后有 153 人加入了中国共产党，并建立了民兵组织，全县共建立民兵大队 3 个，人数 502 人。在土改中，县委加强了对土改工作的领导，先后召开了 7 次全委会，4 次全委扩大会，使土改工作如期胜利完成。

第四章 参军参战和支援前线

第一节 参军参战

在革命战争年代，大宁人民在中国共产党的领导下，积极参军参战、筹集物资和资金支援革命战争，为民族独立、人民解放和中华人民共和国的建立作出了巨大贡献。据不完全统计，参军参战的有 3000 余人，仅在解放战争时期就有356 人参加了中国人民解放军，占当时全县总人口的 2%，其中有 83 人献出了宝贵的生命。在全国解放战争时期，中共大宁县委、大宁县人民民主政府、大宁县武装委员会组织了两次较大规模支前活动。

1947 年春，全国解放战场到处捷报频传，一个全国性的反攻局面已经形成，国民党反动派被迫将全面进攻改为重点进攻，重点进攻陕甘宁解放区和山东解放区。在西北，国民党出动 25 万兵力进犯陕甘宁解放区。陕甘宁边区的军民在党中央和毛泽东主席的正确领导下，采取了寸土必争、寸步不让的战略方针，同国民党反动派展开了针锋相对的斗争，一场保卫延安、保卫陕甘宁边区、保卫党中央的战斗全面打响了。摆在全县人民面前的中心任务，就是紧急动员起来，万众一心，支援陕甘宁边区前线的反击战。

1947 年 5 月，大宁人民得到彻底解放。县委书记罗沛、县长黄建邦、财政科长张良智等同志领导全县人民致力于恢复战争创伤，同年9月，接到上级指示：要紧急动员全县人民向陕甘宁边区转运军粮。当时正值深秋季节，阴雨霏霏，给晒粮、运粮带来了很大困难，特别是谷子晒不干不易碾米，县委、县人民民主政府积极发动群众，采取妇女晒、炕碾米，男人突击挑运军粮到岭上。当时的中心任务是转运粮食工作。县委成立了筹运转粮组。由张良智任组长，邮局的苏家德、公安局的白从良、通讯员冯执恩、农建局的杨志清和财粮科的白振东6人为成员，负责运粮工作。在岭上粮站负责接转大宁、汾西、隰县、吉县等地方的公粮，全县人民群众纷纷行动起来，东至隰县、汾西，西至大宁马斗关，长200余里的路上，运粮人畜来来往往，川流不息，不分昼夜，形成一支浩浩荡荡的运粮队伍，一路上到处可以听见人喊马叫之声。筹运转粮组从早到晚工作，有时连吃饭都没有时间，但个个都是欢天喜地，没有一句怨言。

岭上工作结束以后，筹运转粮组又回到县城，继续结转汾城、襄陵等县的公粮，这次规模更大，来往运粮的群众，大部分变成了车马队，大宁当时街道狭小，形成车马阻塞，人群拥挤，筹运转粮组便增设了一个供应站，这个站共有3个人，由冯志明负责，每日收粮在几十万斤以上。除此外，每日还负责给运粮群众发放粮、草、料、柴在万斤以上。大宁城东当时是个无人区，全部窑洞都堆放满了粮食，窑洞连门窗都没有，但却没有偷盗现象，后来粮食越来越多，城内堆放不下，供应站就在西门外、下吉亭、道教等处设点，千方百计搞好收运公粮的工作。这项工作一直延长到1948年底。事后陕西省粮食厅长冯绍绪还亲临大宁道谢。在此期间，大宁县共向黄河西岸转运粮食千万斤以上（详细数字不准确）。从而保证了陕甘宁边区军民反击战中用粮的需要，为彻底摧垮国民党的反动统治，建立中华人民共和国作出了应有的贡献。

第二节　大宁民工跟随解放军赴大西北支前

1949年6月5日，县武委会副主任马占清率150名民工从县城出发，西渡黄河禹门口，经陕西的韩城、富平、泾阳、乾县等地，支援解放大西北的支前工作。在乾县被编入十九兵团六十五军四十五师炮兵团随军辗转，而后出陕西进甘肃，7月30日到平凉城，8月3日经过六盘山，8月26日解放兰州。休整一个星期后，从兰州出发经靖远进入宁夏，随之银川市和平解放，西北战争基本结束。六十五军后勤部在宁夏的平罗召开了评功欢送大会，给每个民工颁发了一张支前光荣证，大队主要领导人颁发了"支援解放西北纪念章"，奖给大宁县民工锦旗1面，骡马5匹，枪20余支。10月8日，大宁县民工离开宁夏平罗凯旋而归，10月31日回到大宁，受到了县委、县政府和各界群众的热烈欢迎。

在历时5个月的时间里，大宁县民工随军转战，出山西、经陕西、过甘肃、到宁夏、四渡黄河，途经4省40多个县市，胜利完成了支援大西北解放的光荣任务，受到了部队领导的嘉奖。

第四编

社会主义革命和建设时期
（1949 年 10 月至 1978 年 12 月）

第一章 从新民主主义
到社会主义制度的过渡

第一节 中华人民共和国成立初期的形势
和党的主要任务

党的工作重心的转变

中华人民共和国的建立，开启了中华民族历史的新纪元，中国共产党成为领导全国各项事业的执政党。党组织的任务由过去的一切为了战争的胜利转变为经济建设。随着执政地位的确立和任务的转变，中国共产党自身的队伍也面临如何执政的新考验，艰巨繁重的建设任务摆在党的面前，要求全党必须排除万难，向一切内行的人们学习经济建设和治理国家的全新本领。更重要的是，在执政、从事和平建设的历史条件下，党如何继续保持同人民群众的血肉联系，继续保持谦虚谨慎、不骄不躁和艰苦奋斗的优良作风，不因权力、地位而丧失革命意志，不被剥削阶级腐朽思想和生活方式所侵蚀。

1949 年 10 月 27 日至 11 月 11 日，中共大宁县委召开扩大会议。县委领导和 52 名村干部参加了会议。会议检查了前一段的工作，纠正了个别领导干部特别是农村干部工作简单化的错误；会议认真学习了《农业暂行条例》，统一了思想，安排部署了当年秋冬的秋粮征购、农业生产、社会治安等工作。11 月 25 日，中共大宁县委发出文件，安排部署今冬明春组织工作。主要内容有：（一）根据"七大"党章规定和中共山西省委发出的新编制，建立和充实各级党组织机构，理顺上、下、左、右关系，充实基层干部；（二）建立健全组织各项制度，加强对党员的思想教育；（三）发展新党员，制定发展新党员规划；（四）提拔和训练干部，提高干部的文化素质，以适应经济建设的需要。着手进行整顿党的组织，以适应形势的需要。经过整顿，到 1950 年末，全县共有 2.2876 万人，党委 3 个，机关党支部 5 个，农村党支部 20 个，党员 288 人；地区生产总值 162 万元，社会消费品零售总额 59 万元。1951 年 10 月，县委书记曹步斐调走，上级党委任命刘波为中共大宁县委书记。

为了巩固党的思想阵地，宣传党的政策，1952 年 10 月，《大宁小报》创刊。其主要职能是：紧密配合县委宣传党在各个时期的路线、方针、政策，反映各个部门的工作情况，互通情报，交流经验，共同提高。

为了适应形势发展的需要，根据上级党委的要求，1950 年 3 月，县委增设了秘书办公室。1952 年增设了纪律检查委员会。党的基层组织由中华人民共和国成立初的 12 个支部增加到 24 个，党员发展到 288 名。全县共产党员和人民群众在县委的正确领导下，经过 3 年多的努力，使全县国民经济、文化、教育、卫生等各项事业得到了恢复和发展，人民生活水平有了初步改善和提高。

政权建设逐步完善

中华人民共和国从中央到地方的各级政权，是彻底打碎国民党反动统治机器之后在全新的基础上建立起来的。1949年11月，根据上级指示精神，大宁县人民民主政府改称大宁县人民政府。1950年3月，临汾专区专员公署任命解学温为大宁县人民政府县长。

1950年3月5日至10日，根据《中国人民政治协商会议共同纲领》规定，大宁县第一届各界人民代表大会第一次会议在县城召开。会议应到各党派、各界群众代表57人，实到代表55人。会议期间，选举产生了大宁县各界人民代表大会常务委员会主席1人，副主席1人，常务委员9人。会议就生产、供销物资、合作组织、教育、拥军等各项工作作出决定。这次会议因代行人民代表职权的条件尚未成熟，故未选举县级领导人，会议收到提案89件。县人民政府的主要任务是：加强地方政权建设，肃清残余土匪，动员青壮年参军支前，赈济贫民，领导生产自救等。

1950年6月15日至7月8日，大宁县第一届各界人民代表大会第二次会议在县城召开。出席会议的代表50人，会议主要议题是部署夏季农业生产，会议收到提案39件。

8月，在县委、县人民政府的领导下，城关、葛口、三多、上吉亭、道教5个行政村先后召开了人民代表会议。建立了村委会，选举产生村长、副村长各1人、委员若干人。

1950年9月27日，大宁县第一届各界人民代表大会第三次会议在县城召开。本年，大宁县人民政府将全县9个行政村改划为23个行政村。

1951年1月4日至7日，大宁县第一届各界人民代表大会第四次会议在县城召开，出席会议的代表32人。会议的主要议题是研究冬季生产。会议共收到提案37件。2月

21日至24日，大宁县第一届各界人民代表大会第五次会议在县城召开，出席会议的代表48人。会议总结了1950年政府工作，制定出1951年工作方案。

截至6月底，全县23个行政村普遍召开人民代表会议，建立健全了村委会。

1951年9月，县长解学温调离大宁，临汾专区专员公署任命贾稷凯为大宁县人民政府县长。11月5日，大宁县第二次劳模代表大会在县城召开，到会代表52人。县长贾稷凯致开幕词，他肯定了劳模在农业生产及各条战线上的巨大作用，并对他们提出了新的要求。大会评选白寅生为特等劳模，冯向义、冯如孩为甲等劳模，贺风华等10人为乙等劳模。大会还评选出丙等劳模39人。12月9日，大宁县第一届各界人民代表大会第七次会议在县城召开，出席会议的代表55人。会议听取了县委书记刘波所作的《关于目前国内外时事的报告》、县长贾稷凯所作的《关于1951年政府工作总结及今冬明春工作意见的报告》。大会收到提案76件，选举产生了常务委员会主席、副主席和委员。12月，临汾专区专员公署任命李强为大宁县人民政府副县长。

1952年3月11日至15日，大宁县第一届各界人民代表大会第八次会议在县城召开，出席会议的代表80人。会议在充分发扬民主的基础上，就当前的春耕、抗旱、民主建政等工作进行了广泛热烈的讨论并形成决议。大会收到提案63件。5月1日，大宁县爱国丰产运动全面展开，全县12个行政村，112个自然村，124个互助组参加了这项活动。9月25日，县委、县政府召开爱国丰产竞赛评比大会，共有222人参加了大会。大会评选出丰产村1个，模范互助组

26个。6月15日至19日，大宁县第一届各界人民代表大会第九次会议在县城召开，出席会议的代表89人。会议听取了县委书记刘波所作的《时事报告》、县长贾稷凯所作的《关于开展爱国丰产运动的报告》。大会共收到提案66件。

1952年11月1日至7日，大宁县第二届各界人民代表大会第一次会议在县城召开，会议应到代表83人，实到代表82人。会议的主要议题是揭露官僚主义和继续开展爱国增产节约运动。会议收到各种提案72件。会议代行人民代表大会职权，选举产生大宁县第二届常务委员会主席1人，副主席1人，常务委员9人。会议选举贾稷凯为大宁县人民政府县长，李源珠为副县长，会议选举出政府委员、常务委员若干人。

2月1日至4日，大宁县第二届各界人民代表大会第二次会议在县城召开，出席会议的代表82人。会议主要议题是安排部署1953年大规模经济建设和继续反对官僚主义工作。5月10日至13日，大宁县第二届各界人民代表大会第三次会议在县城召开，出席会议的代表65人。会议的主要议题是讨论当前生产和划乡工作。同期，全县划乡工作开始，到本年8月15日结束，将3个区原来的22个行政村改划为1镇18乡人民政府，行政村建制终止。1镇18乡是：一区辖城关镇、罗曲乡、堡村乡、东房村乡、杜村乡；二区辖三多乡、连村乡、东南堡乡、贺家山乡、东庄坪乡、花间乡、赤奴乡；三区辖道教乡、李家垛乡、支角乡、东木乡、割麦乡、康里乡、内史乡。12月1日，大宁县第二届各界人民代表大会第四次会议在县城召开。出席会议的代表65人。会议主要议题是贯彻党和国家过渡时期的总路线和总任务。

1954年3月16日至18日，大宁县第二届各界人民代表大会第五次会议在县城召开，出席会议的代表 51 人。会议听取审议了《政府工作报告》，讨论了全县对总路线和总任务的贯彻措施。会议收到提案 85 案。

从中华人民共和国成立初到 1954 年 6 月大宁县第一届人民代表大会第一次会议召开，大宁县各界人民代表大会完成了其光荣的历史使命，在大宁县政权建设进程中起着承前启后的作用。

第二节 支援抗美援朝战争

1950 年 6 月 25 日，朝鲜战争爆发。

在全国各地掀起声势浩大的抗美援朝运动。1951 年 4 月至 5 月，大宁县开展了声势浩大的抗美援朝和镇压反革命运动。4 月 26 日，晋南专署派宣传队抵达大宁，宣传部署抗美援朝和镇压反革命工作。随后，全县人民积极响应抗美援朝号召，捐献飞机大炮款 1.14 万元，参加和平签名者达万余人，有 391 名青年自愿报名参加中国人民志愿军。5 月 1 日，7000 余名群众在县城举行抗美援朝示威游行。8 月 24 日，中国人民志愿军赴朝慰问团来大宁作报告，全县各界数万人听取了报告。1953 年，全县人民积极开展慰问中国人民志愿军活动，共捐款 13.6 万元，写慰问信 876 封。

抗美援朝运动极大地激发了全县人民爱国热情，推动了工农业和各项事业的迅猛发展。

第三节　镇压反革命运动

中华人民共和国成立之初，留在大陆上的大批国民党特务、反动的党团骨干等反革命分子，采取"长期埋伏，待机而动，重点破坏，进行暗害，武装袭扰"的策略同人民政府对抗。坚决镇压反革命活动，严厉制裁反革命分子，成为巩固新生人民政权的紧迫任务。在党中央的坚强领导周密部署下，一场声势浩大的镇压反革命运动在全国范围内展开。

在 1951 年 5 月 29 日至 6 月 1 日召开的大宁县第一届各界人民代表大会第六次会议上，部署了继续镇压反革命等工作。与此同时，全县镇压反革命运动达到高潮，共管制反革命分子 153 人，1952 年 8 月 1 日，中共大宁县委、大宁县人民政府召开公审大会，公开审判了一批反革命分子。11 月 18 日，中共大宁县委召开镇压反革命分子大会。中共临汾地委副书记陆达到会讲话，他肯定了大宁县在前一阶段"镇反"运动中的成绩，指出了当前工作中存在的问题，部署了下一阶段的工作任务。年底，大宁县公安局破获"大同社会党"反共组织案，主犯马化龙被逮捕。

1955 年 8 月，大宁县开展肃清暗藏反革命分子（简称肃反）和审查干部（简称审干）运动。全县分期分批对 618 名干部进行了审查。通过肃反、审干，纯洁了干部队伍，弄清了一些干部的政治历史问题，但也发生处理面过宽的问题，这些问题在以后的纠偏工作中都进行了妥善处理。

镇压反革命运动有力地扫除了国民党留在大陆的反革命残余势力和会道门等反动组织，安定了全县的社会秩序，为巩固新生政权、恢复生产、推进各项事业发展提供了保障，从而有力地支援了抗美援朝战争。

第四节 宣传贯彻《婚姻法》和禁毒运动

宣传贯彻《婚姻法》

1950 年 5 月 1 日，颁行《中华人民共和国婚姻法》，其中明确规定："废除包办强迫、男尊女卑、漠视女子权益的封建主义婚姻制度。实行男女婚姻自由、一夫一妻、男女权利平等、保护妇女和子女合法权益的新民主主义婚姻制度。"婚姻法的颁布实行，是肃清封建残余和建立新的社会生活的一项重大改革。在中共大宁县委、大宁县人民政府安排部署下，全县广泛掀起宣传贯彻《婚姻法》热潮。使广大妇女从封建婚姻的桎梏中解放出来，获得新生。

禁毒运动

旧社会长期受黑暗势力统治，致使鸦片在社会上肆虐泛滥戕害人民生命，耗损民族精神。至解放之初，全国以制贩毒品为业的有十万人，吸食鸦片者达千万之众。1950 年 2 月，政务院发布通令，采取坚决措施收缴烟土毒品，禁绝鸦片种植；对制贩烟土者严加查处，从严治罪。遵照这一法令，1950 年 12 月 31 日，大宁县人民政府司法科会同有关部门，在县城公开宣判一批贩卖毒品犯，将缴获的 3255 克大烟土和 3335 克烟膏当众焚毁。

1952 年 4 月 29 日，中共大宁县委、大宁县人民政府组成人民法庭，县委书记刘波任审判长、县长贾稷凯任副审判长、张纯恒等 11 人任陪审员。30 日，人民法庭审理了 4 名贩毒犯、3 名贪污犯。

经过 3 年多时间的努力，曾在旧中国屡禁不绝、在西方国家也被视为顽症的赌、毒等社会痼疾，在党和人民政府领导下基本被禁绝，取得了净化社会环境、建立新道德的显著成果。各方面民主改革的完成，在大宁从农村到城镇，整个社会都发生着深刻变化，各阶层人民的精神面貌焕然一新，为恢复和发展国民经济创造了良好的群众基础和社会环境。

第五节　"三反""五反"运动

1951 年 12 月 1 日，中共中央作出《关于实行精兵简政、增产节约、反对贪污、反对浪费和反对官僚主义的决定》，指出进城两年来，严重的贪污案件不断发生，决定开展"三反"斗争，彻底揭露一切大中小贪污事件，着重打击大贪污犯，对中小贪污犯则采取教育改造不使重犯的方针。

1952 年 1 月 4 日至 5 月 17 日，中共大宁县委在全县机关干部中开展了反对贪污、反对浪费、反对官僚主义的"三反"运动。共查出有贪污行为的干部 91 人，查出违法款项 232883588 元（旧币）。1 月 29 日，中共大宁县委抽调 7 人组成工作组，在全县工商界开展了反对行贿、反对偷税漏税、反对盗骗国家财产、反对偷工减料和反对盗窃经济情报的"五反"运动。到 3 月 3 日运动结束时，共扣押奸商 3 名，严厉打击了不法商人的嚣张气焰。

第六节　互助组的建立和农业技术的推广

早在 1949 年 3 月，大宁县的土地改革运动胜利结束。1950 年春，秋卜坪的白寅生联合 9 户农民成立互助组，这是大宁县第一个农业互助组。同期，大宁县引进农药和喷雾器。6 月，劳动模范白寅生、许益堂参加临汾专区劳模会，返县后开始宣传推广小麦"温汤浸种"和"药剂拌种"技术。8 月，大宁县人民政府开始给全县农民颁发土地证，到年底全县共有 2684 户农民领到土地证。到 1950 年末，全县共成立变工组、互助组 318 个，参加农户 1178 户。1951 年，本县引进"金皇后"玉米、"斯字棉"棉花、"八一号"谷子等农作物优良品种。

1952 年 12 月，县委、县政府在上吉亭、白杜、秋卜坪等村试办初级农业生产合作社。上吉亭的傅连义、白杜村的李进仓、秋卜坪的白寅生分别担任初级农业生产合作社社长。1953 年 1 月 11 日，为响应省委号召，贯彻农林牧全面发展方针，响应 1953 年全县大规模开展互助合作运动，中共大宁县委举办了第一期互助合作训练班，培训骨干 82 人。9 月 4 日，大宁县人民政府为保证农作物丰产，决定在全县范围内推广步犁耕作、农药使用、农作物密植等农业先进技术。到 1954 年，县供销社首次引进推广 7 寸步犁。

1954 年 5 月 22 日，中共大宁县委发出《关于当前整顿互助组的指示》（以下简称《指示》）。《指示》的主要内容有：要解决干部不足的问题；提高组员的阶级觉悟；掌握应用先进生产技术；贯彻等价互利原则，实行男女同工同酬；

加强思想教育；逐步发展公共积累。9月，大宁县农林科引进"碧蚂一号"小麦优良品种在全县农村推广。农业新技术的广泛推广，使大宁县农业生产和作物产量有了较大提高。

第七节　爱国丰产运动和粮食统购统销

1952年11月16日至25日，大宁县人民政府在县城召开全县爱国丰产劳模大会。大会评选出爱国丰产模范60人。大会总结推广了爱国丰产先进经验，并决定在全县继续开展冬季爱国丰产竞赛。1953年9月27日至31日，中共大宁县委在县城召开了县、区、乡三级干部会议，贯彻省委扩大干部会议关于增产节约的精神。

1953年11月23日，根据国务院《关于实行粮食收购和计划命令》的精神，大宁县开始实行粮食统购统销。为了使全县广大群众深刻领会和理解国家粮食政策，积极完成国家统购任务，县委、政府派出工作组分赴全县各乡宣传统购统销政策。

1954年9月1日，根据国务院发布的《关于棉布计划收购和计划供应的命令》，大宁县从即日起实行棉布统购统销。11月24日，中共晋南地委组织的西山6县县委书记会议在大宁县召开。会上，晋南地委副书记李雪代表地委安排了当前的三统（统购、统销、统配）工作。大宁县的三统工作稳步推进。

第八节　农业合作化运动

根据中央、省、地精神，1954 年 1 月，大宁县新办初级农业合作社 23 个，入社农户 330 户。2 月 20 日，县委发出《关于进一步巩固新建农业社并全力转向生产的指示》，其主要内容有：要加强对农业社生产工作的指导；学习中共中央《关于建社的决议》，正确贯彻互助组政策，解决目前生产上的一些具体问题；抓好组织建设，保障社内生产这一重要环节的领导；加强和社员的联系。4 月 8 日，中共大宁县委、大宁县人民政府在县城召开了全县农业社长、会计及乡（镇）生产主任会议。会议听取了建社总结报告、春耕动员报告以及关于扩大农业生产合作社的报告。

1955 年 10 月 4 日，中共大宁县委发出《关于农业社的巩固和发展的报告》中，全面阐明了本县农业社发展中存在的问题，总结了建社经验，提出了今后整顿和巩固农业社的具体意见与措施。12 月 22 日，县委又制定出《今冬明春整顿巩固农业社方案》。到 1955 年，大宁县的农业合作化运动蓬勃发展，入社农民达 100%。

第九节　完成对私营工商业的社会主义改造

1952 年 3 月 23 日，大宁县工商联合会第一届会员代表大会召开，参加会议的代表 35 人，会议选举产生了工商业联合会常务委员 5 人，选举陈国宪为主任。1955 年 3 月，县工商联合会第二届会员代表大会召开，会议选举产生了工商业联合会领导人，陈国宪再次当选为主任。1956 年 3 月，全县完成了对手工业、私营商业在生产资料所有制方面的社会主义改造。

大宁县在对手工业、私营商业在生产资料所有制方面的社会主义改造中，紧紧抓住有利于生产和流通的中心环节，依据国家的需要、企业改造的条件、供产销平衡的可能、干部和资金的准备，以及资本家的自愿，积极稳步地前进。尤其根据生产形势和市场变化，着力统筹兼顾，统一安排。在把私营工商业逐步纳入各种形式的国家资本主义的同时，生产发展不受影响，市场保持稳定，保证了计划经济建设的顺利进行。

第十节 大宁县第一届人民代表大会第一次会议召开

1953 年 6 月 30 日零时，大宁县开始进行首次人口普查。普查结：截至 7 月 1 日零时，全县实有人口 23332 人，其中，男性 13122 人。8 月 27 日，县委、县政府抽调 12 名干部到三多乡进行普选试点工作。从此，普选工作正式拉开帷幕。1954 年，在县委、县政府的统一安排部署下，从 1 月份开始，全县 3 个区 19 个乡（镇）的基层选举工作分两批进行。3 月底，全县基层选举工作结束，共选出乡（镇）政府委员 237 名。

1954 年 6 月 16 日，为了搞好大宁县第一届人民代表大会选举工作，县委发出《关于搞好县级选举工作的指示》（以下简称《指示》）。《指示》对县级选举工作的方法、步骤、代表名额分配及应注意的问题等工作进行了具体安排。

6月29日至7月3日，大宁县第一届人民代表大会第一次会议在县城召开。会议应到代表55人，实到代表54人。会议主要议题是：讨论《宪法（草案）》；听取并审议县政府工作报告和财政预、决算报告。会议选举白寅生为出席省人民代表大会代表。本届会议未选举县政府领导人。会后，县委组织537名干部深入全县农村进一步宣传《宪法（草案）》。

大宁县第一届人民代表大会的召开标志着本县的政权建设步入了一个崭新阶段。

1954年8月，临汾、运城两专署合并为晋南专署，辖16个县，大宁县为其中之一。

1955年1月20日，贾稷凯调走，中共晋南地委任命仝兴才为大宁县人民政府代县长，杨耀清为副县长。1月30日至2月4日，大宁县第一届人民代表大会第二次会议在县城召开。出席会议的代表47人。会议听取并审议通过了《政府工作报告》和《财政预决算报告》；会议认真讨论了征集补充兵源工作；会议根据《中华人民共和国宪法》和《地方各级人民代表大会和各级人民委员会组织法》有关规定，改称县人民政府为人民委员会，改称县司法科为县人民法院。选举仝兴才为大宁县人民委员会县长，杨耀清为副县长。孙宗武、王德政、王耀祥、李承恩、郭坚、成步荣、成国宪、李兴邦、李锦为委员。选举王俊为大宁县人民法院院长。3月9日至14日，大宁县第一届人民代表大会第三次会议在县城召开。会议听取并审议通过了杨耀清副县长代表县人民委员会所作的《政府工作报告》；会议讨论通过了《农业发展规划与 1956 年农业增产计划》；讨论和审查了《关于扩大乡行政区划的方案》。会议收到提案 31 件。11 月 7 日，根据晋南专员公署的指示精神，县委编制出《大宁县 1953—1957 年发展国民经济第一个五年计划（草案）》。

第十一节　中共大宁县第一次代表大会召开

1955 年 1 月 13 日至 18 日，中国共产党大宁县第一次代表大会在县城召开。出席代表 65 名，列席代表 12 名，代表着全县 522 名党员。县委书记刘波致开幕词并代表县委作了《一年来的工作报告》，县长贾稷凯作了《兵役报告》，孙宗武作了大会总结报告。大会通过了 3 项决议，即：《关于党的建设工作的决议》《关于胜利完成征集兵员工作的决议》《关于完成 1955 年农业增产任务的决议》。大会选举产生了中共大宁县第一届委员会和出席省党代会的代表。中共大宁县第一届委员会由 9 名委员和 1 名候补委员组成，孙宗武为县委书记。4 月 13 日，根据上级党委指示精神，县委研究制定了《关于集体领导的各项制度规定及工作细则》（以下简称《细则》）。将委员制改为常务委员制，主持日常工作。《细则》对县委的各项会议制度、请示报告制度、学习制度、具体工作中应注意的事项和县委领导的分工作了详细规定。

1955 年 11 月 29 日，中共大宁县委在县城召开党的活动分子会议。参加会议的有县、乡干部，全体下乡干部和农业社社长及青、妇干部共 3143 人。会议传达了省委农村工作会议精神。县委书记孙宗武在会上作了题为《全面规划，加强领导》的工作报告。

面对复杂形势和种种考验，中共大宁县委在党中央和上级党委的正确领导下，紧紧依靠全县广大人民群众，巩固新生的人民政权，医治战争创伤，恢复工农业生产，在建设中华人民共和国的伟大道路上阔步前进。

经过全县各级党组织和广大党员、干部和人民群众的不懈努力，到1956年12月，全县取得了社会主义改造的伟大胜利，高级农业合作社发展到90个，有6281户加入合作社，占全县农户总数的97%。改造手工业人员169人、工商户88户，计302人，并超额完成了第一个五年计划的各项任务。

第二章 社会主义建设
在探索中的良好开端和曲折发展

第一节　中共大宁县第二次代表大会召开

1957 年 7 月 1 日至 9 日，中国共产党大宁县第二次代表大会在县城召开。出席会议的正式代表 76 名，列席代表 13 名。大会传达了毛泽东主席《关于正确处理人民内部矛盾》的报告，听取审议了县委两年来的工作报告，并对争取 1957 年农业大丰收，下半年工作安排等问题进行了讨论。大会审议并通过了以下决议：《关于加强政治思想工作、改进领导作风、正确处理人民内部矛盾的决议》《关于争取 1957 年农业大丰收、巩固农业社的决议》。大会通过民主选举，并报请中共晋南地委批准产生了大宁县第二届委员会，委员 10 人，候补委员 2 人。二届一次全委会选举孙宗武、仝兴才、张树义、王佩文、高明秀 5 人为县委常委，孙宗武为书记。

第二节　国民经济的全面调整

调整方针的初步贯彻

1960 年 11 月 3 日，中共中央发出《关于农村人民公社当前政策问题的紧急指示》，吕梁县委认真学习贯彻，开始清理"一平二调"，纠正"共产风"，并分批对在"大跃进"中平调的社、队物资、畜力、劳力等进行了退赔。

12月23日，中共吕梁县委召开机关整风动员大会。全县展开了以"反贪污、反浪费、反官僚主义"和反"一平二调""共产风"为重点的整风运动。

1961年1月，党的八届九中全会正式决定对国民经济实行"调整、巩固、充实、提高"的方针。1961年1月8日，吕梁县第四届（实为第一届）人民代表大会第一次会议在隰县县城召开。会议听取并审议通过了《政府工作报告》，选举产生了县人民委员会组成人员，并对部分不切实际的生产指标进行了调整。

1月22日，中共吕梁县委发出《关于有关政策性的几个具体问题处理办法的初步意见》（以下简称《意见》）。《意见》就社员的自留地问题；管理区、生产队的设置问题；区队干部及其他人员在开会学习期间参加劳动报酬与往返途中粮食补助问题；兴修水库、公路问题；大修街道时的平调问题；大炼钢铁赔款问题；1959年以县联社名义向公社提取的公积金问题；"三包一奖"政策问题；生活日用品的供应问题等等提出了处理意见。

1961年4月，山西省人民政府决定撤销吕梁县建置，恢复隰宁县。6月1日，隰宁县撤销，大宁、隰县分置。宋发义任中共大宁县委书记、全兴才任大宁县人民委员会县长。6月10日，中共大宁县委召开三级干部大会，300余名县、乡、村干部参加了会议。会议的主要任务是传达贯彻中共中央近日颁布的《人民公社60条》

　　1961 年 9 月 4 日，中共大宁县委从县直机关抽出 54 名干部，深入到全县各社、队，督促检查"三秋（秋收、秋种、秋管）"工作。9 月 22 日，根据省人委（62）晋字第 253 号文件通知，大宁人民委员会成立物价委员会，统一管理全县物价。

　　10 月中旬，中共大宁县委组织部对全县党员干部进行了调查统计。统计表明，从 1958 年 1 月到 1961 年 6 月底，历次运动共批判和处分犯严重错误的党团员干部 309 人，占党团员总数的 13.93%。为此，县委组成甄别领导小组对这些问题进行甄别，到 1962 年 2 月底，甄别工作结束，这些同志基本上予以平反。10 月，中共大宁县委召开秋收分配会议。会议就秋收分配、生活安排、粮棉油入库、秋季物资交流和"三秋"工作等问题进行了广泛的讨论并作出了决定和安排。

　　11 月 1 日，中共大宁县委对全县各公社的大队体制作了调整，具体情况如下：

公社	原有大队数	调整后的大队数
太德	8	12
南堡	10	14
曲峨	10	12
太古	7	13
三多	12	14
榆村	7	13
割麦	6	16
合计	60	94

　　12 月 6 日至 8 日，大宁县第四届人民代表大会第二次会议召开（本次会议是承接吕梁县四届一次会议召开的，故大宁县未召开四届一次人代会）。出席会议的正式代表 17 人，

列席代表 11 人。会议听取了仝兴才代表县人民委员会所作的《政府工作报告》，并审议通过了《关于政府工作的决议》和《关于做好牲畜越冬工作的决议》。

12 月 22 日，中共大宁县委组织 30 余名医务人员，对三年自然灾害中出现的 145 名浮肿病人、72 名干瘦病人、494 名妇女病人、170 名小儿营养不良病人进行了包干包人医疗，并为病人供应鸡蛋、饼干、粮食、食油等，确保他们尽快恢复健康。同日，中共大宁县委、大宁县人民委员会为了方便群众，适应农业生产发展的需要，调整健全了全县人民公社保健组织，公社医院由原来 3 个发展为 10 个，保健站由原来的 11 个发展为 12 个，医务人员发展到 133 人（其中，中医 53 人、西医 28 人、初级技术员 38 人，行政人员 14）。全县每 236 人中就有一名医务人员，形成了一个医疗保健网络。

七千人大会及其后的进一步调整

1962 年 1 月 11 日至 2 月 7 日，党中央在北京召开了扩大的中央工作会议。会议目的是进一步总结"大跃进"以来的经验教训，统一思想，增强团结，动员全党更坚决地执行调整方针，为战胜困难而奋斗。中共大宁县委书记宋发义参加了这次大会。

1 月 7 日，中共大宁县委为全面贯彻中共中央《关于农村人民公社当前政策问题的紧急指示》（简称《十二条》）和《农村人民公社工作条例（草案）》（简称《农业六十条》），以形成山区多种多收和高产多收两条腿走路的局面，恢复了山庄窝铺。办法是以村为单位，建立作业组，进行集体领导，全县恢复山庄窝铺 44 个，共有 107 户，336 人，恢复耕地

3070 亩。2 月 15 日，大宁县人民委员会召开 1961 年农牧业先进单位及先进个人代表会议。出席会议的先进单位 32 个，先进个人 92 名。

2 月，中共大宁县委召开三级干部（扩大）会议。会议传达了中央"七千人大会"精神，对"左"的错误初步进行了纠正。县委书记宋发义在会上作了重要讲话。

4 月 25 日，县委、县人民委员会发出《关于撤销大队干部灶，恢复下乡干部派饭制度的通知》（以下简称《通知》）。《通知》要求：生产队或大队的干部灶一律停火；从 4 月 27 日起，凡下乡干部一律实行派饭制度，和群众同甘共苦，并按规定交付饭钱和粮票，概不拖欠；公社干部应经常检查监督，模范地执行派饭制度。10 月 2 日，县委、县人民委员会为缓解生产力与生产关系的矛盾，对全县的核算单位进行了调整。最后确定为全县生产大队为 89 个，生产队为 354 个。其中，独立核算的生产大队为 72 个，生产队为 287 个。

第三节　贯彻党的八届十中全会精神

1962 年 11 月 20 日，中共大宁县委召开扩大会议。县委书记宋发义传达了中共八届十中全会精神和省委工作会议精神。

12 月 6 日至 12 日，大宁县委召开四级干部会议。会议传达了八届十中全会精神，对单干倾向和干部退坡换班思想进行了批评。24 日，参加四级干部会议的 468 名干部深入到各公社、各生产队，宣传贯彻八届十中全会精神。12 月

10 日，县委、县人民委员会召开公社主任会议。会议传达了地区水利会议精神，各公社制定了规划，落实了工程项目。

1962 年 12 月 23 日至 1963 年 1 月 3 日，中共大宁县委抽调 369 名干部在县委党校进行学习培训。学习培训的主要内容有：《八届十中全会公报》《农村人民公社工作条例》和《中共中央关于进一步巩固人民公社集体经济、发展农业生产的决定》。1963 年 1 月 8 日至 15 日，大宁县人民委员会在县城召开了农业劳动模范大会，150 名农业劳动模范参加了大会并受到表彰和奖励。

第四节　中共大宁县第三次代表大会召开

中国共产党大宁县第三次代表大会于 1965 年 6 月 3 日至 11 日在县城召开。出席会议的正式代表 93 人，列席代表 126 人。还有各条战线上的积极分子 205 人，共 424 人。

这次大会的主要任务是：总结检查县委二次党代会以来的工作，讨论今后党的工作任务，选举出席山西省党代会代表。

大会讨论并通过了以下决议：《关于大宁县 1965 年至 1970 年农业发展规划的纲要》《关于加强党的思想建设和农村思想政治工作的决议》《关于党抓武装，做好民兵工作"三落实"和加强民兵建设的决议》《关于学大寨规划的决议》《关于以革命精神彻底解决人无厕所、猪无圈的落后状况和认真解决缺水、缺燃料、缺草问题的决议》。

大会根据上级党委指示精神，因大宁县没有搞"四清"运动，加之人事调动频繁，未选举县委领导人，只选举出席省党代会代表 4 人。

中共大宁县第三届委员会历时 1 年零 7 个月，直至"文化大革命"被夺权。

第五节　十年社会主义建设的基本总结

从 1956 年到 1966 年"文化大革命"爆发前的 10 年，大宁县和全国一样，在曲折中取得了巨大成就，积累了宝贵经验。

工业企业蓬勃兴起。1956 年集体工业总产值 6.4 万元，1958 年三社（铁业社、木业社、建筑队）合并为大宁县泥木业生产合作社，主要从事铁木器制作和土木建筑。国营工业从无到有，1958 年建成古乡水电站，这是中华人民共和国建立后全县最早的国营工业企业。机械工业是在 50 年代手工业的基础上发展起来的，起初以加工小型农具和修配并举，60 年代开始农机具维修。1965 年，正值国民经济调整时期，全县企业收入为 0.84 万元。

交通运输业有了长足发展。1953 年开始修建 209 国道大宁东川段，1955 年通车，长 11 公里，沙砾路面。60 年代，随着县乡公路的开通，乡村公路也迅速发展起来。1957 年大宁县有畜力胶轮大车，1960 年发展到 12 辆。1961 年全县胶轮小平车 216 辆。1961 年与隰县分置时分得一辆解放牌汽车，由县运输站经营，为县营机动车辆之始。1965 年载货汽车增加到 5 辆，总载重吨位为 18.5 吨。1955 年临汾运输公司在大宁建立汽车站，开始汽车客货运输。到 1965 年，每年平均货运量 3000 吨。1955 年开始由大宁汽车站营运大宁至临汾线客运。初期以大卡车载客，每两天往返一趟。1957 年改为可乘 23 人的小客车，每天对开一趟。1961 年使用大客车营运，仍为每日对开。1966 年货运量为 3.2 千吨，货物周转量为 30 千吨，客运量为 9000 人次。

农田水利建设取得重大成就。广大人民群众坚持长期不懈地大规模兴修水利，发展农田灌溉，为农业的恢复和发展作出积极贡献。1958 年以后，开始大搞丰产田、田园化，每年秋冬都要集中主要劳力开展塬平地筑边埂和腰埂、平整地、搞深耕，缓坡地修梯田、台田，沟内打坝拦洪淤地等农田基本建设。全县 80% 以上的塬平地和沟地块块有埂、沟沟有坝，75.5% 的川地实现水利化。

植树造林成绩斐然。中华人民共和国建立后，每年春秋两季都要开展规模较大的植树造林运动。50 年代初期，个人零星植树所占比重较大，高级合作化后开始成片造林。大宁县的植树造林工作进入快车道。国营林场 1963 年至 1969 年，全县累计造林 9172 亩，成林 6421 亩，保存率达到 70%。

科学技术快速发展。1953 年成立农业技术推广站，负责全县农业技术普及、推广和品种改良。1954 年 10 月 15 日成立大宁水文站。50 年代，县各技术服务机构每年都派技术人员深入农村进行技术指导，培养了一批爱科学、用科学的农民技术员。1964 年成立林业技术站，承接林木优种的引进、推广，负责造林规划、工程设计和技术培训。60 年代，县各技术服务机构都曾举办技术培训班，共培训农民技术员 1520 人次。

教育事业除旧布新。针对旧社会劳动人民难有受教育机会的状况，党和政府确定了"教育必须为生产建设服务，为工农兵服务，学习向工农开门"的发展人民教育的方针。根据这一精神，1952 年 2 月，为了提高广大干部群众的科学文化水平，中共大宁县委、大宁县人民政府决定成立大宁县干部文化补习学校（简称文补校）。文补校设初中、高小两个班，本年度共有学员 100 余人。8 月，为振兴大宁县的教育事业，县城第一完全小学开办师范班，招收学生 50 名。翌年 7 月 20 日后，大宁师范班并入隰县师范。1953 年 3 月 1 日，为提高大宁县中、小学师资素质，振兴山区教育事业，县政府决定成立大宁县教师业务进修学校。1955 年 9 月，大宁初级中学动工修建。1964 年全县有 7 所完全小学，193 所初级小学。1955 年在县城西社稷坛遗址设立大宁县初级中学，1956 年秋季正式招生。1965 年增设高中班，成为大宁县一所完全中学。1958 年，曲峨乡创办农业中学。1965 年县卫生局在县城举办二年制大宁县卫生学校。到 1966 年，全县有小学 200 所，在校学生 4890 人；中学 2 所，在校学生 480 人。

卫生事业健康发展。1952 年始设立除害灭病委员会。1953 年改称爱国卫生运动委员会。同年在县卫生院设防疫股。1956 年大搞"除四害、讲卫生"运动，苍蝇、蚊子、老鼠、麻雀"四害"密度显著下降。1965 年开展"两管五改"（管肥、管水，改良厕所、畜圈、鸡窝、水井、炉灶）为中心的爱国卫生运动。1949 年人民民主政府在全县全面免费接种牛痘疫苗。1952 年开展鼠疫四联疫苗接种，同时在全县大力开展灭鼠活动，防止鼠疫的发生。1953 年，相继对霍乱、疟疾、白喉、百日咳、小儿麻痹进行施药预防，有效地控制了疫病的发生和蔓延。1951年3月，在县城中街设立卫生所。1952年2月，分别在城关、三多、曲峨3个区公所所在地设立私人集股的中西医联合治疗所（简称联诊所）。1953年5月县卫生所扩建为卫生院，开设内科、外科、妇产科、卫生防疫股、检验室、药剂室等科室，住院部设置10张病床，开始接收病人住院治疗。1954年10月，三多联诊所改为全民所有制卫生所。1956年又将三多卫生所和城关、曲峨两个联诊所转为集体所有制乡保健站。1958年7月，大宁县卫生院改称隰宁县卫生院大宁分院，1959年1月，改称吕梁县第二人民医院，院址迁到南街昕水河边，新建土木结构门诊部和住院部。1962年恢复大宁县人民医院。1965年全县有卫生专业人员65人。

文化活动异彩纷呈。1950年在县城西街设立文化馆。文艺工作者定期下乡放映幻灯，举办各种演讲和座谈会，组织群众收听广播，表演节目，配合中心工作宣传中国共产党的方针、政策。1954年增辟报纸杂志阅览和美术展览。1960年国庆节前，李承荫用胶合板制作的一套十幅木刻版画参加了晋南专区文学艺术、革命文物展览。

体育事业发展强劲。1956年，中共大宁县委、乡政府机关和城关完校、县粮食局、县人民银行等单位组织篮球队，县领导也亲自组织和参加篮球运动，并在五一、五四和国庆节等节假日组织篮球比赛。1957年后，篮球运动水平年年有提高。60年代大宁县职工男女代表队参加西山五县篮球传统比赛，均获得好成绩。50年代兴起乒乓球运动。1962年和1964年大宁县代表队参加西山五县比赛，都取得了较好成绩。在竞技体育方面，1962年设立地区性比赛。在西山五县篮球赛中，男女篮球队曾获得亚军。男子排球队获得冠军。

10年间，大宁县培养了一大批社会主义建设需要的专门人才。其中，科技人才65名，中小学教师288名，医务人员268名。他们绝大多数在20世纪70年代末实行改革开放以后成为各方面的骨干力量。

党的建设得到加强，党的队伍得到进一步发展。1956年全县有党员631名，到1965年，全县党员增加到980名。中共大宁县委进一步关注执政党建设问题，在思想建设和制度建设上取得了一定成绩。

民兵建设成绩显著。到1965年，全县民兵组建为一个师10个团、120个连，民兵总数为10990人，其中基干民兵6549人，普通民兵4441人。

大宁县的党组织在党中央和上级党委的领导下，经过艰苦探索，也积累了一些经验。

在政治建设方面，要调动积极因素，团结一切可以团结的力量，共同建设社会主义；要正确处理人民内部矛盾。党内政治生活要造成一个又有民主又有集中，又有纪律又有自由，又有统一意志，生动活泼的政治局面。

在经济建设方面，作为农业县要狠抓农业生产，发展多种经营，因地制宜发展工业。要从实际出发。要处理好消费和积累关系，切实改善人民生活，维护最广大人民的根本利益。要把工作的重点转移到社会主义建设上来。既要反对保守又要反对冒进，在综合平衡中稳步前进。

在文化建设方面，要坚持"百花齐放、百家争鸣"的文艺方针，要发扬艰苦奋斗，奋发图强的创业精神。1965年

11 月 10 日，县委表彰的 10 个红旗大队和 11 名标兵就是这种精神的具体体现。

从 1956 年全面建设社会主义开始，到 1966 年底，大宁县地区总产值 593 万元，比 1956 年末的 376 万元增长了 58%；财政收入 28 万元，比 1956 年末的 24 万元增长了 27%；全社会固定资产投资 15.10 万元，比 1956 年的 11.64 万元增长了 14.10%；社会消费品零售总额 235 万元，比 1956 年末的 128 万元增长了近两倍，农民人均纯收入 39 元。

第三章 徘徊中前进的两年和走向伟大的转折

第一节 揭批"四人帮"的罪行与整党、基本路线教育运动

1977年12月上旬，全区揭批"四人帮"积极分子大会结束后，中共大宁县委立即着手进行了积极分子的培训工作。首先用4天时间集中培训了公社书记、主任、部局以上领导干部，参加培训的同志认真学习了中共中央（1977）37号文件和党的十一大文件。然后又以10个公社和县直机关为单位在农田基本建设工地培训骨干，截至12月10日已全部培训完毕，共培训积极分子2930余人。

1977年1月30日，中共大宁县委发出《关于县委整风的安排意见》（以下简称《意见》）。《意见》对这次整风的指导思想、方法、步骤作了说明。《意见》着重指出这次整风的主要内容是：要以加强党的集中统一领导，加强党的民主集中制，发扬党的优良作风为中心内容，深入进行思想和政治路线方面的教育，提高县委一班人的马列主义、毛泽东思想水平，加强党的领导。接着县委召开了有县委常委、革委副主任、各公社书记、县直各单位负责人参加的整风动员大会。县委书记李俊在会上作了重要讲话。

5月12日至20日，中共大宁县委在徐家垛公社模范科

大队召开了农村党的基本路线教育工作现场会。参加这次会议的有各公社分管路线教育的负责同志、下乡工作队员共98人。

6月14日，中共大宁县委制定出《公社一级整党整风的试行方案》（以下简称《方案》）。《方案》明确了这次运动的步骤与方法，即运动分四个阶段进行：第一阶段：学习文件，端正思想，提高整党整风的自觉性；第二阶段：提出本单位存在的实际问题；第三阶段：集中解决重点单位和重点人的问题；第四阶段：进行总结教育，搞好整改工作。

7月23日至26日，中共大宁县委在支角大队召开了有各公社书记参加的常委扩大会议，传达了地委召开的县市委书记会议精神，并总结了当前整党整风和生产情况。

9月5日，全县第二批农村党的基本路线教育运动结束。本县第二批农村党的基本路线教育是去年9月开始的，有120名工作队员在31个生产队参加了这次运动，通过这次运动，提高了广大群众的思想觉悟，增强了党组织的战斗力、促进了农业生产。

10月5日，中共大宁县委发出《关于第三批农村党的基本路线教育运动的安排意见》（以下简称《意见》）。《意见》具体安排部署了本县第三批农村党的基本路线教育运动，指出这次运动要组织广大干部、群众学习十一大文件，深入揭批"四人帮"；认真学习新党章，搞好整党建党，加强党的建设，整顿建设好各级领导班子。《意见》还制定了搞好运动的六条标准。即：一个好的领导班子建立起来了没有？方向道路问题解决了没有？干部真正参加劳动了没有？农田基本建设大搞了没有？粮、棉、油、猪、林各项主要生产指标完成了没有？大寨式的经营管理制度建立健全起来了没有？

1978 年 3 月 15 日，中共大宁县委发出《关于当前农村党的基本路线教育的安排意见》（以下简称《意见》）。《意见》的主要内容是：宣传、学习、贯彻五届人大一次会议精神；深入揭批"四人帮"；整党整风；整顿经营管理；深挖贪污盗窃、投机倒把分子。

5 月 15 日至 6 月 5 日，在中共大宁县委的统一安排部署下，全县 10 个公社党委普遍进行了整风。参加整风的有公社党委全体成员、社直机关全体干部、社办企事业单位负责人、社直各支部书记、大队支部书记、贫下中农代表。整风通过学习文件、揭发问题、自我解剖、整顿改进，解决了"四人帮"干扰破坏造成的领导班子思想不纯、作风不纯的问题，纯洁了组织，统一了思想，恢复了党的优良传统和作风，促进了团结，加强了党的领导，充分发挥了党委一班人的战斗堡垒作用。

6 月 1 日，中共中央委员、山西省委第一书记王谦在临汾地委书记王定谟、临汾地区革委会主任董启民陪同下来大宁视察，并深入到安古、太德、曲峨等公社现场指导。王谦在听取了县委副书记、县革委会主任宋纯义的汇报后，对本县的植树造林、农田基本建设、揭批"四人帮"、机关作风等工作作了重要指示。为大宁县各项工作指明了方向。

9 月 1 日，大宁县第三批基本教育路线教育运动结束。中共大宁县委成立了由 21 人组成的 7 个检查验收小组，深入到第三批基本路线教育的 29 个生产大队，采取听、看、访，开座谈会、工作会议、支部会议的办法，按照地委提出的五条标准进行了验收。验收小组认为这次基本路线教育运动取得了以下成绩：认真学习，全面贯彻了党的十一大和五届全国人大一次会议精神；胜利完成了揭批"四人帮"第三战役；普遍进行了整党整风，整顿了各级领导班子；狠抓了农村经营管理整顿工作，调动了广大农民的积极性，促进了生产的发展；破获投机倒把、贪污盗窃案10起。

通过揭批"四人帮"和整党、基本路线教育运动，全县广大干部群众认清了"四人帮"反革命的真面目，分清了政治是非，提高了政治觉悟，激发了全县广大干部群众的政治热情和努力生产的积极性，党内政治生活逐步趋于正常，全县开始出现安定团结的政治局面。

第二节　普及大寨县运动和农业生产的发展

粉碎"四人帮"反革命集团之后，中共中央继续坚持开展"农业学大寨"运动。

1976年12月10日，第二次全国农业学大寨会议在北京召开。会议结束不久，中共山西省委于1977年1月5日召开了规模盛大的传达贯彻第二次全国农业学大寨精神大会，会议传达了第二次农业学大寨会议精神，号召各县一定要组织千人以上的宣传队伍，深入农村宣传普及大寨县的"意义"及昔阳建设大寨县的"经验"，提出要加快普及大寨县的步伐，苦战4年，到1980年把全省一半以上的县建成大寨县。

1977年1月13日至20日，中共大宁县委召开会议传达第二次全国农业学大寨会议精神，县、社、大队、生产队四级干部及各条战线上的先进单位代表、先进个人共1506

人参加了会议。县委副书记王雅俊致开幕词；县委书记李俊作了《认真总结经验教训，甩开膀子大干革命，下定决心在今年把我县建成大寨县》的报告。大会评选出 10 个学大寨红旗单位、20 个模范单位和 80 个模范个人，大会交流了经验。

1977 年 1 月，中共大宁县委发出《关于推广茨林大队的劳动管理经验的通知》（以下简称《通知》）。《通知》指出，茨林大队推广大寨"一切为公劳动，自报公议工分"管理经验的具体作法是：总结工作，表彰先进；自报工分；召开会议审查；公布定案。

2 月 25 日至 28 日，为贯彻地委紧急会议精神，中共大宁县委召开了三级干部会议。参加会议的有农村党的基本路线教育工作队、县、社蹲点工作队、公社主任、大队党支部书记、县直各单位负责人共 482 人。会上，李俊书记传达了地委紧急会议精神和赵雨亭书记的讲话，并代表县委对 1977 年的工作进行了重新部署，各社、队重新讨论制定了 1977 年粮、棉、油、林、猪等 12 项指标。

3 月 13 日至 19 日，大宁县革命委员会召开了全县农业科技工作会议。各公社大队农科站、良种场的负责人和技术员、种子员、植保员约 200 余人参加了会议。会议认真学习了党中央有关农业科技工作的指示；总结交流了一年来农业科技工作的先进经验，表彰了先进。

3 月，中共大宁县委带领全县人民，全力以赴投入抗旱保小麦、保春播的战斗中，县委常委深入到旱情严重的公社，组织群众抗旱。各公社普遍成立了查灾队伍，分赴各大队进行分类指导。全县各行各业都停止办公，商店关门，学校停课，全力支援抗旱。全县的汽车、拖拉机全部投入抗旱，参加抗旱的人数达 12039 人，占出勤人数的 55%。同月，中共大宁县委组织经营管理的干部 35 名，对全县 93 个生产大队、331 个核算单位的工作进行了全面认真的检查。通过检查发现了下列问题：分光吃净，不留积累，破坏了国家、集体、个人三兼顾的原则；胡支乱用，欠账不清，多吃多占，破坏了勤俭办社的方针；定额工、圪塔工、大概工严重，搞乱了劳动管理，破坏了"各尽所能，按劳分配"原则；单一经营，破坏了多种经营全面发展的方针。针对上述问题，县委建立健全了财务管理制度、生产管理制度、畜牧业管理制度、劳动管理制度、副业管理制度，极大地调动了全县农民生产积极性，推动了农业生产的发展。

根据省委会议精神，4 月 25 日，中共大宁县委发出《关于 5 月份工作的安排意见》（以下简称《意见》）。《意见》指出：传达中央工作会议精神；组织百人宣讲团，宣传《毛泽东选集（第五卷）》的出版；开好三个现场会，即在太德大队召开今年建成大寨式大队现场会，在曲峨公社支角大队召开穷队、后进队转化工作现场会，在徐家垛公社模范科大队召开基本路线教育工作现场会；认真贯彻全国工业学大庆会议精神，建立健全各项规章制度，开展社会主义劳动竞赛，要求 10% 的企业建成大庆式的企业；深入开展农业学大寨运动。

5 月 22 日至 28 日，中共大宁县委在后进队转化较快的曲峨公社支角大队，召开了有后进队支部书记、工作队全体队员共 83 人参加的现场会议。会议通过学习、参观、讨论，分析了后进的原因。总结了今年一批后进队能够大变快变的主要经验，即县委派了强有力的工作队到后进队蹲点；狠抓了基层领导班子建设，进一步解决了软、散、懒的问题；抓典型、抓样板，及时总结交流经验；制定了规划，使后进队有一个明确的目标；认真落实了党的政策，极大地调动了广大群众的积极性。

5月，中共大宁县委向全县推广了楼底大队调动广大妇女积极投入农业生产的经验，他们的具体作法是：加强党的领导，深入细致发动；认真落实政策，实行五定（定工分、定时间、定任务、定标准、定质量）制度；干部家属带头参加劳动；关心妇女生活，解放实际困难。

6月2日至9日，中共大宁县委在太德公社太德大队召开了一年建成大寨式社队现场会。68个一年建成大寨式大队的支部书记和工作队全体队员共164人参加了会议。

7月28日至8月1日，中共大宁县委召开了全县10面红旗代表、百名模范代表座谈会，并邀请了多年来在各条战线上涌现出来的51名先进工作者参加了会议，有19名同志在会上作了发言，全体同志到曲凤、支角、割麦、扶义等先进单位进行了参观，经过充分讨论，与会同志向全县发出了今年建成大寨县的倡议书。

11月12日，中共大宁县委作出《关于向曲凤大队学习的决定》（以下简称《决定》）。《决定》指出：曲凤大队是全省学大寨的先进单位之一，被誉为晋南西山大队。《决定》号召全县人民学习曲凤大队认真学习大寨经验、坚决贯彻农业八字宪法、大搞科学种田和爱国家爱集体的共产主义风格，把各项工作搞上去，为社会主义革命和建设作出新贡献。

1978年4月，本县旱情严重，中共大宁县委根据地委指示精神，组织领导全县人民展开了一场"抗旱保麦、保春播"的战斗。县委 4 名常委，27 名正副部长，72 名科局长，公社 30 名正副书记，都投入抗旱斗争，动员群众，组织劳力，亲自担水点种，并调查研究，因地制宜地确定办法。截至 4 月底，全县 47000 亩已下种 45000 多亩，占到 95%。垣面小麦已普遍中耕一次，追肥一次，沿川 4700 亩水浇地小麦追肥一次，中耕一次，23000 亩棉花已下种 18000 余亩。

1978 年 8 月 29 日至 9 月 3 日，中共大宁县委召开由县直机关公司以上负责人、公社书记、主任、包社部长、大队支部书记、工作队长共 320 余人参加的三级干部会议。会议总结了大宁农业发展的经验和教训，研究了如何搞好农田基本建设和小麦生产等问题。会后，县委常委、各公社书记、重点大队党支部书记共 50 余人到洪洞县进行了两天的参观学习。

到了 1978 年夏秋，全省的农业学大寨运动遇到了前所未有的挑战。农业部副部长杨显东在赴大寨参观后，提出对学大寨要"揭盖子"。同年 12 月 20 日，昔阳县委作出《总结经验，解放思想。改进工作，大干快上》的总结报告，对学大寨中出现的失误作了自我批评。12 月，党的十一届三中全会以后，大宁县"农业学大寨"运动结束。总的来说，农业学大寨运动在一定程度上促进了大宁县农业生产的发展，具有一定的积极意义。

第三节　工业学大庆运动和工业生产的发展

1976 年 12 月 23 日至 28 日，省委召开了工业学大庆工作座谈会，会议揭发批判了"四人帮"破坏工业生产、破坏工业学大庆运动的罪行，总结并交流了全省工交战线学大庆的成绩和经验，提出了1977年全省工交战线的主要任务。会议号召全省工人开展工业学大庆、普及大庆式企业的群众运动，为全省普及大庆式企业而奋斗。

1976年度，大宁煤矿被评为全国小煤窑先进单位，并派代表参加了全国小煤窑先进单位座谈会。

1977年4月上中旬，中共大宁县委传达贯彻省委《关于大战二季度，创造抓革命促生产的优异成绩，庆祝工业学大庆会议召开》的会议精神，县委先后召开了两次工交系统全体职工大会。在第一次会议上县革委副主任王旭东传达了省委会议精神，各单位职工进行了认真热烈的讨论，表示要大战二季度，创造新成绩，庆祝全国工业学大庆会议的召开，向"五一"劳动节献厚礼。县委常委，革委副主任张隰生在第二次会议上结合本县的工作和群众讨论情况进行了动员，要求全县职工大战二季度，时间过半任务过半。会后，全县工交系统掀起了轰轰烈烈的社会主义劳动竞赛群众运动，到4月20日，全县工业产值已超额完成本月计划。

1977年11月19日，县委书记李俊、副书记景致忠、县革委副主任王旭东等人分别向正在开会的中、小学教师、各公社书记、农村工作队队长及县城干部职工1200余人传达了邓小平副主席关于科学、教育工作的两次重要讲话和省委第一书记王谦等人在省学大寨、学大庆会议上的讲话。

1978年3月，大宁县水泥厂在蒲县化乐公社杨家沟建成投产。6月1日，大宁县味精厂在县城东关建成试车，共投资160万元。

7月上旬，大宁县革命委员会召开了全县工业学大庆会议，参加会议的代表 250 余人。会议传达了省、地工业学大庆会议精神，会议总结了本县工业学大庆的经验，表扬了一批学大庆先进企业、先进集体、先进生产（工作）者，落实了 1978 年建设大庆式企业规划。

通过工业学大庆活动，特别是粉碎"四人帮"之后，全县广大职工焕发出极大的政治热情和热情，使全县的工业生产得到较快的恢复和发展。

第四节　教育、卫生、城乡建设、科技等事业的恢复和发展

教育事业

1977 年 10 月 12 日至 12 日，全省招生工作会议在太原召开，会议传达和学习了国务院批转教育部 1977 年高等学校招生工作意见，研究和部署了山西省 1977 年高等学校和中等专业学校招生工作。会议根据 8 月份全国高等学校工作会议精神，决定废除"文化大革命"期间形成的由单位和基层组织推荐人员上大学制度，实行统一招生，统一分配，在德、智、体全面衡量的原则下，实行自愿报名、统一考试、地市初选、学校择优录取、省招生委员会批准的办法。会议对全省高等和中等专业学校的招生工作作了具体安排。

11 月 12 日，中共大宁县委、大宁县革命委员会决定成立大宁县高等学校招生委员会。1977 年，大宁县被大专院校录取了 4 名学生。1978 年，大宁县被大专院校录取了 13 名学生。恢复高考，在社会上引起强烈反响，不仅改变了当时一些青年学生沉闷、迷茫的精神状态，而且激发了广大青

年学生勤奋学习的积极性，广大教师精神振奋，整个教育界和社会的学习面貌焕然一新。

1977年11月15日，中共大宁县委作出《关于加强教育工作的决定》（以下简称《决定》）。《决定》的主要内容是：抓纲治校，深入揭批"四人帮"；各级党组织要把教育工作列入议事日程，定期研究，加强领导，县委确定一名副书记分管教育工作；认真贯彻党的教育方针，正确处理"主""兼"关系，保证教学时间，使学生德、智、体全面发展；抓好重点校。县教育局以把大宁中学、城关小学、北桑峨中学、北桑峨小学、北凤初小作为重点校，各联区也要搞好1~2所重点校；加强对教师的管理，提高师资力量，要保持教师队伍和基层领导班子的相对稳定；要认真搞好后勤工作，更好地为教学服务。1978年8月14日，接中共大宁县委组织部组字第3号文件，经研究，各公社成立联校支部，在公社党委的领导下工作。12月10日至15日，大宁县革命委员会召开了全县教育工作会议。参加会议的有五年制以上学校负责人、联区指导员、各公社分管文教工作的副书记、县直中小学负责人和县直有关单位负责人。会议传达了省教育工作会议精神，学习贯彻了《全日制中学暂行工作条例》（四十条），研究了中等教育体制改革等问题。

1978年10月16日，全省教育工作会议在太原召开，会议讨论了全省高等教育和普通教育两个发展规划，修订了《山西省教育工作会议纪要》。会议之后，全省各级教育部门和各类学校逐步冲破"左"的指导思想的桎梏，恢复和健全了各级管理制度，重新制定了教学计划和教学大纲，改进教学方法，使全县教育工作呈现出生机勃勃的局面。

医疗卫生

中共大宁县委对事关人民群众身体健康的医疗卫生事业十分重视，不断加强对医疗卫生工作整顿，制定了规章制度，使广大医务工作者焕发了工作积极性，努力为广大人民群众防病治病。

1977年4月，大宁县卫生局组织了卫生工作队，分赴全县10个公社为群众服务。工作队对全县的合作医疗进行了整顿，对各大队的妇女病进行普查。8月25日，大宁县革命委员会成立了采收中草药指挥部。1978年4月，全县范围内掀起一场轰轰烈烈的群众性的爱国卫生运动。月底，大宁县革命委员会组织全县卫生大检查，并进行了评比。通过一系列有效措施，全县医疗卫生工作取得了新成绩。

城乡建设

1977年10月1日，大宁县革命委员会发出《关于城市建设管理办法的通知》（以下简称《通知》）。《通知》规定：城市建设必须按照总体规划进行；凡地基均为国家所有，城市规划范围内的土地、私有的房屋住宅基地及空地，使用时亦必须报城市规划部门批准；加强城市道路管理，确保交通安全；城市公用设施，必须严加保护；加强城市废水、废渣、废气管理，确保城市环境卫生和县城市容整洁；城市街道、公路两旁树木及附属设施，由县林业部门统一管理，严禁擅自占用及随意砍伐，违者按规定赔偿。通过一段时期的努力，城乡面貌焕然一新。

科技事业

粉碎"四人帮"之后，恢复和发展科技工作被提上县委的议事日程。1977年11月2日，中共大宁县委决定成立大宁县农业科学研究所，属农业事业单位，由农工部领导，农业局和科技局管理，地址设在葛口村，试验基地定为 50 亩，编制 24 人，设支部书记 1 人，所长 1 人，副所长 2 人。其任务是：全面贯彻农业"八字宪法"，积极开展农业科学实验，解决大宁县当前生产上存在的问题，承担上级科研部门下达的科研任务，繁育良种，扩大新技术，搞好示范，辅导社、队农科组织，培训技术人才。会议之后，县委采取一系列措施，充分调动了广大科技工作者的积极性，使全县科技事业呈现出欣欣向荣的良好态势。

第四章 社会主义革命和建设时期
经济和社会发展综述

第一节 国民经济恢复时期（1950～1952）

1949年，全县社会总产值380.05万元，人均169元。

中华人民共和国建立前后，在农村进行了土地改革，消灭了封建剥削制度，封建地主土地所有制改变为农民土地所有制，解放了农村生产力。接着党逐步引导农民按自愿互利的原则组织起来，走互助合作道路。到1952年，全县组织起互助组272个，初级农业合作社3个，入组入社农户占到总农户的45.3%。在城镇鼓励和恢复手工业生产，建立和发展供销合作商业，促进了国民经济的恢复和发展。1952年，全县工农业总产值达到496万元，比1949年增长40.1%，年平均递增11.9%。其中，工业总产值增长50%，平均递增14.5%；农业总产值增长40%，平均年递增11.9%，县级财政收入达到19.79万元，比1949年增长95%。社会商品零售总额达到80.57万元，比1949年增长50.2%，平均年递增14.6%。

第二节 国民经济顺利发展时期 (1953～1957)

这一时期全县国民经济发展比较顺利。首先，完成了对生产资料私有制的社会主义改造，开始建立起以公有制为主体的社会主义经济。社会主义生产关系的建立，对整个国民经济的发展起到重要的推动作用。其次，有计划地开始进行经济建设。5 年中，基本建设投资总额为 2363 万元，相当于恢复时期的 5 倍。1957 年工农业产值达到 590 万元，比1952 年增长 19%，平均年递增 3.5%，其中，工业总产值增长 3 倍，平均年递增 67%;1957 年县级财政收入比 1953 年减少 20.2%。5 年中，社会商品零售总额增长 34%，平均年递增 7.79%;建筑业由个体经营变为社会主义的集体企业；汽车运输由临汾汽车运输公司经营，县内运输以胶轮大车为主，年平均货运量 3000 吨，客运量 9000 人次；邮电事业开始发展，电话机增加到 38 部，邮政业务量达到 1.47 万元。

第三节 "大跃进"和调整时期 (1958 ~ 1965)

1962 年全县工农业总产值为 527 万元，比 1957 年减少 10.7%。其中，农业总产值少 15.7%，工业产值比 1957 年增长 2.33 倍，但比 1959 年下降 45.2%。由于国家轻重工业比例失调，市场供需不平衡，流通渠道单一，物价呈上涨趋势。对"二五"期间经济工作中出现的问题，从 1963 年起进行三年国民经济调整，使全县国民经济迅速得到恢复和发展。1965 年工农业总产值达到 965 万元，比 1962 年增长 83.1%。其中，工业总产值增长 1.4 倍，平均年递增34.4%;农业总值增长 78.6%，平均年递增 21.3%。3 年中，县级财政收入增长 29.2%，社会商品零售总额增长 20.5%，建筑业产值增长 15%，货运量增长 10%，客运量增长 9%，

邮政业务量减少4.4%。（注：1958年至1961年属并县期间，其经济社会发展数字参阅隰县有关资料）

第五编

改革开放时期

（1978 年 12 月至 2012 年 11 月）

第一章 拨乱反正的全面展开

第一节 贯彻党的十一届三中全会精神，
实现工作重心的转移

传达、学习和贯彻党的十一届三中全会精神

1978 年 12 月 18 日至 22 日，党的十一届三中全会在北京召开。会议重新确立了党的正确的思想路线、政治路线和组织路线，果断地停止使用"以阶级斗争为纲"的口号，作出了把党和国家工作重点转移到经济建设上来，实行改革开放的历史性决策。这次会议，实现了中华人民共和国成立以来党的历史的伟大转折，开启了中国改革开放历史新时期，从此，党领导全国各族人民在新的条件下开始了新的伟大革命。

12 月 23 日，党的十一届三中全会公报发表，在大宁全县引起强烈反响，广大工人、农民、知识分子、驻大宁部队官兵和各条战线上的干部、职工和青年学生，反复收听广播，阅读报纸，组织讨论，表示坚决拥护三中全会的各项重大决策。

12 月 28 日至 1979 年 1 月 8 日，1 月 9 日至 23 日，中共山西省委先后召开常委扩大会议和四届二次全委（扩大）会议，传达、学习和贯彻三中全会精神。会议联系山西实际，认真讨论了如何把全省工作的重点转移到社会主义现代化建设上来的问题。

1979 年 2 月 2 日至 8 日，中共大宁县委在县城召开了全县教育战线大总结大评比会议。会议传达了全国和全省教育工作会议精神，贯彻落实了全日制中、小学暂行工作条例试行草案。总结交流了工作经验，评选出了95名先进工作者。会议号召全县教育工作者认真学习党的十一届三中全会公报，适应新时期总任务的要求，把教育工作的着重点转移到社会主义现代化建设上来，为祖国的现代化建设培养合格的人才。

2月6日至13日，中共大宁县委召开了由县、社、队三级干部参加的三级干部会议，传达贯彻省委扩大会议精神。县委书记李俊首先在会上做了传达报告，会议学习了党的十一届三中全会公报、《人民日报》元旦社论、《中共中央关于发展农业的决定》《农村人民公社工作条例》等文件。最后，李俊书记作了题为《团结一致向前看，同心同德搞四化》的总结报告，他着重讲了六个问题：要把思想认识统一在全党工作重点的转移上；要集中精力尽快把农业生产搞上去；要认真落实党的各项政策；加强领导改进作风；要确实抓好当前工作；关于宣传贯彻问题。

4月中旬，中共大宁县委召开了有公社书记、各部正、副部长、工青妇负责人参加的县委扩大会议，会议传达了地委会议精神和董启民专员的报告，并根据会议精神，采取座谈讨论的方法，回顾了大宁县揭批清运动的情况，总结检查了贯彻省委扩大会议50天来的工作。同时，根据工作重点转移后出现的新情况、新问题，研究了如何采取新措施，高质量、高标准搞好春播工作等问题。

落实政策与平反冤假错案

1977年7月17日，中共大宁县委决定调整健全政策落实小组。领导组成立以后，落实政策和平反冤假错案工作有序开展起来。

1978 年 10 月至 1979 年 3 月，中共大宁县委根据中共中央〔1978〕55 号文件精神和省、地安排，对 1957 年整风反右斗争中，本县错定的 17 名右派分子进行了全面认真的复查，本着实事求是、有错必纠的原则，全部作了改正。在此基础上，对开除离职的 8 人根据本人实际情况，给 6 人重新安排了适当的工作，有 2 人因能力太弱，丧失工作能力，按退休作了处理，对已死亡的 2 人的遗属给了适当的照顾。对因右派问题受了刑事处分，戴了其他帽子的也作了纠正。对 5 个因右派问题株连而压缩了城市户口和粮食供应的，恢复了供应，并对 21 名生活困难者给予了必要的经济补助。

1979 年 2 月 22 日，中共大宁县委认真贯彻中共中央（1979）5 号文件精神，对一批改造好的地、富、坏分子摘帽，对其子女改定了成分。

6 月底，中共大宁县委认真落实党的政策，处理历史遗留问题，对全县"文化大革命"以来立案的 2413 案，已复查处理了 2403 案，占立案总数的 99.6%，其中，"清队""一打三反""整党"等运动形成的案件 1779 件，已复查处理 1774 件，占 99.2%；审理案件 61 件，已全部复查处理，判刑的政治案件 78 件，已复查处理 73 件，占 93.5%；公安系统逮捕、拘留的政治案件 82 件，已全部复查处理，来信来访中的其他案件 491 件，已复查处理 481 件，占 97.1%。在已复查的案件中，有 711 件是冤、假、错案，占已复查总数的 30%，这些冤、假、错案基本上得到了昭雪平反和纠正。对"文化大革命"以前历次运动中遗留的 246 案也进行了复查，并对 223 案进行了解决。全县的 17 名右派分子，根据原单位复查的情况也作了妥善安排。对 173 个地、富、反、坏分子经过评审，有 170 人摘掉了帽子，并给 2664 名地富子女改变了成分。

1980 年 1 月 29 日，中共大宁县委组织了由各公社分管书记、县直各部局分管领导、局长以及办案人员共 141 人参加的政策落实检查验收队伍，采取集中学习、分片分口交叉检查的方法，经过 13 天时间的艰辛工作，对全县属于十条范围的 1810 起案件进行了检查验收，及时解决了遗留问题，从而善始善终地完成了政策落实任务。

1980 年 12 月 11 日至 15 日，中共大宁县委召开工作会议，总结回顾了本县清查工作和学大寨运动中的经验教训，实事求是地解决了清查工作中的遗留问题。主持工作的县委负责同志明确宣布，大宁没有同林彪、"四人帮"牵连的人和事，对原来错批错整的同志一律平反，恢复名誉，从而解除了一些同志的压力，消除了隔阂，增强了团结，调动了工作积极性。会议还总结了本县工交财贸今年来的工作情况，并对今冬明春的工作作了初步安排。

第二节　加强社会主义民主与法制

大宁县第七届人民代表大会第一次会议召开

"文化大革命"结束，随着工作重心的转移和国家政治生活步入正常化，大宁县中断了 16 年的人民代表大会制度得到恢复。1981 年 11 月 6 日至 8 日，大宁县第七届人民代表大会第一次会议在县城进行。会议选举产生了大宁县人大常委会、大宁县人民政府、大宁县人民法院和大宁县人民检察院。会议的召开，标志着大宁县的民主法制步入正轨。县人大常委会坚持例会制度，以保证县人大常委会有效行使立法权、决定权、任免权和监督权。从 1981 年 11 月大宁县第七届人民代表大会到 2016 年大宁县第十六届人民代表大会期间，大宁县人大常委会有效行使自己的权力，不断完善体制机制，使大宁县的民主法制不断加强和完善。

中国人民政治协商会议大宁县第一届委员会第一次会议召开

根据省委、地委部署，1984 年 12 月 17 日至 19 日，中国人民政治协商会议大宁县第一届委员会第一次会议在县城召开，标志着大宁县政协组织的建立。从 1984 年 12 月政协大宁县第一届委员会第一次会议到 2016 年政协大宁县第九届委员会第四次会议期间，大宁县的政协组织从起步到不断完善，在中共大宁县委的领导下，高举民主和团结两面大旗，在政治协商、民主监督、参政议政方面，围绕县委、县政府中心工作，积极献言献策，广泛凝聚各方面智慧和力量，更好发挥人民政协的职能作用，为推动大宁县经济社会又好又快发展作出更大贡献。

县委在加强政协工作的同时，特别重视发挥政协参政议政的作用。政协围绕全县改革开放和经济建设，积极发挥"政治协商、民主监督、参政议政"职能。县委将有关国家大事、有关全县政治生活和各项事业中的社会、经济、文化、教育等问题以及统战工作中需要沟通的情况，都提到政协会议进行协商。人民代表大会历次会议，都请政协委员列席参加，听取并讨论会议报告，发表意见，提出建议。每年都要有计划地组织政协委员到各部门、各乡镇进行视察、参观，进行学习交流，开展社会活动，充分发挥政协组织的作用。县政协还通过经常性的调查研究，向县委、县政府提出有情况、有分析、有科学性和可行性措施的建议和报告，许多建议被政府采纳。

恢复和加强公检法机构

1975 年 9 月，大宁县恢复公安局。1981 年 11 月，大宁县第七届人民代表大会第一次会议召开，根据 1978 年第五届全国人民代表大会通过的宪法规定，选举产生了大宁县人民法院和大宁县人民检察院。从此，大宁县公检法的工作开始走上了正轨。公检法的工作步入正轨，维护了公民的权利，促进了安定团结，调动了积极因素，保证了全县经济建设和各项事业的稳定健康发展。

1980 年 11 月 19 日，为加强对公、检、法等部门工作的领导，经中共大宁县委常委会议研究决定，成立县委政法领导组。1982 年 12 月 25 日，根据中央和省、地委的指示，中共大宁县委召开常委会议，研究决定撤销县委政法领导组，成立县委政法委员会，作为县委的一个工作部门。1986 年 1 月 25 日，中共大宁县委、大宁县人民政府为适应经济体制改革的需要，开拓司法工作新局面，在全县 10 个乡（镇）成立了司法办公室。

大宁县政权、政协机关的恢复和民主法制建设工作加强和逐步完善，使大宁县政治生活和民主法制建设从此走上了稳步发展的轨道。

认真学习、讨论和实施《宪法》

1982 年 5 月 12 日，中共大宁县委发出《关于认真学习和讨论＜宪法修改草案＞的通知》（以下简称《通知》）。《通知》指出：第五届全国人民代表大会常务委员会第23次会议通过决议，决定公布《中华人民共和国宪法修改草案》，交付全国各族人民讨论。《通知》要求全县广大干部群众积极行动起来，投入到全民讨论宪法修改草案的活动之中。

1982年12月13日，中共大宁县委发出《关于认真学习贯彻五届人大五次会议文件的通知》（以下简称《通知》）。《通知》指出：第五届全国人民代表大会第五次会议是一次具有重大历史意义的会议，特别是新公布实施的《中华人民共和国宪法》是一个极为重要的历史文件，是我国新时期安邦治国的总章程。《通知》对学习贯彻五届人大五次会议文件的组织领导、学习内容、方法步骤作了详细安排。

1985年1月25日，大宁县第八届人代会常务委员会第一次会议在人大常委会议室举行。会议的议题是：学习中共中央1985年1号文件和《中华人民共和国宪法》；通过大宁县人大常委会1985年工作要点；通过人事任免事项。

通过对《宪法》的学习、讨论和宣传，使全县人民群众的民主法制观念深入人心，为进一步解放思想，调动一切积极因素，搞好我县的经济建设和各项事业注入了强大动力。

第二章 改革开放的起步和全面展开

第一节 农村经济体制改革的兴起和发展

放宽农村经济政策和实行生产责任制

党的十一届三中全会通过了《中共中央关于加强农业发展若干问题的决定（草案）》。

根据《决定》和省委的部署，1981年1月14日至16日，中共大宁县委召开"讲决议，完善责任制"汇报会。参加会议的人员有下乡的县委常委、包社部长及公社书记。汇报的主要内容是：各工作队从1月10日开展工作的情况；宣讲决议的情况，采取的办法，解决了哪些问题，有什么经验；农业生产责任制完成情况；畜牧、林业、农机、水利、多种经营责任制建立情况；分配工作情况；干部精简和稳定情况。

1月至3月，中共大宁县委在抓春季生产工作中突出抓了5项工作：加强对农业生产的领导，调整部分社队领导班子，加强了对后进队的工作，并且实现了"常委包片，部长包社，局长包队"制度；落实了农业生产计划，坚持了计划种植；狠抓责任制的完善，全县368个核算单位，除有地方病的4个单位因人员流动性大仍以队作业外，其余364个队全部实行了大包干责任制，各项指标都已落实到队、到户，并且县、社、队都签订了责任书；发挥优势，狠抓多种经营的发展，制定了一系列保护政策；狠抓了春播工作。

3月7日，大宁县委发出《关于加强和完善畜牧业生产责任制的通知》（以下简称《通知》）。《通知》针对畜牧业管理责任制方面存在的问题，就如何加强和完善畜牧业管理责任制提出了具体意见和规定。

4月8日，中共大宁县委发出《关于稳定生产责任制的通知》（以下简称《通知》）。《通知》指出：对于今年已定下来的各种形式的生产责任制，鉴于目前春种大忙已经开始，一律不再变动，只能完善，不能推倒重来；目前实行联产到劳、包产到户和大包干，土地落实到人、到户，群众满意的，可明确宣布5年不变；实行以队作业、小段包工定额管理的生产队，可根据实际情况在今年秋后适当扩大自留地；加强党的领导，巩固集体经济。

5月11日至13日，中共大宁县委针对实行生产责任制以后农村出现的新形势、新情况、新问题，召开了有县直各部部长、公社书记参加的常委扩大会，就当前如何加强党对农村工作的领导进行了专题探讨。大家一致认为，当前在农村工作上，各级党组织应主要抓好以下工作：向广大干部群众深入进行路线、方针、政策、任务、目标、形势、科技和四项基本原则、遵纪守法和文明礼貌的教育；抓好党支部的建设和党员教育；端正党风，抓好青少年教育；抓好计划生育工作；充分发挥少、青、妇的作用；要深入实际，大兴调查研究之风。

6月6日，大宁县委发出《关于搞好1981年夏季分配工作的意见》（以下简称《意见》）。《意见》要求：做好政治思想工作，清除"左"的影响，提高广大干部群众执行政策、落实各项责任制的自觉性；坚定不移地兑现各种形式的联产责任制；搞好小麦增产工作；正确处理好国家、集体和个人三者之间的关系。做好五保户、困难户的照顾工作；严格财务手续，严防贪污盗窃，铺张浪费，送礼行贿；建立夏收分配工作责任制，县乡领导要组织强有力的干部下基层，指导好今年的夏收分配工作，进一步完善生产责任制，最大限度地调动社员群众的积极性，以高速发展本县的农业生产。

截至 1981 年 6 月，大宁县普遍实行以大包干为主要形式的责任制。全县 368 个生产队，联产到劳的有 1 个队，占2.7%；包产到户的有 22 个队，占 6%；包干到户的有 345 个队，占 91.3%。

家庭联产承包责任制的进一步完善和农业生产的大发展

1981 年 6 月 27 日，党的十一届六中全会通过的《关于建国以来党的若干历史问题的决议》，充分肯定了联产计酬责任制，使已经包产到户、包干到户的农民吃了"定心丸"，更加坚定了他们实行包产到户、包干到户责任制的决心。

7 月 6 日至 10 日，省委召开县委书记会议。大宁县委书记高峰参加了这次会议。会议指出，山西的包干到户，坚持主要生产资料公有制，坚持生产队的统一计划、统一分配、统一使用大型农机具和水利设施，坚持国家、集体、个人三者利益结合，是社会主义集体农业的一种生产责任制形式；包干到户面积的大小，只能决定于农民的意愿，不能只限于"三靠"队（即：生活靠救济、吃粮靠返销、生产靠贷款的生产队）。要积极、主动地按照农民的意愿，领导他们搞宜于接受的责任制，要坚持因地制宜，分类指导，反对"一刀切"，要把这一条作为长期坚持的方针。

此后，全县各地先后组织近百名基层干部学习有关政策，交流建立健全各种生产责任制，进一步提高了对生产责任制的认识。县、公社和县直各部门的负责干部深入农村调查研究，搞典型示范，指导工作，促进了责任制的建立和不断完善。

7月8日，中共大宁县委发出通知，要求全县共产党员，认真学习党的十一届六中全会通过的《关于建国以来党的若干历史问题的决议》。同日，大宁县委下发了《关于在健全和完善小麦生产责任制中的几个问题的通知》（以下简称《通知》）。《通知》对小麦生产责任制后农村的土地、股份基金、牲畜、义务工和集体投工、定产、大包干责任制等问题作了明确的规定和说明。

7月31日，中共大宁县委召开扩大会议，就本县的农业生产责任制和多种经营问题进行了专题研究。县委书记高峰作了重要发言。他在发言中分析了大宁县农业生产责任制的形势，阐明了在落实完善责任制中必须坚持的原则，要求各级党组织要加强领导，搞好各种生产责任制的建立和多种经营工作，把大宁县的农村经济搞上去。

8月6日至20日，中共大宁县委为了深入贯彻党的十一届六中全会精神，把广大干部群众的思想和意志迅速统一到中共中央《关于建国以来党的若干历史问题的决议》（以下简称《决议》）上来，同时也为了向广大群众宣讲《决议》，培训骨干，举办了学习《决议》学习班，310人参加了学习。

8月20日至25日，中共大宁县委根据省、地安排，对全县各大队的支书、主任、会计、生产队长、统计和公社干部进行了农业生产责任制训练。训练期间，学习了党的十一届六中全会决议和山西副省长霍泛的报告，交流了建立健全生产责任制的经验，研究了包产到户和大包干责任制的具体办法。

11月21至12月2日，中共大宁县委召开了有各公社主任和县直有关单位负责人共30余人参加的会议。县委常委、政府县长李兴荣在会上传达了地区多种经营会议精神，与会同志还认真学习了兄弟县市狠抓多种经营工作的经验，在领会精神实质的基础上，结合大宁县实际制定了《1982—1985年发展多种经营规划》，落实了1982年发展多种经营的各项生产任务，制定了发展多种经营的具体措施。

11月25日，省委发出《关于进一步完善农业生产责任制的几项补充通知》（以下简称《通知》）。根据《通知》精神，结合宣传贯彻《十一届六中全会决议》，12月10日至14日，中共大宁县委集中培训宣讲《关于建国以来党的若干历史问题的决议》和完善农业生产责任制工作队，全县共抽出150名干部，参加了这次培训。参加培训的同志，认真学习了《决议》和省委《关于完善农业生产责任制的补充通知》以及省、地领导的讲话，从思想上进一步清除了"左"的影响，提高了政策水平。培训后这些同志将分赴各公社宣讲。1983年11月26日，中共大宁县委、大宁县人民政府在县招待所举办培训班。培训人员有各公社干部、村支部书记、村委主任、会计。主要研究完善生产责任制、计划管理、财务管理、收益分配和基层干部班子建设等问题。

在实行农村联产承包责任制的同时，原来由集体统一经营和管理的耕地、畜牧业、林业、水利设施、大中型农业机械及工副业生产项目，也都适应生产关系的调整，逐步推行了多种形式的承包责任制。

1984年11月27日，《临汾日报》报道了大宁县1984年实现农业总产值翻番的情况。这是实行联产承包责任制后，广大农村提高了生产积极性和创造力的结果，也是党的农村政策调整的结果，更是生产关系适应生产力要求的必然结果。

多种经营的发展和专业户、重点户的出现

1981年11月13日，大宁县人民政府决定成立大宁县多种经营领导组。21日至12月2日，中共大宁县委召开了有各公社主任和县直有关单位负责人共30余人参加的会议。县委常委、政府县长李兴荣在会上传达了地区多种经营会议精神，与会同志还认真学习了兄弟县市狠抓多种经营工作的经验，在领会精神实质的基础上，结合大宁县实际制定了《1982—1985年发展多种经营规划》，落实了1982年发展多种经营的各项生产任务，制定了发展多种经营的具体措施。

1983年7月12日，大宁县人民政府作出《关于大力发展"五养"业的决定》（以下简称《决定》）。《决定》指出：大宁县土地辽阔，自然资源丰富。大力发展牛、羊、猪、鸡、兔的生产，走以牧促农、以牧养农的道路，是开创大宁县农业新局面，使广大农民尽快富起来的重要途径之一。《决定》对"五养"下半年的发展计划和采取的措施进行了详细安排。1984年7月19日，《山西日报》第2版刊登了大宁县曲峨镇甘棠村村民贺志华热心传授养鸡技术，勤劳致富的事迹，题目是《勤劳多生财，致富讲信义》。

随着以"大包干"为主要形式的农村家庭联产承包责任制和多种经营的发展，广大农村出现了一种新的经济群体——专业户和重点户。所谓专业户，是指以家庭经营为基本单位，以商品生产为基本特征，专门从事某项生产活动的农户。从经营方式来看，专业户大可分为两类：一类是承包专业户，即承包集体的农、林、牧、副业中的某个专业生产项目而形成的专业户，如种粮专业户、林业专业户。另一类是自营专业户，即领导者依托自己所有的生产资料，独立地进行经营某项副业活动而形成的专业户，如养猪专业户、蔬菜专业户。所谓重点户，是指在承包经营集体责任田的同时，以很大一部分精力从事副业生产的农户。

大宁县的专业户是从种粮专业户开始的。农村实行"大包干"后，大宁县是按户均人数承包土地的政策，这一政策促进农业生产，但也出现了一些承包户，因劳力强、技术精，承包的土地不够种，而另一些承包户因劳力少、技术差，种不了土地的问题。针对这些情况，大宁县因地制宜，对农民承包的责任田进行了调整，使一部分土地转移到种田能手中。土地的相对集中，提高了土地生产专业户程度，农村就出现了种粮专业户。1984年，大宁县太德乡扶义村粮食专业户侯还林，承包土地170亩，粮食总产达11万公斤，给国家提供商品粮9万公斤，总收入达31920元，人均2660元，成为大宁县粮食生产的"状元户"，省电视台还专程登门拍摄了电视新闻，《临汾日报》《山西日报》都刊发了专题报道。

棉花是大宁的名特产品，种植历史悠久，品种优良，被誉为"宁棉"，改革开放以后，大宁农民种棉的积极性空前提高。1985年1月19日，《临汾日报》报道了大宁县徐家垛乡花崖村董福顺，1984年种植棉花25亩，总产皮棉3350斤，全部售给国家，收入5695元的消息。1997年，在安古乡安古村进行棉花品种实验示范和地膜覆盖示范，选出适合大宁种植的"晋棉7号""晋棉10号""晋棉11号""中棉8号""中棉41号"等品种，示范推广地膜覆盖高产栽培技术。

大宁县种植西瓜有着得天独厚的自然条件，清光绪版《大宁县志·物产》载有西瓜内容。与周围县比较，大宁县具有气温高、昼夜温差大的特点，土质适合西瓜生长。瓜农在长期的种植实践中积累了一整套独特的管理经验，使大宁西瓜在临汾西山地区独占鳌头，产量、品质及外销量均居榜首。大宁西瓜具有个大、皮薄、瓜瓤松脆适口、汁多色艳、含纤维少、含糖度高等特点。大宁西瓜多次参加省、市组织的特色农产品交易博览会，1985年7月27日，《临汾日报》第2版报道了《大宁瓜香溢平阳》的消息。1986年，大宁县西瓜种植面积0.43万亩，总产量577.2万公斤，平均亩产1342.33公斤。1990年种植面积0.13万亩，总产量211.3万亩，平均亩产1625.38公斤。1995年种植面积0.18万亩，总产量256.2万亩，平均亩产1423.33公斤。1997年获临汾地区优质瓜果展评优质奖、1999年获山西省首届"庆农杯"瓜王大奖赛一等奖等系列奖项。2000年种植面积0.36万亩，因旱灾大面积减产，总产量194.3万公斤，平均亩产只有539.72公斤。2005年种植面积0.38万亩，总产量0.331万公斤，平均亩产1324公斤。2010年种植面积0.57万亩，总产量999.5万公斤，平均亩产1762.78公斤。2010年8月，"大宁西瓜"通过农业部无公害农产品质量检测；2010年

12月，"大宁西瓜"荣获"山西省特色农产品北京展销周畅销产品奖"。2011年8月，农业部第1635号授予"大宁西瓜"农产品地理标志登记证书，证书编号AGI00538。2012年种植面积0.61万亩，总产量1092万公斤，平均亩产1799.01公斤。2012年1月，"大宁西瓜"荣获"第二届中国（山西）特色农产品交易博览会金奖"。2012年9月，国家工商总局商标局授予"大宁西瓜"地理标志证明商标，注册号9246793。

1963年大宁县城关、吉亭引进山东省优种烟叶，亩产干叶250公斤以上，到1986年，全县种植面积不足百亩，主要销售给曲沃卷烟厂。1996年，大宁县被省、地列入烤烟种植生产县。1997年1月6日，大宁人民县政府制定出《1997年烤烟生产实施方案》（以下简称《方案》）。《方案》采取4条措施：统一思想，提高认识，使本县烟叶生产步入稳定、健康发展的轨道；加强领导，齐抓共管，使本县烟叶生产面积落到实处；多方配合，搞好服务，为振兴烤烟生产提供方便；政策引导，鼓励发展，调动各方面的积极性。《方案》还对烟叶生产的奖励办法作了明确规定。同时成立领导组和烤烟生产办公室，大力发展烟叶生产，城关镇、太德乡、南堡乡、徐家垛乡的43个村205户发展烤烟生产。在河南省、陕西省等地聘请技术人员45人，分住各村对烟农进行烤烟生产技术指导。2000年，全县烤烟种植面积3000余亩，亩产值平均1000余元。2000年后，由于烟叶销售渠道不畅和农业产业调整因素，烤烟种植面积逐年减少。到2005年后只有少量零星种植。

1998年2月20日，大宁县人民政府发出《关于大力发展小尾寒羊的实施意见》，对发展小尾寒羊的发展目标、发展计划、投资安排、管理办法、发展措施做了具体的部署。2月23日，大宁县人民政府成立发展小尾寒羊领导组，同时成立大宁县小尾寒羊发展服务中心，负责统一引进，统一技术服务，统一防疫，统一销售等服务工作。同年，县委、县政府在全面考察小尾寒羊，以胡城村、小冯村、吉亭村、南堡村、曲峨村、桑峨村6个村为主进行试点养殖。从此，在县政府主导下，群众种草，圈养小尾寒羊，发展改良羊肉，养羊业开始向专业化、规模化发展。2004年年底，大宁县将羊业作为全县农业主导产业，大力推动种植饲草，圈养小尾寒羊。按照区域化发展、产业化经营的总体思路，打造大宁羊业品牌。力争建立以大宁县为中心，覆盖吕梁山南端的圈养羊业的产品基地，走"县上产业化、农民专业化、小个体、大群体、兴科技、高效益"之路，实现全县80%的农户养羊，人工种草面积占全县耕地面积的60%，90%的羊得到改良，农民年纯收入的60%来自种草养羊业的"8696"具体奋斗目标，最终让农民脱贫致富。鼓励和引导广大农民参与种草养羊事业，动员科技人员搞承包、办实体，深入一线培训服务，帮助养羊户掌握小尾寒羊饲养管理、疫病防治等知识，直接参与利益分配。实行县级领导包乡镇、县直机关包村责任制，动员全县500多名干部下乡包村，一包5年不变。县财政及各级机关投入资金600多万元，扶持农民购买小尾寒羊2万只，种草5000亩，购置饲草加工机械150台。制定优惠政策吸引外商，先后引进山东省及山西省乡宁县、沁水县、临汾市尧都区等地企业家和养殖户投资1500万元发展羊业生产。

乡镇企业崛起

1984年3月1日，中共中央，国务院转发农牧渔业部《关于开创社队企业新局面的报告》的通知，要求各级党委和政府积极支持农民发展多种经营，对乡镇企业要在发展方向上给予积极引导，按照国家有关政策进行管理，使其健康发展。1994年11月9日，中共大宁县委、大宁县人民政府制定出《关于加快发展乡镇企业的实施意见》。

1997年5月28日，中共大宁县委、大宁县人民政府召开了全县乡镇企业二次创业再动员大会。临汾行署乡镇企业管理局局长郭权君、县五大班子领导出席会议。县委书记李建荣在会上发表重要讲话，他提出了发展乡镇企业的新思路：开阔视野，推动乡镇企业上台阶；拓宽思路，促进乡镇快发展；放宽政策，引领乡镇企业大跨越。

1998年2月下旬，中共大宁县委、大宁县人民政府积极培育新的经济增长点，把乡镇企业放到突出位置来抓，本着投资小、见效快、周期短、效益高的原则，吸收社会闲散资金，以发展种养项目为主，要求每个乡镇根据自身特点至少兴办一个乡镇企业，同时对现有乡镇企业进行改造提高，在规模上扩大、产品上创优、管理上达标、效益上突破。

2001年，全县民营工业企业（乡镇企业）29家，从业人员587人，总产值1419万元。到2012年，全县民营工业企业（乡镇企业）发展到35家，从业人员920人，总产值达7486万元。

第二节　扶贫工作的开始和全面展开

扶贫工作的开始

包括大宁在内的山西农村贫困地区大多是革命老区，在战争年代做出了巨大贡献。从大宁县来说，她有着光荣的革命斗争历史。尤其在抗日战争和解放战争期间，大宁儿女积极参军参战，不少人血洒疆场，谱写了一曲曲感天动地的英雄壮歌。

1949 年 10 月 1 日，中华人民共和国宣告成立，中共大宁县委及各级党组织以更加积极的姿态、更加旺盛的精力，领导全县人民投入到轰轰烈烈的社会主义革命和建设的热潮中，谱写出新的壮丽篇章。

中华人民共和国成立后，党和政府一直通过社会救助、生产救灾等措施，关心老区人民的生活，但由于这些地区自然条件差，基础设施薄弱，农村经济发展十分缓慢。再加上计划经济年代过"左"的农村政策，束缚了农民的手脚，使这一问题长期得不到解决。

粉碎"四人帮"以后，通过拨乱反正和落实党的农村经济政策，贫困山区的落后面貌开始发生变化。1978 年 11 月，第七次全国民政工作会议召开。这次会议提出："扶贫是帮助贫困户改变贫穷落后面貌的正确途径，各级民政部门应积极会同有关单位做好专项工作，通过试点，取得经验，逐步推广。"

1978 年 11 月 29 日，山西省召开第十四次全省民政工作会议，传达了全国民政工作会议精神，会后，全省选择了

11 个公社进行了扶贫试点。经过试点，取得了一些经验，收到了很好的效果。

党的十一届三中全会后，省委、省政府把加快山区建设作为兴晋富民的战略任务，提到了重要议事日程。1981 年 6 月 15 日，大宁县革命委员会发出《关于认真抓好扶贫工作的通知》（以下简称《通知》）。《通知》指出：大力宣传发动提高扶贫工作的自觉性；深入调查了解，定好扶贫对象；组织有关部门，搞好扶贫试点；制定扶贫规划，尽快摆脱贫困；层层建立机构，加强党的领导。为了帮助一部分农民解决温饱问题，摆脱贫困，省委、省政府逐年扩大扶贫试点，到 1982 年，全省扶贫试点增至 38 个县区的 200 个公社。

从 1979 年到 1982 年，是山西扶贫工作的起步阶段，也可以说是由传统救济向扶贫过渡的阶段。具有以下一些特点：第一，扶贫的对象是单个贫困户，不是整个贫困地区；第二，扶贫的手段以救济为主；第三，偏重于扶持生活，解决温饱问题；第四，扶贫范围较小。

扶贫工作的全面展开

1984 年 9 月 29 日，国务院发出《关于帮助贫困地区尽快改变面貌的通知》，要求各级党委和政府，必须高度重视采取十分积极的态度和切实可行的措施，进一步放宽政策，减轻负担，给予优惠，发展商品生产，增加智力投资，使这些地区的人民尽快摆脱贫困，赶上全国经济发展的步伐。

1985 年 8 月 10 日，中共山西省委副书记、山西省省长王森浩一行由县委书记杨家洪陪同，到太德乡的化纤厂、扶义、乌落村视察工作。王森浩在乌落村同贫困户陈普通和贺五庭进行了座谈，了解他们的家庭收支情况。

　　1986年3月18日，省民政厅10人组成的扶贫工作队在队长何佩理、副队长杨润明带领下，来到大宁安古乡安古、而吉蹲点。4月16日，省委、省政府在临汾召开全省贫困地区工作会议。会上，中共县委书记杨家洪作了题为《让大宁的每一寸国土都蓄水生财》的发言。5月7日，地委委员、纪委书记张岗望深入大宁县三多、茨岭、川庄、楼底等村调查研究，检查指导工作。同日，省二轻厅万葵副厅长来大宁视察二轻企业，对县委重视二轻企业大加赞扬，表示要把大宁作为他们的联系点，要让二轻企业成为大宁脱贫摘帽的主要企业。5月11日，中共大宁县委、大宁县人民政府召开各乡镇书记、乡镇长会议，认真贯彻落实省委扶贫工作会议精神，发放扶贫资金25万元。

　　大宁县作为全省31个贫困县之一，为了做到在同一目标、统一部署、协调一致地搞好扶贫工作，帮助人均收入在200元以下的34500多贫困户发展生产，促进大宁经济持续、稳定、协调地向前发展，1987年6月15日，大宁县编制《1986年至2000年大宁贫困地区经济发展规划》。主要内容有：奋斗目标："七五"期间，重点扶持人均收入在200元以下的贫困户发展生产，到1990年，使所有的贫困户达到200元以上；"八五"期间，进入新的经济振兴阶段，重点扶持人均收入在350元以下的贫困户，到1995年，大多数人均超过350元；"九五"期间进入经济起飞阶段，到2000年，全县人均纯收入达到800元。实施措施：加强对扶贫工作的领导；改变扶贫办法，突出"三个狠抓"：一是狠抓种植业，提高农业集约化经营水平；二是狠抓林牧副渔业，增加农业经济收入；三是狠抓乡镇企业，振兴农村经济。实现"三个加快"：一是加快基础设施建设，增强发展后劲；二是加快增智开发，提高科技水平；三是加快工业发展，增加县级财力。

为了进一步管好、用好扶贫资金，1989 年 4 月 20 日，大宁县对 1985 年至 1988 年 4 月的扶贫资金安排使用和效益情况进行全面审计，决定成立大宁县扶贫资金审计领导组，组长由政府县长段兰记担任。5 月 22 日，大宁县对乡镇工作干部实行岗位津贴：对财政拨款的正科级干部每人每月发岗位津贴 10 元；副科级干部每人每月发 7 元；一般工作人员每人每月发 5 元。岗位津贴每月随工资造册发给，工作变动离开乡镇，津贴自行取消。从县直各单位抽调的下乡扶贫工作人员，每人发给山区补助费 6 元，扶贫结束后，山区补助自行取消。与农民签订承包合同的科技干部也可享受终止，山区补助费停发。

1992 年 2 月 22 日至 23 日，中共山西省委书记王茂林一行来大宁县视察。在听取了县委领导及畜牧、果树、棉花等中心汇报后，作了重要指示。王茂林的指示既对大宁县近期工作给予肯定，又为大宁县搞好脱贫致富综合改革指明了方向。

1994 年 7 月 5 日，经县委研究决定，撤销"大宁县农委经济开发科"，恢复"大宁县贫困地区经济开发领导组办公室"。

1996 年 6 月 26 日，中共大宁县委、大宁县人民政府召开全县副局级以上领导干部大会。会上，县委书记、政府县长李建荣代表县委、政府作了重要讲话。讲话从政治、经济、物质文明、精神文明的高度，加大扶贫攻坚的力度等方面阐明了本县近期的工作思路和工作重点。7月15日至20日，中共大宁县委举办了局级领导干部讲政治研讨班，县委书记李建荣作了题为《讲政治是脱贫攻坚的重要保证》的辅导发言。

扶贫攻坚力度的进一步加大

1996年9月26日，中共大宁县委、大宁县人民政府作出《关于进一步加大扶贫攻坚力度的决定》（以下简称《决定》）。《决定》共10条：各级党组织和广大党员干部一定要把扶贫攻坚提高到讲政治的高度来认识；要按照用主导产业覆盖贫困乡村的思路，大力调整产业结构；大力加强农田水利基本建设和小流域治理工作；大力加强文化教育和科技普及工作，努力提高贫困乡村群众的综合素质；大力加强党的农村基层组织建设；选派县乡两级青年干部到贫困乡村任职，加强扶贫攻坚领导力度；开展县直机关单位与贫困村"结对子"扶贫活动；用足用活政策，全方位向贫困乡村倾斜；要认真落实目标责任制，抓好奖惩兑现；加强对扶贫攻坚工作的领导。

《决定》的发出在全县范围内再次掀起扶贫攻坚高潮。1996年9月29日至30日，中共大宁县委召开抓党建促攻坚三级书记会议。县委副书记、代县长刘明贵在会上作了题为《明确攻坚目标，瞄准主攻方向，全力以赴打好打胜扶贫攻坚战》，县委副书记李文生宣读《中共大宁县委关于加强基层党组织建设的意见》，县委副书记杨玉龙宣读了《大宁县关于调整农村产业结构的意见》，副县长常书平宣读了《关于今冬明春搞好农田水利基本建设和小流域治理的意见》，县委副书记、纪委书记曹万武宣读了《关于加大扶贫攻坚力度的决定》，县委副书记、组织部部长蔡茂生宣读了《关于选派县、乡机关青年干部到贫困乡（镇）村任职的决定》。县委书记李建荣作了题为《狠抓党建龙头，啃好攻坚骨头，竭尽全力打胜扶贫攻坚总体战》的讲话。11月12日，中共大宁县委、大宁县人民政府转发了县民政局《关于在全县开展"扶贫济困送温暖"捐赠活动的意见》，要求各乡镇、县直各单位、各人民团体贯彻执行。

开展向程炜同志学习的活动

1997年4月17日，中共大宁县委发出《关于开展向程炜同志学习的决定》（以下简称《通知》）。《通知》要求全县各级党组织和全体共产党员，要学习程炜无私奉献、强烈的责任心和舍小家为大家的精神，为全县的扶贫攻坚战役的胜利而奋斗。

程炜，女，北京市人。1968年响应号召到临汾市汾西县插队，1972年被推荐上大学，大学毕业后返回汾西县，1978年返京后在北京市朝阳区幸福村中学任教。1997年3月，怀着开发山区，建设山区的强烈愿望到大宁县榆村乡金圪塔村搞扶贫开发。

1997年4月28日，临汾地委书记张国彦、临汾地委副书记、行署专员杨志明对《临汾日报》有关程炜的报道进行了批示后，县委、县政府迅速召集有关部门认真学习了批示精神，并召开了程炜开发式扶贫方案论证暨工作协调会。参加这次会议的有县委、县政府领导及邮电、电业、林业、交通、教育、宣传等部门的负责人。会议首先学习了张国彦书记、杨志明专员的批示，紧接着参会人员围绕程炜的扶贫开发实施方案进行了科学论证，帮助程炜出主意、想办法，进一步完善了方案。同时各职能部门纷纷表示要在各自的职能范围内给予程炜最大支持。县委副书记杨玉龙在最后的总结讲话中指出：各部门一定要把程炜的扶贫工作当作大宁县扶贫攻坚的重要组成部分，不遗余力地支持，力争开创大宁扶贫攻坚新局面。4月30日，程炜所在学校北京市朝阳区幸福中学校长林安杰、党支部书记王宏业等一行5人，专程赶到大宁县榆村乡金圪塔村看望了程炜，对程炜的工作表示关心和支持。为帮助程炜搞好扶贫开发，救助贫困山区失学儿童，朝阳区幸福中学决定捐款1万元在金圪塔修建一所希望中学。林安杰还表示愿同大宁当地学校"结对子"，希望通过"结对子"，提高大宁教育质量。5月下旬，中共大宁县委召开常委会议，专题研究程炜扶贫开发事宜。会议决定成立大宁县返乡知青扶贫开发协调组。县委副书记、政府县长刘明贵任组长；县委副书记杨玉龙、县委副书记兼组织部部长蔡茂生，县委常委、宣传部部长单林生任副组长，吸收有关部门参加。具体协调知青搞好开发的选点、选项、施工等方面的工作。为了确保开发工作的顺利进行，县委同意程炜成立开发公司。6月8日，中共大宁县委、大宁县人民政府在北京南粤苑宾馆召开北京知青"故乡工程"联谊会。联谊会由县委副书记李文生主持，县委副书记、政府县长刘明贵致词，县委书记李建荣作了《大宁县经济发展概况》的报告。已投身大宁扶贫的北京知青刘琦泉和程炜在会上分别讲述了他们立志奉献的经历和感想。知青代表康荣静代表曾在大宁插队的706名北京知青宣读了《致大宁人民的一封信》。国务院扶贫办社会处处长江烈、邮电部综合计划处处长张春林、大宁籍北京代表李瑞田分别讲话。最后，三多乡川庄村知青田明理用大宁方言深情地向全县父老乡亲表示衷心地问候。

国家部委定点扶贫

1997年5月5日至6日，中共临汾地委书记张国彦带领地区农工委、经委、财委、体改委、组织部、政研室的负责人到大宁现场办公。张国彦一行先后视察了本县矿泉水厂、淀粉厂、化工厂、农修厂，实地察看了徐家垛大坪工地、曲峨工地、东关护城大坝、项目办中心苗圃。视察期间，张国彦作了重要讲话，他充分肯定了大宁县的扶贫攻坚、企业改革和基层组织整顿工作所取得的成绩，并希望县委、县政府领导齐心协力，实事求是，把大宁的事情办好，让人民早日奔小康。5月17日，国家邮电部常务副部长杨贤足一行到邮电部定点扶贫县大宁，考察了扶贫攻坚项目的实施情况。1994年以来，邮电部先后投资656万元扶持重点企业和兴建学校。杨贤足一行视察了由邮电部扶持和兴建的淀粉厂和北桑峨希望小学。杨贤足指出：大宁县委、县政府与邮电部扶贫干部同心协力，克服很多困难，做了大量工作。他强调：大宁扶贫攻坚应连续作战，再接再厉，把每个项目都完成好。

2000年9月26日，国家信息产业部综合规划司副司长姜少冰一行来大宁视察、指导扶贫工作。

扶贫政策措施的落实

1998年2月中旬，大宁县人民政府进一步完善落实措施，确保1998年项目工程顺利完成，其具体内容是：按照山水田林路统一规划，沟峁坡塬综合治理的思路，精心组织施工，使项目工程真正成为贫困山区脱贫致富工程；进一步制定和完善土地管理政策，明确土地使用权和所有权，治理一块，到户一块，不能出现撂荒现象；进一步抓好工作，对新开工程，治理一块，落实一块，治理完，落实完；严格组织验收，杜绝人情关；加大项目宣传力度，提高群众参与意识，鼓励群众投工投劳，弥补项目工程亏损部分。3月中旬，中共大宁县委、大宁县人民政府针对扶贫资金管理工作中存在的违规违纪问题，对有关的13个单位及当事人进行了公开处理，具体处理情况：将挤占挪用资金全部归位，处以5%~10%的罚款，共收缴罚款60650元；将用扶贫资金购买的车辆一律没收；对当事人进行处理，责令责任人写出书面检查，全县通报批评，对问题严重的5位当事人给予党内严重警告或警告处分。3月25日，大宁县人民政府转发了临汾地区《西山百公里农科扶贫一条线工程——大宁段实施方案》，要求有关单位和乡镇认真组织实施。11月2日，大宁县人民政府转发了残疾人联合会《关于残疾人扶贫攻坚的实施方案》。要求各乡镇、县直各有关单位认真组织实施。为了进一步做好大宁县残疾人扶贫工作，县政府成立大宁县残疾人扶贫工作领导组。

大力发展沼气

2001年6月20日，省农业厅副厅长、省扶贫办公室主任樊积旺一行来大宁县检查指导扶贫工程。樊积旺一行，对本县川庄村沼气建设工程、县科委火鸡孵化点、润生种鸡场、徐家垛乡种羊场和康里种羊村等扶贫工程进行了检查指导。

6月20日，参加全国高效沼气生产技术临汾现场会的全体人员（10个省市160余人）来到本县，对三多乡川庄村沼气扶贫工程进行参观，县委副书记、县长王林详细介绍了本县沼气扶贫工程情况。全国贫困地区公布培训中心主任刘佑萍参观后，对此项工作给予高度评价，她希望通过这次现场会，使沼气工程在全国得到更大的推广。

新时期扶贫工作

2002 年 2 月 26 日，大宁县召开新时期扶贫开发动员大会。会上，县委副书记、政府县长王林作了《理清思路，明确任务，努力夺取新时期扶贫开发和 2002 年经济工作的全面胜利》的动员报告；大会对 2001 年做出突出贡献的先进单位和个人进行了表彰；县委书记杨玉龙作了《凝聚群体意志，共建绿色大宁，为尽快改变贫困面貌而努力》的重要讲话。

总之，大宁县由于自然条件差，工业基础薄弱，县域经济发展缓慢。2001 年被列为国家重点扶贫开发县。1985 年至 2012 年，国家邮电部、电子工业部、信息产业部、工业和信息化部，以及省、市直属部门和企事业都有单位在大宁县定点扶贫。在扶贫中坚持做到：宣传贯彻落实党在农村的各项方针、政策，采取多种形式帮助贫困地区干部群众进一步解放思想、更新观念，树立"依靠自我发展、实现脱贫致富"意识；工作队进驻帮扶村后，在广泛调查研究的基础上，进一步理清发展思路，确定主导产业和特色产业，帮助和指导贫困村制定脱贫致富的具体措施和短、中、长经济发展规划等；结合贫困村实际，发挥本部门和行业优势，在供水、供电、通路、通讯、住房、教育、医疗方面，为定点扶贫村办实事，解决贫困户生产生活困难；帮助扶贫村搞农业技术培训、农村干部培训、农村劳动力转移培训等，努力提高贫困村农民的整体素质；开展送温暖活动，对村民进行节日慰问和救灾救济活动，不断加强与农民群众的感情联络。通过定点扶贫，昔日贫瘠的土地焕发出了勃勃生机，各项经济指标大幅度提升，到 2012 年年底，全县生产总值 4.1 亿万，比 1985 年 2523 万元增长 16.2 倍；农业总产值 1.33 亿元，比 1985 年 2007 万元增长 6.6 倍；工业总产值 1.26 亿元，比 1985 年 526 万元增长 22.8 倍；财政收入 4846 万元，比 1985 年 64 万元增长 75.7 倍；农民人均纯收入 2012 元，比 1985 年 319 元增长 6.3 倍。

第三节　城市经济体制改革

在农村经济改革的同时，城市经济体制改革也在积极探索。扩大企业自主权是探索城市经济体制改革的一项重要内容。

在十一届三中全会召开前夕的中央工作会议上，邓小平发表了题为《解放思想，实事求是，团结一致向前看》的讲话。中央工作会议之后，党的十一届三中全会作出了扩大企业自主权改革的重大决策。省委和省政府根据十一届三中全会精神，积极开展了扩大企业自主权的改革。1980 年 3 月，省委召开四届三次全委（扩大）会议，总结扩大企业自主权的试点工作。

根据中央、省、地会议和文件精神，1980 年 12 月 29 日，大宁县革命委员会根据行署（1980）158 号文件《关于设立扩权办公室的通知》要求，成立大宁县扩权办公室。

1981 年 1 月至 3 月，中共大宁县委、大宁县革命委员会在提高工业生产经济效益方面采取了以下措施：整顿各级企业，调整部分企业的领导班子，加强了对工业生产的领导。工业系统干部普遍实行了包厂、包车间、包任务、包效益的岗位责任制；各企业都实行了"大包干""以产计酬"等责任制，制定了奖惩制度；抓两头，带中间。对增产潜力大的重点企业味精厂、煤矿，加强了领导，调整了企业机构，加大了吞吐量。对去年亏损的企业，加强了领导，调整了企业领导，落实了生产责任制。通过上述措施，第一季度工业生产已有明显好转。总产值达到 88.8 万元，占去年计划的24%。比上年同期增长 24% 同时，成本损耗均有降低，经济效益明显增加。

1981 年 4 月，国务院召开全国工交会议并提出，工交企业也要像农村搞联产责任制那样实行经济责任制。会后，中共山西省委提出进一步完善工业经济责任制的问题。要求各级各部门面向企业密切配合，为企业创造必要的外部条件。根据这一精神，6 月 18 日，大宁县革命委员会为了调动企业增产增收的积极性，把国家、企业和个人的经济利益密切结合起来，根据地区工交会议的要求和精神，结合大宁县具体情况，决定在全县工交企业中视其生产经营条件及其特点采取各种不同的利润包干、超收分成的办法，并将1981 年的利润进行了调整。8 月 4 日，大宁县革命委员会为了执行十一届三中全会以来的路线、方针、政策，摆脱"左"倾思想的束缚，认真贯彻好财贸企业经营管理责任制，把权、责、利结合起来，有效地克服平均主义和吃大锅饭的现象，正确处理好国家、企业和个人三者之间的关系，保证财政收支平衡，决定在县营商业、供销企业中实行利润包干，超额分成的办法。

1984 年 8 月 2 日，《临汾日报》报道了本县"七一"

机械厂在改革中起死回生的情况。8月27日，为了调动企业和职工的积极性，搞活经济，提高经济效益，中共大宁县委、大宁县人民政府作出了《关于对工商企业放宽政策扩大自主权的试行办法（草案）》。12月，大宁县人民政府责成县经委对本县企业进行整顿验收。验收后有25家企业发放了合格证书，占全县列入整顿总数的7.81%。

1985年7月25日，大宁县第八届人代会常务委员会第五次会议在人大常委会议室举行。会议讨论和审议县政府委托经委主任贺玉明所作的《大宁县经济体制改革试行方案》；讨论通过《关于<大宁县经济改革试行方案>的决议》。从此，大宁县经济体制改革在稳步推进。截至1987年6月，全县61户工商企业中，除5户乡镇企业、7户事业性质企业8户实行双规制的"四统一"单位外，41户工商企业全部"两权分离"（所有权和经营权）、公开招标、承包经营，共交抵押金4.2万元，担保抵押金1.1万元。全员抵押承包把竞争机制、风险机制、法律机制引入企业，以改善企业的经验管理，调动企业职工的劳动积极性和创造性，促使企业发生深刻变化。到1989年，全县工业总产值首次突破1000万元大关，实现利税169.5万元；商业部门社会商品零售额达到1487万元，创历史最高纪录。

第三章 改革开放新形势下党的建设

第一节　加强党风建设

学习、贯彻《关于党内政治生活若干准则》

改革开放启动后，党的建设面临的首要任务是加强和健全党的民主集中制，恢复党的优良传统和作风。

1980 年 2 月，党的十一届五中全会通过《关于党内政治生活若干准则》（以下简称《准则》）。3 月 15 日至 23 日，中共山西省委召开四届三次全会，对学习贯彻《准则》的工作进行具体部署。

1980 年 7 月 25 日，中共大宁县委发出了《关于全体党员中开展学＜准则＞见行动，做一个合格的共产党员活动的通知》（以下简称《通知》）。《通知》指出：要深刻领会《准则》的精神实质；各级领导干部要做贯彻执行《准则》，做合格共产党员的模范；要建立健全各种规章制度；发扬党的优良传统和作风，教育党员从我做起，从现在做起，从每件事做起。

学习《邓小平文选》

1983 年 7 月，《邓小平文选》第一卷出版。1983 年 8 月 16 日，中共大宁县委发出《关于认真学习＜邓小平文选＞的安排意见》（以下简称《意见》）。《意见》指出：《邓小平文选》的出版，是全党和全国人民政治生活中的一件大事，全县各级党组织一定要响应党中央的号召，认真组织广大党员干部学习好《邓小平文选》。这不仅提高我们的理论水平，而且对于指导当前四化建设，保证重点工作都有着重大的现实意义。

1993 年 11 月 10 日，中共大宁县委发出《通知》，要求全县各级党组织要认真组织广大党员干部学习《邓小平文选》第三卷。《通知》指出：学习邓小平同志关于"一个中心，两个基本点"的论述，排除"左"或"右"的影响，使广大党员干部加深对党的基本路线的理解，提高贯彻党的基本路线的自觉性和坚定性。学习邓小平同志关于市场经济的论述，研究和操作本县发展社会主义市场经济的客观规律，增强工作的创造性和预见性。学习邓小平同志关于"两手抓，两手都要硬"的论述，提高广大党员干部贯彻党的方针政策的自觉性。学习邓小平同志的战略思想、理论观点、科学态度、创新精神，应用这一理论精髓和实质，指导我们研究工作中出现的新情况，解决新问题。大胆开拓，奋力拼搏，推动全县经济建设的健康发展。

1995 年 1 月 3 日，中共大宁县委发出《关于学习＜邓小平文选＞第一、二卷的通知》（以下简称《通知》）。《通知》要求：各级党组织要把学习《邓小平文选》第一、二卷作为今后一个时期政治思想工作的重点来抓。学习中，要突出重点，把握其思想的精神实质；要理论联系实际，解决本部门本单位的实际问题；要加强学习经验的交流，推动全县学习的不断深入。

端正党风工作的开展

党的十一届三中全会以后，党的政治生活开始走向正规，党内民主活跃起来，党的实事求是的作风正在恢复。但是，党风问题仍然存在着许多令人难以满意的情况，人民群众最大的意见是不正之风严重，违法违纪的案件不断发生。为了端正党风，省委提出：第一，要继续组织学习《准则》和新党章（草案），不断宣传继承和发扬党的优良传统的典型，宣传知错改错的事例，从多方面提高抵御不正之风的自觉性。各级领导干部要严于律己，带头遵纪守法，带头发扬党的优良传统。第二，要加强经济领域的纪律检查工作。着重查处那些顽固抵制党的路线、方针、政策，利用职权，破坏财经纪律、贪污盗窃，行贿受贿，大搞特权，以及因严重的官僚主义而给国家造成重大经济损失的案件。对那些在《准则》公布之后，仍然明知故犯、一犯再犯，错误严重而坚持不改的人，尤其要认真查处，给予党纪处分，直至开除党籍。凡是涉及经济问题的案件，一定要进行经济制裁，决不能让他们讨到便宜。第三，各级党委要加强对纪律检查工作的领导，从各方面给予支持。各级党的纪律检查委员会要加强自身建设。在纪律检查委工作中，除了批判惩处坏的典型，还要对出以公心，勇于同违法乱纪现象作斗争的好党员、好干部，给予支持、表彰，保护他们的积极性。

从1980年3月到1981年6月，针对全省一些地方的领导为子女结婚铺张浪费、聚敛钱财、弄虚作假，为家属和子女骗取非农业户口；特别是某些领导干部利用职权，在招工问题上营私舞弊等歪风邪气，省委先后发出一系列通报。

1980年3月，中共大宁县委组织全县党员干部联系实际认真学习党的十一届五中全会文件精神，在全县党员干部中进行思想政治教育，扎扎实实地解决了工作中存在的一些实际问题：一、制止了借婚丧嫁娶大搞请客收礼、铺张浪费的不正之风；二、严肃了党纪国法，沉重打击了违法犯罪行为；三、纠正了一些干部违反党的政策规定，乱发结婚证的问题，大抓了计划生育工作；四、解决了行政经费开支混乱、超支浪费的问题；五、解决了干部职工拖欠公款和集体粮款的问题。

1980 年 5 月 30 日，中共大宁县委召开常委会议认真检查了转供中的遗留问题，会上决定压缩不符合规定乱转的 148 口人的城市户口。

1980 年 6 月，中共大宁县委采取了一系列措施整顿人员编制，节约行政经费。首先，成立了由县委副书记、革委主任宋纯义为主任的县编制委员会加强对这一工作的领导；第二，调整超编人员。大宁县共超编 101 人，编委决定对超编人员在 7 月底前，要按有关规定进行调整或妥善安置；第三，明确管理范围；第四，节约行政经费，根据财政包干的原则，各单位超编的人员经费财政一律不予拨款，公用经费要严格按照规定的标准执行。

1980 年 12 月 31 日，中共大宁县委作出《关于反对借婚丧嫁娶大搞铺张浪费的决定》（以下简称《决定》）。《决定》的具体内容是：在干部群众中深入开展艰苦奋斗优良传统的教育；各级领导干部、党团员要层层带头，层层把关；对本《决定》发出后仍大搞请客送礼者要进行严肃处理；县委责成县纪律检查筹备组、组织部、计委、县团委、工会、妇联组成联合检查组，对这一不正之风进行检查，严重者要进行处理。

从 1981 年到 1982 年，省委又集中查处了国家干部利用职权私人建房的不正之风。特别是《准则》公布之后，一些县、社以上领导干部仍然无视党纪国法，继续采取不正当的手段，侵占国家、集体和群众的资财，为自己盖住房、修独院，在党内外造成极坏影响。针对上述情况，省委要求各级党委对这类违法乱纪的不正之风要敢抓、敢管、敢处理，发现一件就查处一件，发现多少就查处多少，一查到底。

根据省委要求精神，1981年3月7日，大宁县革命委员会发出《关于禁止乱批乱占耕地的通知》（以下简称《通知》）。《通知》指出：严格执行国家建设征用土地的办法和国务院及革委有关基本建设节约用地的指示，坚决纠正片面强调建设需要，征好地，多征地和早征晚用的浪费土地的现象；严格掌握征用土地审批表手续；工厂、企事业单位和国家机关办生产基地不准占用生产队耕地，公社、社办企事业、生产大队、生产队及社会占地必须报县批准；对违反上述规定者，要查明责任，进行处理。3月，中共大宁县委根据地委指示精神，成立了查房领导组，集中时间、集中人员，对1975年以来机关干部私人建房情况进行全面清查。同时制定了农村建房规定。查明自1975年以来，全县机关干部在城镇建房的共183户。按省委5号文件规定分类，上述人员中属二类者17户、三类者166户，已退回多占地款3200余元。4月29日，中共大宁县委做出《关于城镇私建公助职工宿舍的暂行规定》（以下简称《规定》）。《规定》的主要内容是：县财政准备3年内安排5万元借给私人修建宿舍；私房公助对象限于持有城市户口的职工（其家属也是城市户口）并长期定居者；凡私人修建需公助者，由本人申请，单位签注意见，县上统一研究审定；公助费一般按照修建所需经费的 25%~30%，最多不得超过 1000 元；私建公助房屋所有权属个人所有，发给房室证。6 月 23 日，大宁县革命委员会作出《关于进一步管好城镇农村建房占地的补充规定》（以下简称《补充规定》）。《补充规定》的内容是：单位和个人建房原则上不得占用耕地；在城内修建者，必须按照总体规划进行；进一步严格审批手续；征用单位和个人必须付给生产队二至四年的产量费；凡要求修建的单位和个人没有批准文件，设计部门不准设计，施工单位不准施工。10 月 5 日，中共大宁县委召开常委会议，决定成立由县委副书记景致忠为组长的国家干部私人建房查处领导组，领导组下设办公室。

1981 年 1 月 10 日，中共大宁县委为了讲求实效，精简会议，节约开支，防止铺张浪费和形式主义，发出了《关于召开表彰大会有关事项的通知》。要求：各公社、各系统、各部局不得擅自召开表彰大会，不得发奖金、实物、纪念品和锦旗之类。1982 年 11 月 16 日，中共大宁县委制定出《关于党政领导干部改进工作作风的若干规定》（以下简称《规定》）。《规定》的主要内容有：正确执行党的路线、方针和政策，坚持党的原则，反对各种错误倾向，反对滥用职权谋取私利；严格执行集体领导和个人分工负责相结合的工作制度；大兴调查研究之风，坚持实事求是；加强自身建设；坚持接待群众的来信来访制度，搞好信访工作；大力精简会议、压缩文件；做好群众的思想政治工作；禁止各级干部到下属单位大吃大喝；各级领导同志要亲自动手起草讲话和报告稿。

1986 年 6 月 7 日，中共大宁县委、大宁县人民政府根据中发（1986）7 号和晋发（1986）13 号文件精神，结合本县实际情况，为迅速制止乱占耕地、滥用土地的现象下发了通知。7月31日，中共大宁县委、大宁县人民政府认真贯彻中共中央、国务院《关于加强土地管理、制止乱占耕地的通知》精神，纠正了92户乱批乱占耕地的行为，严肃处理了3期非法占地建房的案件。

1987年7月17日至10月17日，根据省、地委决定安排，从现在起到十三大召开前，对机关纪律进行一次全面整顿。整顿的指导思想是："四为主、三结合"，即：以正面教育为主、学习提高为主、自我教育为主、单位抓为主；单位抓与全面抓相结合、治标与治本相结合、解决问题与建立相应的规章制度相结合。整顿的主要内容：政治上的自由主义；工作上不负责任的官僚主义；思想以严重以权谋私为突出表现的极端个人主义。整顿的要求和标准是：单位的主要问题解决了、组织纪律整顿了、各行各业的职业道德标准制定出来了、工作秩序好了、环境卫生好了。整顿的方法是五个结合：整顿与学习结合、整顿与组织生活结合、整顿与目标责任制结合、整顿与职业道德教育结合、整顿与搞好爱国卫生结合。整顿的步骤：第一步是组织党员干部学习党的基本理论、党章等，提高认识，增强观念；第二步是对照检查；第三步针对存在问题，制定整改措施，并通过整顿，健全和完善各项规章制度。整顿共涉及县直机关九大口，即：县委办、组织部、宣传部、政法委、经委、财委、农委、政府办、人大、政协；75个单位2040人。县委书记杨家洪任纪律整顿组组长。在这次机关纪律整顿中，共查找出5类影响比较大的问题，即：大吃大喝、乱借公款、违反计划生育条例、聚众赌博、思想和纪律涣散。

第二节 组织学习
《关于建国以来党的若干历史问题的决议》

1981年6月27日至29日在北京举行。全会一致通过《关于建国以来党的若干历史问题的决议》。《决议》肯定了毛泽东的历史地位和毛泽东思想，实事求是地评价了中华人民共和国成立32年来的功过是非，彻底否定了"文化大革命"和"无产阶级专政下继续革命"的理论。《决议》充分肯定了党的十一届三中全会以来逐步确定的、适合我国国情的社会主义现代化正确路线、方针和政策。

1981年7月8日，中共大宁县委发出通知，要求全县共产党员，认真学习党的十一届六中全会通过的《关于建国以来党的若干历史问题的决议》。

8月6日至8月20日，中共大宁县委为了深入贯彻党的十一届六中全会精神，把广大干部群众的思想和意志迅速统一到中共中央《关于建国以来党的若干历史问题的决议》（以下简称《决议》）上来，同时也为了向广大群众宣讲《决议》培训骨干，举办了学习《决议》训练班，310人参加了学习班。

12月10日至14日，中共大宁县委集中培训宣讲《关于建国以来党的若干历史问题的决议》和完善农业生产责任制工作队，全县共抽出150名干部，参加了这次培训。参加培训的同志，认真学习了《决议》和省委《关于完善农业生产责任制的补充通知》以及省、地领导的讲话，从思想上进一步清除了"左"的影响，提高了政策水平。培训后这些同志将分赴各公社宣讲。

1982年1月，中共大宁县委派出宣讲团深入各公社、各大队，给广大人民群众宣讲《决定》，并就如何完善农村生产责任制进行宣讲，取得了很好的效果。

第三节　传达贯彻党的十二大精神和全面整党

传达贯彻党的十二大精神

在拨乱反正任务基本完成和改革开放初见成效的形势下，1982年9月，党的十二大召开，大会制定了全面开创社会主义现代化建设新局面的奋斗纲领，确定了从1981年起到20世纪末，分两步走，在20年内实现工农业总产值翻两番的目标。以党的十二大召开为标志，中国的改革开放全面展开。

9月20日，中共大宁县委发出《关于学习、宣传十二大文件的安排意见》（以下简称《意见》）。《意见》主要内容有：要以邓小平在十二大开幕词作为总的指导思想；详细安排学习、宣传十二大文件的时间、方法、步骤；加强学习、宣传十二大文件的组织领导。

为全面贯彻党的十二大精神，11月10日，中共大宁县委、大宁县人民政府制定出《1981年至2000年工农业总产值翻两番发展规划》（以下简称《规划》）。《规划》指出：根据党的十二大提出的"从1981年到本世纪末的20年，我国经济建设总的奋斗目标是，在不断提高经济效益的前提下，力争使全国工农业总产值翻两番"的宏伟目标要求，结合本县实际情况，经过综合分析、研究，确定了本县今后20年的总的奋斗目标是：到2000年实现"两个六千万"，即工农业总产值达到六千万元，粮食总量达到六千万斤。实现这个目标后，全县每人平均工农业产值将由 1980 年 280 元增加到 1000 元，粮食人均产量将由 1980 年的 680 斤增加到 1000 斤。1985 年 6 月 17 日，中共中央总书记胡耀邦同工业部长于洪恩、中共中央办公厅副主任杨德中等一行数人，由山西省委书记李立功、临汾地委书记杜五安、行署专员李振华陪同来大宁县视察工作。杨家洪、解学兵向胡耀邦汇报了大宁的工作。汇报结束后，胡耀邦和大宁四大班子领导一起合影留念。下午 4 时，胡耀邦一行离开大宁县前往吉县视察。

胡耀邦总书记视察大宁县极大地鼓舞了广大党员干部和人民群众建设社会主义现代化的积极性和创造性，也使全面学习贯彻党的十二大精神深入发展。

大宁县的全面整党

1983 年 10 月 11 日至 12 日，党的十二届二中全会通过了《中共中央关于整党的决定》，决定从 1983 年下半年开始，用 3 年时间对党的作风和组织进行一次全面整顿。整党的任务是统一思想，整顿作风，加强纪律，纯洁组织。全会要求全体党员要毫无例外地积极参加整党。

1983 年 10 月 18 日，中共大宁县委发出《关于组织广大党员认真学习二中全会文件的通知》（以下简称《通知》）。《通知》要求：要立即组织广大党员，特别是党员领导干部，认真学习，深刻领会，把学习《决定》作为推动各项工作的巨大动力；学习中要敞开思想，联系实际进行讨论，使广大党员充分认识这次整党的必要性和紧迫性；要通过学习提高思想觉悟，健全组织生活，纠正不正之风；学习《决定》要和学习《邓小平文选》紧密结合起来，同时也要学习《毛泽东同志论党的作风和党的组织》《十一届三中全会以来重要文献简编》等著作，以便提高广大党员对党的性质、纲领和任务的认识，提高对十一届三中全会以来党的路线、方针和政策的理解，提高整党的自觉性和积极性。

12月7日至12日，中共大宁县委召开公社副主任以上、县直副局长以上、行政21级以上党员干部300余人参加会议，用6天的时间传达贯彻了地委召开的县市委书记会议精神。会上传达了中央组织部李锐在清理"三种人"座谈会上的讲话、省委书记李立功、省委副书记李修仁在地市委书记会议上的讲话和地委书记杜五安在县市委书记会上的讲话。县委书记杨家洪就如何贯彻落实好地委会议精神和今冬明春工作作了具体部署；各常委、副县长作了发言。与会同志通过认真钻研文件，深入领会中央精神，紧密联系大宁县实际，进行了讨论，提高了认识，统一了思想，振奋了精神，鼓舞了干劲。

1984年4月27日，中央整党工作指导委员会发出《关于提倡如实反映情况的通知》（以下简称《通知》）。《通知》要求各级党组织要提倡、鼓励和支持广大党员、干部坚持实事求是的原则，以对人民高度负责的态度，积极地如实地向党组织反映情况，提出批评和建议。7月31日，中共中央发出《关于"清理三种人"若干问题的补充通知》，要求各地区、各部门，进一步开展清理工作，既要坚定，又要慎重，既不要漏掉，又不要扩大化，并具体规定了12条清理"三种人"的标准。

1985年11月3日，县委研究决定成立整党领导组。8日，本县整党工作开始，县委副书记吉勤仁在县委扩大会上作动员报告。11月17日，中共大宁县委召开县直机关整党动员大会，参加会议的有全体党员、干部和整党积极分子共1000余人。

1986年1月7日，《临汾日报》刊登题为《查"三款"抓"三清"，严党纪、正党风》的文章。介绍本县供销社在整党中边整、边改、见效快的情况。1月15日，大宁县五套班子成员举行联席会议。会议决定：16日至18日召开县委扩大会议，要求参加会议的领导成员普遍进行一次对照检查，把整党工作引向深入。1月16日至18日，大宁县委召开扩大会议。五套班子成员，副局级以上领导干部及同级调研员，退离休老干部160余人参加了会议。会上，县委副书记吉勤仁代表县委作了整党对照检查；县委书记杨家洪，县委副书记、县长解学兵分别作了个人对照检查。18日，县委召开了县直机关领导干部整党对照检查动员大会。县委书记、整党领导组组长杨家洪作了动员报告。3月12日，中共大宁县委召开县直机关参加整党的全体党员大会。县委书记、整党领导组组长杨家洪对全县4个多月的整党工作作了回顾总结，对下一步集中搞好整改和党员登记工作作了具体的安排部署。6月13日，中共大宁县委调整充实了整党领导组。6月20日，中共大宁县委作出《关于实现全县党风根本好转的规划》。6月22日，中共大宁县委根据省委的部署，对乡、村级整党作了安排部署。7月10日，中共大宁县委召开各乡镇书记及整党联络员会议。传达了王建功、王耕溪的讲话和地委整党工作会议精神，部署了本县乡镇整党工作。12月14日，中共大宁县委召开村级整党集训动员辅导报告会，县委书记杨家洪在会上作了长达4个小时的辅导报告，报告共讲了三个问题：要增强党性，提高党员素质；要更新观念，引深第二步改革；要解决问题，充分发挥党组织的作用。全县2000余名党员听取了辅导报告，从而有力地促进了整党工作的顺利进行。

第四章 在深化改革、治理整顿中前进

第一节　中共大宁县第五次代表大会的召开
和学习贯彻党的十三大精神

1987 年 10 月 12 日至 14 日，中国共产党大宁县第五次代表大会召开，大会听取和审议并通过了杨家洪代表中共大宁县第四届委员会所做的工作报告，听取并审议了李辅仁代表中共大宁县纪律检查委员会所做的工作报告，通过了相应的两个决议。按照党章规定，经过民主选举，产生了中国共产党第五届委员会和中国共产党大宁县纪律检查委员会。在五届一次全会上，选举杨家洪、柴建新、刘玉琪、段兰记、祁云峰、宁卫红、卫兰田、贺五生、李辅仁为常委。杨家洪为书记，柴建新、刘玉琪、段兰记为副书记。在县纪委一次全会上，选举李辅仁为纪委书记，刘玉生当选为纪委副书记。

1987 年 10 月 25 日，党的十三大在北京召开。10 月 25 日十三大召开的当天，县委就发出了《关于学习宣传十三大文件的通知》，对学习宣传十三大精神作了精心安排。县委、县政府先后召开了两次县直机关全体干部职工参加的千人大会。县委书记杨家洪作了辅导报告。全县各级党组织广泛组织各种形式的学习宣传活动，使十三大精神家喻户晓，深入人心。举办多种类型的培训班，使十三大文件的学习在全县分层次、分领域、有计划、有步骤的不断引向深入。开展了多渠道的社会协商对话活动，加深广大干部群众对十三大精神特别是初级阶段理论和党的基本路线的认识和理解。

第二节 稳定经济 深化改革

稳定农村经济

十三大前后经济形势总体是好的。但在加速发展的过程中也出现了一些问题。就大宁县来说，物价波动较大，通货膨胀加剧经济发展过热，农业特别是粮食生产缓慢，市场秩序混乱。在全国来讲也是一个共性问题。党中央和国务院对上述问题极为重视。1988年1月18日召开的全国农村工作会议明确提出："1988年我国经济工作的总方针是稳定经济，深化改革。"并提出，从国民经济全局看，稳定经济，首先要稳定农业，把农业切实提到重要位置上来。2月6日，中央政治局召开第四次会议，提出要全面理解和正确掌握进一步稳定经济、进一步深化改革的方针，以改革总揽全局。

根据中共中央、国务院1988年经济工作的方针，中共山西省委、山西省人民政府对全省稳定经济的工作作了相应的部署，主要是抓了农业的稳定工作。

1989年1月4日至10日，为了认真贯彻落实全国全省农村工作会议精神，中共大宁县委、大宁县人民政府组织了一次百人百村大调查。调查共收回各种调查报告25份，提出了各种建议和要求129条。1月21日至23日，大宁县农村工作会议召开。参加会议的有县五大班子领导、各乡镇党委书记乡镇长、分管农业的副乡镇长、各村支部书记、村委主任、县直副局级以上领导干部、农口副经理以上干部、

1988年农业生产先进单位和模范个人共500余人。会议的主要议题是：贯彻落实全国、全省农村工作会议精神，总结本县农村改革和农业发展的经验教训，讨论制定本县1989年农业生产的奋斗目标和措施。

1990年1月17日，大宁县制定《关于深化农村改革的实施意见》（以下简称《意见》）。《意见》要求继续深化农村改革，执行稳定的农村政策这一指示精神，实现我县"6665"工程，（6665即全县90年粮食总产6800万斤，棉花总产60万斤，油料总产600万斤，人均收入500元），人均建成二亩稳产高产田目标。《意见》要求全县齐动手、总动员，加强领导，振奋精神，克服困难，把深化农村工作引向深入，为夺取90年农业的全面丰收而努力奋斗。

1990年8月5日，中共大宁县委、大宁县人民政府作出《关于向小麦生产红旗单位新开坪村民小组学习的决定》（以下简称《决定》）。《决定》指出：从1984年以来，新开坪小麦生产持续增长，七年迈了七大步，是本县旱塬地区小麦平均亩产，人均占有产量最高的村组。县委、县政府要求：全县各村民委员会、村民小组和全县人民要广泛开展向新开坪村民小组学习的活动。

1991年1月5日，中共大宁县委、大宁县人民政府发出《关于1991年农业和农村工作的通知》（以下简称《通知》）。《通知》指出要抓好的10项工作是：认真贯彻中央19号文件精神，搞好以党支部为核心的村级组织建设；稳定完善家庭联产承包责任制，引导农村改革；开展农村社会主义思想教育活动；搞好总体规划，层层分解任务，实行奖罚兑现；正确处理粮棉生产的关系，大力发展棉花生产；大力发展经济林，走林业致富的路子；依靠科技兴农；扎扎实实搞好农田水利基本建设；下定决心抓好农村的计划生育工作；加强领导，搞好服务。

制定企业配套改革方案

1988 年 7 月，为进一步深化改革，进一步解放生产力，促进经济建设的发展，本着"解放思想，更新观念，转变职能，搞好服务"的原则，从实际出发，大宁县研究制定如何为企业改革搞好服务的改革方案。10 月 5 日，大宁县工商企业实行全员抵押承包。实行工商企业全员抵押承包是配套、完善、深化、发展承包经营责任制的良好途径，是深化企业改革的积极探索，是增强企业活力的最好形式。只有实行全员抵押，才能把大家的心真正捆在一起，才能使责、权、利真正融为一体，才能积极进行技术改造，更新设备、增加品种、提高质量，增加企业后劲，才能真正和厂长（经理）共担企业风险，携手并进，办好企业。

1990 年 1 月 15 日，中共大宁县委、大宁县人民政府出台《局长、厂长（经理）离任审计制度的决定》（以下简称《决定》）。《决定》共分四部分：实行离任经济责任审计制度的目的意义；离任审计的主要内容；实行离任经济责任审计的程序；加强领导，改进工作作风。9 月 8 日，中共大宁县委、大宁县人民政府出台《关于认真搞好工商企业二期承包，进一步稳定和完善承包经营责任制的实施方案》（以下简称《方案》）。

1991 年 1 月 8 日，中共大宁县委、大宁县人民政府作出《关于振兴本县工业的十条决定》（以下简称《决定》）。《决定》从加强对工业生产的领导、明确目标任务、激励机制、挖潜改造、双增双节、政策倾斜、安全生产、劳动竞赛等方面为我县工业求发展、上台阶奠定基础，也是大宁县工业进一步发展的政策措施。

1997 年 6 月 22 日，中共大宁县委、大宁县人民政府制定出《关于工商企业改制的实施方案》（以下简称《方案》）。《方案》对改制的指导思想和原则，改制方式和股权设置、方法步骤、配套政策、组织领导作了全面安排和部署。7 月 7 日，由西山 6 县工业副县长、经委主任参加的工业改革汇报会在大宁召开。行署副专员刘铁城、行署经委主任杨临生出席会议。会议听取了 6 县上半年关于改革的汇报，研究分析了企业改革过程中存在的问题。刘铁城强调指出：在改革的问题上，要增强内动力，找准突破口，选好适合大宁县的模式，加快企业改制步伐。

放宽政策，促进经济发展

1988 年 4 月 24 日，大宁县人民政府鼓励有一技之长、愿到企业和乡村搞开发的干部和科技人员离职去搞开发性生产，发展商品经济，尽快使大宁人民脱贫致富。离职到基层搞开发性生产期间，第一年的工资和其他待遇不变；第二年发给本人工资总额的 60%，其他待遇由本人所在单位负担；第三年按停薪留职对待。从下去之日，按合同规定的承包收入全部归个人所有。县乡有关单位要在资金和项目上，按有关规定给予支持。全民所有制单位的职工，也可参照本办法到基层搞开发性生产，同样给予政策优惠。

1992 年 5 月 1 日，中共大宁县委、大宁县人民政府制定出《关于进一步放宽政策促进经济发展的若干规定》（以下简称《规定》）。《规定》从放宽搞活、市场流通、企业改革、科技发展、党政干部等 5 个方面作了 23 条规定，为大宁经济发展奠定了政策依据。12 月 21 日，大宁县人民政府作出《关于促进经济上新台阶的意见》(以下简称《意见》)。《意见》提出了经济上新台阶的主要目标、战略方针和政策措施，要求各级党组织尽快转变职能，创造良好的条件，推动大宁经济再上一个新台阶。

1993 年 2 月 1 日，中共大宁县委提出《关于加强党的建设改善党的领导，促进大宁经济上新台阶的意见》(以下简称《意见》)。《意见》指出： 加强党的建设是大宁经济上新台阶的思想保证； 加强领导班子和基层党组织建设是大宁经济上新台阶的组织保证； 加强党风和廉政建设，切实转变作风，为大宁经济上新台阶提供了良好的作风保证；加强和改进宣传思想工作，为大宁经济再上新台阶大造舆论；加强民族法制建设，为大宁经济上新台阶创造稳定的社会政治环境；调动一切积极因素，为大宁经济上新台阶贡献力量。

1993 年 2 月 21 日，中共大宁县委发出《关于认真学习贯彻王茂林重要谈话的通知》(以下简称《通知》)。《通知》要求：各乡镇、县直各单位要集中四五天的时间，组织广大党员、干部认真学习讨论王茂林同志的重要谈话。通过认真学习讨论，进一步解放思想，转换脑筋，在新的高度上形成共识，把省委、省政府的要求变成广大干部、群众的自觉行动，把真抓实干、奋力拼搏体现在各项工作中；学习王茂林同志的重要谈话，要结合各自的实际，联系实际，边学边干。各乡镇、县直各单位一定要按照四干会提出的奋斗目标，做到责任到人，从领导到一般干部，人人头上有指标，有任务，有要求。抓紧时间，狠抓落实，通过真抓实干，加快综合改革步伐，使大宁县经济尽快跃上一个新台阶。

1993年7月24日，中共大宁县委七届二次全体委员会议通过了《关于大力兴办经济实体的决定》（以下简称《决定》）。该《决定》的目的是落实本县脱贫致富综合改革方案、减轻财政负担，为大宁县分流人员找出路。

1997年2月20日至21日，全县经济工作会议在县招待所2楼会议厅召开。参加会议的有县五大班子领导、县直各部、委、局、办的主要负责人，享受副局级以上待遇的企业厂长、经理、各乡镇党委书记、乡镇长、分管农业农村工作的副书记或副乡镇长、林业副乡镇长、办公室主任、各村党支部书记及在村挂职的干部、下乡工作队队员共计430人。会上，县委副书记、政府代县长刘明贵作了题为《求实创新，开拓进取，为建设经济特色县而努力奋斗》的报告。县委书记李建荣作了题为《把握大局，稳定脱贫，快奔小康，全力推动龙头产业特色县建设快速发展》的总结讲话。2月20日，中共大宁县委、大宁县人民政府制定出《大宁县1997年经济目标监测考核办法》，并成立了监测考核领导组，政府代县长刘明贵任组长。4月16日，大宁县召开第一季度经济工作兑现会。会上，听取了各职能部门第一季度工作情况汇报，肯定了成绩，分析了原因。会议提出了第二季度经济工作的6点要求。同时按照县经济监测考核办法，对完成任务好的财政局、国税局、地税局、农修厂、锅炉安装公司和二轻局给予通报表扬。5月7日，大宁县召开五大班子领导交账会。会议贯彻了全区第一季度经济工作分析汇报会和张国彦书记视察大宁的讲话精神。各位领导就自己主管、分管工作进行了汇报，对第一季度经济运行和重点工作中出现的新情况、新问题进行了认真的分析。会议决定组织工业、商业等部门的局长、厂长、经理到侯马、山东诸城进行参观学习，加大企业改革力度。

1997年5月上旬，大宁县根据地域优势和产业优势，调整产业结构，积极培育和发展"五龙产业（即：黄龙——玉米、白龙——棉花、绿龙——林果业、红龙——畜牧业、黑龙——煤炭）"，走"县上举龙头、乡镇建基地、基地连农户"的产业化道路，龙头产业特色的雏形逐步形成。地委书记张国彦予以充分肯定。5月20日至21日，全国人大常委李立功在原地委委员、组织部部长毛恩隆，地区政协工委主任黄登高的陪同下，在大宁考察工作。李立功一行在视察了世行项目太德工程、淀粉厂、农修厂、化工厂、矿泉水公司后，李立功指出：大宁世行项目规模大、进展快、质量高，应继续保持这种良好发展势头。在培育新的经济增长点方面，大宁新建的一批企业切合实际，规模较大，效益很好，应以此为龙头带动全县经济的快速发展。

第三节　深化改革中的党的建设

思想建设

1989年1月5日至9日，县委宣传部、组织部在三多乡开展党员冬训试点工作。党员冬训的指导思想是：学习党的十三届三中全会精神，以治理经济环境、整顿经济秩序、全面深化改革为中心内容，让广大党员了解十年改革的成就，当前经济生活中的突出问题和中央采取的方针、政策和措施，把成绩讲够，把困难讲透，把前景讲清，用正确的观点统一思想，同心同德完成党中央提出的关于治理经济环境、整顿经济秩序、深化改革的伟大任务。7月7日，中共大宁县委发出《关于加强和改进思想政治工作的意见》（以下简称《意见》）。《意见》的主要内容有：充分认识到加强和改进思想政治工作的重要性；从实际出发确定思想政治工作的具体内容；采取正确的方法措施，注重思想政治工作的实际效果。

10月4日，中共大宁县委办公室发出《关于学习贯彻好江泽民国庆讲话的通知》（以下简称《通知》）。《通知》指出：江泽民同志在庆祝中华人民共和国成立40周年大会上的讲话，坚持马列主义、毛泽东思想，遵循党的十一届三中全会和邓小平同志最近几次讲话精神，实事求是地回顾了中华人民共和国成立40年特别是十一届三中全会以来的经验，阐明了当前党和国家工作中需要特别注意统一认识等10个重要问题，是指导当前全党工作的纲领性文件。《通知》要求：各级党组织和全县共产党员要深刻领会讲话的实质，用讲话精神统一全县人民的思想，要联系自己的思想认识和本单位实际，澄清思想上的糊涂认识和模糊观念，统一认识，统一行动，振奋精神，努力工作，促进大宁县各项工作的深入开展。

1990年7月30日，中共大宁县委常委召开民主生活会，民主生活会的指导思想和中心议题是：以党的六中全会精神为指针，联系实际，回顾总结，肯定成绩，寻找差距，对县委重大决策问题，对每个常委的思想、工作、作风等方面的问题，特别对省委扩大会议提出的三件大事进行了对照检查，并提出了今后的改进措施。其特点是：严肃认真地对这次会议作了充分准备；实事求是地对县委工作成绩和问题进行了批评；诚心负责地开展了批评和自我批评；针对性地提出了今后改进的意见。

1991 年 7 月 4 日，中共大宁县委发出《关于认真学习<江泽民同志在庆祝建党七十周年大会上的讲话>的通知》。（以下简称《通知》）。《通知》指出：各级党组织充分认识学习讲话的极端重要性，组织全体党员干部认真学习，党员领导干部要以身作则，带头学习，做出表率。《通知》指出：要以江泽民讲话为思想武器，继续抓好"清房、纠正行业不正之风、整顿执法队伍"三件大事，进一步加强党风建设和廉政建设。《通知》要求县委宣传部要对全县副局级以上领导干部搞一次辅导；县委党校要对 89、90、91 年入党的新党员进行为期一周的培训；县委组织部、县直党委要采取召开座谈会、报告会等形式，对讲话精神认真学习和讨论，真正把大家的思想统一到江泽民总书记讲话精神上来。

组织建设

为进一步加强县直各大口党的建设，1991 年 7 月 27 日，中共大宁县委在县直机关建立了大宁县农业工作委员会、计划经济工作委员会、财贸工作委员会、文教卫生工作委员会、直属机关工作委员会。

1992 年 4 月 18 日，中共大宁县委、大宁县人民政府发出《关于进一步下放权力，健全乡镇职能的若干规定》（以下简称《规定》）。《规定》指出：县直有关部门设在乡镇的机构，除少数不宜下放的实行双重领导外，一般都要放在乡镇管理；下放干部管理权限。乡镇党委委员、乡镇政府正副乡镇长干部，由县委任免。其余干部的管理使用、奖罚由乡镇党委、政府研究决定，并报县委组织部备案；乡镇政府要建立健全财务管理制度，乡财政与县财政每年要签订收支合同，超收归己、亏损自补；乡镇党委委员、副乡镇长干部的工作实绩与经济效益挂钩；县直有关单位要根据本规定精神，认真落实，积极配合乡镇搞好工作。

1993 年 12 月 25 日，中共大宁县委根据省委组织工作会议精神，结合大宁各级党组织队伍思想状况，作出了《关于干部工作的若干规定》，提出了《关于加强县直机关、乡镇领导班子思想作风建设的意见》《关于加强农村基层党组织建设的意见》《关于加强事业党组织建设的意见》。

1994 年 5 月 25 日，经中共大宁县委常委会研究决定，撤销"大宁县计划经济委员会"，成立"大宁县计划委员会"和"大宁县经济委员会"。5 月 25 日，经中共大宁县委常委会议研究决定，成立"中国共产党大宁县政法工作委员会"。

1996 年 9 月 15 日，中共大宁县委决定对农村基层组织进行为期 80 天的集中整顿。整顿的范围是：全县 10 个乡（镇）党委、政府和 101 个农村党支部、村委会。整顿内容：乡（镇）要解决的主要问题是：班子软弱涣散，战斗力不强，工作你靠我，我靠你；不认真执行党的民主集中制原则，家长制，一言谈，一个人说了算；不重视农村基层组织建设，对农村班子不加强，不教育，任务完不成就调整，致使班子滑坡；不是任人唯贤，而是任人唯亲，致使能人无用武之地，庸人有机会可趁；财务管理混乱，经济手续不清，乱收、乱支、乱摊派，收款不打条，收款收粮打白条；乱用经济手段，完不成任务就扣工资，你扣工资我花摊派款，造成上下关系紧张；缺乏群众观念，不关心群众疾苦，不体察民情，不为群众办事；官僚主义严重，在其位不谋其政，失职渎职严重，忘记了自己是一名党员，一名干部，一级政府；以权谋私，违法违纪，乱拿乱要，用公款大吃大喝；不讲政治，不讲学习，不顾大局，钩心斗角，搞不团结；不坚持实事求是原则，浮夸乱报，以少报多，报喜不报忧，欺上瞒下；不坚守工作岗位，开会在机关，下乡就在家，从来不请假，机关办公室卫生无人管，杂草丛生，垃圾成堆；不安心基层工作。"身在曹营，心在汉"，没有长期工作思想，只是准备干一二年，镀镀"金"，所以思想上涣散，作风散漫，不求上进；没有事业心，缺乏责任感，工作没思路，没办法，没目标，上面推一推，下面动一动，不会创造性的工作；论资排辈思想严重，不求有功，但求无过，熬时间，混日子，等待提拔。农村要解决的主要问题是：班子软弱涣散甚至瘫痪，群众的事无人管，还谈什么致富奔小康，致使群众有事不找支部找大户，不找村长找族长；村干部办事不公，多吃多占多种，乱划院基，乱收摊派，乱发承包，乱卖集体财产；损公肥私，挥霍集体财物，甚至贪污贿赂，干群关系紧张；凭借势力，为所欲为，作风霸道，欺压百姓，群众敢怒不敢言；财务不公开，有事不研究，个人说了算，小问题不解决，大问题解决不了，不向上级反映，致使群众越级上告，问题成堆；拉帮结伙，争权夺利，不干工作的告干工作的，致使农村政权不稳；党员不发挥作用，有的还不如普通群众；除支部、村委外，其他组织名存实亡；村党支部没有阵地，不挂牌子，不挂党旗的问题。整顿的方案步骤：第一阶段：集中教育（10天）；第二阶段：对照检查（20天）；第三阶段：

整顿查处（20天）；第四阶段：建章立制（20天）；第五阶段：检查验收（10天）。为加强对农村基层党组织整顿工作的领导，县委建立工作责任制，县委成立农村基层组织建设领导组。在这次整顿中，县委要求：乡（镇）书记是第一责任人，支部书记是直接责任人；要加强督促检查；坚持群众路线；要精心组织，严格掌握政策。

1996年9月26日，中共大宁县委发出《关于加强基层党组织建设的意见》（以下简称《意见》）。《意见》要求：要充分认识加强党组织建设的重要性和迫切性；要进一步明确加强基层党组织建设的指导思想、奋斗目标；要加大对农村基层党组织进行集中整顿的力度；要落实责任，真正把加强基层党组织建设任务落实到人，落到实处。

制度建设

1989年4月15日，中共大宁县委组织部出台了《关于干部管理权限的意见》（以下简称《意见》）。《意见》使本县干部管理纳入规范化、制度化轨道。8月30日，为了认真贯彻落实党的十三届四中全会精神，切实加强党政机关的廉政建设，做到领导率先垂范，经常委会讨论并广泛征求意见，中共大宁县委制定出《大宁县县级干部工作守则》，该守则共10条。

1990年6月16日，中共大宁县纪委作出《关于对同级党委及其成员实行监督的决定》。7月3日，中共大宁县委认真贯彻省委五届九次全委扩大会议精神，会议要求全县各级党组织全体党员干部群众掀起认真学习省委扩大会议文件精神的热潮，特别是各级党政机关、领导干部要联系实际边学边改，县上成立清房和制止"三乱"领导组和办公室，纪委、计划、财政、物价、审计、税务监察等部门密切配合、协同作战，对全县的"三乱""干部违法建房"等问题进行监察检查，制定措施，严格管理，对群众揭发、举报的案件及时核实，认真查处，保证省委会议精神的贯彻落实。

1991 年 5 月 15 日，中共大宁县委发出《关于压缩会议、精简文件的通知》（以下简称《通知》）。《通知》就压缩会议、精简文件、减少事务性活动、严格工作程序、狠抓落实等问题作了说明，要求县直各部委、党组、党委及乡镇党委，认真执行，提高办事效率。

1994 年 7 月 4 日，中共大宁县委制定出《关于领导干部在公务活动中轻车简从、接待从简的实施方案》（以下简称《实施方案》）。《实施方案》共 6 条，即：不搞层层陪同；不能超标接待；县级领导干部一般不参加各种剪彩；不准超标准住宿；不得用公款请客送礼，不得收受下级单位和个人馈赠的礼品、礼金，不得接受和索要土特产；各级领导干部要廉洁自律、勤政为民，不得违反上述规定，如有发现，严肃查处。

1996 年 6 月 26 日，中共大宁县委、大宁县人民政府制订了《关于加强工作纪律的若干规定》（以下简称《规定》）。该《规定》共 7 条：严格上下班制度；严格值班制度；严格请销假制度；严格工作报告制度；严格工作程序；严格公务活动制度；严格监督检查。

1997 年 4 月 3 日，中共大宁县委发出《关于在全县基层党组织中开展"争先达标创五好"活动的意见》（以下简称《意见》）。《意见》的主要内容有：一是制定目标，搞好规划；二是精心组织，分级负责；三是严格标准，分类指导；四是加强监督，奖优罚劣。

党纪政纪和党风廉政建设

1988 年 3 月，大宁县人民政府监察局成立，它是县政府负责监察工作的专门机构，受县政府和临汾地区行署监察局的双重领导。监察的对象是县政府各部门及其工作人员、各乡镇主要负责人及其工作人员和所属企业、事业单位中由国家行政机关任命的领导干部。后监察局与县纪委合署办公。2017 年 3 月，大宁县监察委员会（以下简称监委）成立，县监委为副县级领导机构，直接受县委、县人大常委会领导，并向其报告工作。

1989 年 1 月 23 日，中共大宁县纪委转发国务院《国家行政机关及其工作人员在国内公务活动中不得赠送和接受礼品的规定》，要求认真学习、贯彻执行，严肃政纪，保持行政机关及其工作人员的廉洁。

1990 年 9 月 18 日，为了认真贯彻落实省委〔1990〕31号文件精神，根据地委清房工作会议精神，经大宁县五大班子联席会研究，制定了清房工作 10 条硬措施。

1993 年 9 月 20 日，中共大宁县委召开反腐败斗争动员大会，县纪委书记曹万武传达了省纪委第五次全会精神和地区反腐败斗争动员大会精神，县长李建荣代表县委、县政府提出了《关于贯彻省委、省政府深入开展反腐败斗争的实施意见》、县委书记柴建新按照常委会讨论意见，讲了三个问题：统一思想、端正态度，充分认识反腐败斗争的重大意义；突出重点、把握政策，坚决认真地开展反腐败斗争；切实加强对反腐败斗争的领导，一级抓一级，层层抓落实。

9 月 24 日，中共大宁县委、大宁县人民政府作出了《关于党政机关局级以上领导干部廉洁自律的若干规定》。

10 月 16 日，中共大宁县委作出《关于严禁婚丧嫁娶大操大办的规定》（以下简称《规定》）。《规定》指出：婚丧嫁娶必须申报，副局长以上干部申报要经所在单位和工委签注意见向县纪委申报，其他干部申报表由其单位领导签注意见向所在工委申报。申报办事时，要如实申报办事的时间、地址、管事人、办事形式、规模、动用车辆等情况，经审查批准后才可举行。县级干部不准参与社会上的婚丧嫁娶，科级干部不得在社会上举办的婚丧嫁娶中当总管。不得在机关学校办公地方举办婚丧事和祝寿，不得动用机关的办公用具和学校的桌凳。婚丧嫁娶用车要严格控制，迎亲送女小车不得超过三辆，凡动用公车的一律按规定付款。不准发请帖，四处搞口头通知，自觉严格控制规模，大力提倡从简办事，对于执行好的，有关部门要宣传、要表扬。不准在县城主要街道和公共场所搞鼓乐喧闹，燃放鞭炮，要遵守公共秩序。执行上述规定，主事人的单位领导要掌握情况，做好工作，不能采取视而不见的态度，经做工作仍令不行、禁不止的要严肃处理。

1995 年 5 月 21 日，中共大宁县委决定成立清房办公室、国有企业领导干部廉洁自律办公室和反对铺张浪费办公室，同时公布了办公地点和联系电话。6 月 28 日，大宁县召开县委常委、政府副县长民主生活会。地纪委委员师如江、陆建平，各工委书记、部分乡镇书记以及人大、政协、纪委主要领导和离休干部列席了会议。参加会议的 13 人。会议的主要议题是：以中纪委五次会议精神为指针，按照中纪委"两个五条"自查自纠情况进行"回头看"，重点对照今年中纪委五次全会和省纪委八次全会提出关于党政机关县处级以上领导干部廉洁自律的6条补充规定，逐条对照自查，提出切合实际的整改措施。

1997年4月15日，中共大宁县委召开了全县党建工作会议暨反腐败斗争动员大会。参加这次会议的有：县委常委、县直各工委、党组、党委、总支、支部书记（包括各类企业）、各工委分管党建工作的副书记、纪检书记、组宣委员、局级单位的一把手、各乡镇党委书记、分管党建工作的副书记、纪检书记、组宣委员，共计260人。会上，县委副书记李文生作了题为《抓党建，促攻坚，全力推动我县经济工作再上新台阶》的专题报告。县委副书记、纪委书记曹万武在反腐败斗争动员大会上作了重要讲话，通报了1996年反腐败工作情况，安排部署了反腐败工作的主要任务。县委副书记政府县长刘明贵作了重要讲话。最后，县委书记李建荣就加强党的思想、组织、作风、廉政建设方面作了阐述。大会还对1996年党建工作先进集体和精神文明建设先进典型进行了表彰。

1998年12月28日，中共大宁县委、大宁县人民政府发出《通知》，要求各级党委、政府、县直各部、委、办、局，认真学习贯彻中共中央国务院《关于实行党风廉政建设责任制的规定》（以下简称《规定》）。县委指出：《规定》是党中央、国务院为维护和推进改进、发展、稳定大局，在社会主义市场经济条件下，进一步加强党风廉政建设，深入开展反腐败斗争的一项重大举措，也是贯彻落实邓小平关于依法治党、治国思想，不断加强党内法规建设，从制度上保证各级领导班子和领导干部对党风廉政建设和反腐败斗争切实负起责任的具体表现，从此全县上下掀起了一个学习贯彻《规定》的热潮。

第四节　中共大宁县第六次代表大会召开

1990 年 3 月 28 日至 30 日，中国共产党大宁县第六次代表大会在县城影剧院召开，参加这次代表大会的有 207 名代表，代表着全县 2964 名党员。大会听取并审议了柴建新代表县第五届委员会所作的题为《团结进取，努力工作，夺取我县两个文明建设的新胜利》工作报告；听取并审议了曹万武代表县纪律检查委员会所作的工作报告；通过了相应的两个决议；选举产生了中共大宁县第六届委员会和纪律检查委员会。在六届一次全会选举产生了 9 名常委，他们是：柴建新、段兰记、李建荣、李文生、祁云峰、贺五生、蔡茂生、曹万武、高俊合。柴建新当选为书记，段兰记、李建荣、李文生当选为副书记。在县纪委一次全会上，曹万武当选为纪委书记，刘玉生当选为纪委副书记。

8 月 10 日至 11 日，中共大宁县委六届二次全委（扩大）会议召开。参加这次会议的有全体县委委员、候补委员、人大、政协的党员领导干部、纪检委常委、县直各单位负责同志共 100 余人。会议的中心议题是：进一步贯彻落实省、地委扩大会议精神，研究加强本县基层党组织和村民委员会建设问题。会议审议并通过了《大宁县委关于加强党的建设的决定》《大宁县委关于加强村民委员会建设的决定》《大宁县委关于认真搞好治理三乱、清房、严打工作的决定》《大宁县委关于建立干部理论学习制度的决定》

1991 年 4 月 15 日，中共大宁县委召开了六届三次全会（扩大）会议。参加会议的有县委委员、候补委员、各乡镇党委书记、县直部、委、局、办的主要负责同志、人大常委会主任、政协主席共计 42 人。会议的中心议题是：讨论《大宁县委关于制定国民经济和社会发展十年规划和"八五"计划的建议（草案）》和《大宁县关于教育管理体制改革的意见（草案）》。

1992 年 1 月 8 日至 10 日，中共大宁县委召开六届四次全体（扩大）会议。参加会议的有县委委员、候补委员、人大正副主任、政协正副主席、各乡镇书记、乡（镇）长、人大主席、纪检书记、武装部长、县直各工委、党委正副书记、各部、委、局、办主要负责同志，共计 198 人。会议的中心议题是：传达贯彻中央八中全会和省委六届二次全体（扩大）会议精神，部署 1992 年全县的农业和农村工作、增补和递补县委委员。

4 月 29 日，中共大宁县委召开了六届五次全体（扩大）会议，参加会议的有县委委员、候补委员、人大正副主任、政府副县长、政协正副主席、纪检委副书记、各工委正副书记、县直各部、委、局、办主要负责人，共计 137 人。会议的主要任务是：进一步用邓小平同志的重要谈话精神统一思想，提高认识，加快大宁县综合体制改革步伐。中心议题是：研究讨论《大宁县县级机构改革的实施方案（讨论稿）》和《中共大宁县委、大宁县人民政府关于进一步放宽政策，促进经济发展的若干规定（草案）》。5 月 1 日，中共大宁县委、大宁县人民政府制定出台了《大宁县县级机构改革试行方案》（以下简称《方案》）。《方案》规定：县级党政群机构由目前的 80 个精简为 27 个，精简率为 66.3%；县级党政群干部由目前的 882 人精简为 400 人，精简率为 54.6%；

到"八五"期末，全县财政供养人数由现在 3470 人减少到 1924 人，精简率为 41.7%。

第五节 学习贯彻邓小平南方谈话 和党的十四大精神

1992 年 3 月 9 日，中共大宁县委发出《关于学习贯彻中共中央〔1992〕2 号文件的通知》（以下简称《通知》）。《通知》指出：中共中央〔1992〕2 号文件印发了《邓小平同志在武昌、深圳、珠海、上海等地的谈话要点》，《通知》提出了学习《谈话》的方法和在学习中要解决的几个重要问题，要求全县各级党组织和全体共产党员要把思想和行动统一到《谈话》精神上来，进一步加大全县经济建设和改革开放步伐。

1992 年 10 月，中国共产党第十四次代表大会召开。会议明确提出我国经济体制改革的目标是建立社会主义市场经济体制。邓小平"南方谈话"和党的十四大成为我国社会主义改革开放和现代化建设进入新阶段的标志。

会议期间，中共大宁县委组织全县党员干部收听收看大会实况。会议结束后，县委发出认真学习党的十四大精神的通知。全县掀起学习贯彻党的十四大精神的热潮。

第六节 中共大宁县第七次代表大会 召开和学习贯彻党的十四届四中全会精神

1993 年 4 月 29 日至 30 日，中国共产党大宁县第七次代表大会召开。出席会议的代表 218 名，代表全县 3224 名党员。列席代表 78 名，特邀代表 9 名，会议听取、审议并通过了柴建新代表中共大宁县委第六届委员会作的题为《发扬创业精神，加快改革步伐，为我县经济再上新台阶而努力奋斗》的工作报告，曹万武代表县纪律检查委员会向大会作了工作报告。选举产生了中共大宁县第七届委员会和纪律检查委员会。在七届一次全会上，选举产生了 9 名常委，他们是：柴建新、李建荣、李文生、张予力、曹万武、蔡茂生、牟来新、单林生、高俊合。柴建新当选为书记；李建荣、李文生、张予力、曹万武当选为副书记。在县纪委一次全会上，曹万武当选为纪委书记，许福堂、贺志莲、杨顺生当选为纪委副书记。

学习贯彻党的十四届四中全会精神

1994 年 9 月 25 日至 28 日，中国共产党十四届四中全会在北京举行。会议集中讨论党的建设问题，通过《中共中央关于加强党的建设几个重大问题的决定》。10 月 11 日，中共大宁县委发出《关于学习贯彻党的十四届四中全会精神的通知》（以下简称《通知》）。《通知》要求：要精心组织好学习贯彻；要广泛开展调查研究，摸索和总结新形势下党建工作的新经验；要认真进行对照检查，提出改进的意见和办法；要健全完善制度，加强和改进党的建设，认真抓好制度建设；要以四中全会精神为动力，促进经济发展和各项工作。

11 月 7 日至 8 日，中共大宁县委第七届委员会第三次全体（扩大）会议召开。会议的主要议题是：传达贯彻中共中央十四届四中全会精神和省委六届八次会议精神，研究大宁县加强党的建设的措施。县委书记柴建新代表七届县委作了题为《从严治党，狠抓落实，努力把我县党的建设提高到一个新水平》；县委副书记、县长李建荣通报了今年前 10 个月的经济工作，并就后两个月以及明年的工作作了安排；政府副县长祁云峰专门就计划生育工作作了发言。会议审议并通过了县委《关于加强和改进党的基层组织建设的意见》，讨论通过了《县委常委会职责》《县委全委会职责》和《县委常委报告、议事制度》。会议决定今冬明春集中时间对农村基层党组织进行整顿。

第七节　建立社会主义市场经济

学习贯彻《中共中央关于建立社会主义市场经济体制若干问题的决定》。

中共十四届三中全会于 1993 年 11 月 11~14 日在北京举行。全会通过了《中共中央关于建立社会主义市场经济体制若干问题的决定》，把党的十四大确定的经济体制改革的目标和基本原则加以系统化、具体化，是中国建立社会主义市场经济体制的总体规划。

1993 年 11 月 23 日，中共大宁县委向全县各级党组织发出《认真学习贯彻党的十四届三中全会建设的通知》（以下简称《通知》），《通知》要求把十四届三中全会公报和《中共中央关于建立社会主义市场经济体制若干问题的决定》的学习，提上重要议事日程，并结合《邓小平文选》的学习深刻理解社会主义市场经济的含义，进一步明确我国现阶段经济建设的形势和任务；《通知》指出：十四届三中全会通过的《中共中央关于建立社会主义市场经济体制若干问题的决定》，是一个战略决策，是 90 年代进行经济体制改革的行动纲领。

开创全县经济工作新局面

1994 年 1 月 31 日，中共大宁县委确定 1994 年工作的指导思想是：以建立社会主义市场经济体制为目标，把握改革和发展机遇，抓好小康示范乡、示范村建设，积极引导农民，大力发展高产优质高效农业，进一步调整产业结构，进一步加速乡镇企业的发展，增加农民人均收入；加快工商企业机制转换步伐，最大限度地发挥企业的经济效益，在重点搞好化工厂股份公司组建的同时，在有条件的企业逐步实现股份合作制；要大力加强第三产业和个体私营企业的发展；要搞好财税、金融等项改革的宣传、培训工作，有重点、有步骤地对干部进行培训，以适应改革新形势的需要。

1995 年 2 月 23 日至 24 日，大宁县召开实现"18518"目标动员大会。会议的议题是：以党的十四届三中、四中全会为指针，认真贯彻落实全省经济工作会议和全区实现"871369"目标动员大会精神，回顾总结 1994 年，安排部署 1995 年工作。县委副书记、县长李建荣代表县委、县政府全面总结了 1994 年工作，阐明了全县经济工作的总体思路，提出了"18518"奋斗目标，即：国内生产总值达到 1.1亿元，粮食总产量达到 8000 万斤，财政收入达到 500 万元，工农业产值实现 1 亿元，工业实现利税 1000 万元，流通企业实现利税 100 万元，农民人均纯收入 850 元。会议对在 1994 年工作中作出突出贡献的先进单位和模范个人进行了表彰。县委书记柴建新在会上作了题为《齐心协力，真抓实干，积极打好我县经济建设攻坚战》的重要讲话。

1996 年 3 月 3 日至 4 日，大宁县进军"九五"动员大会在县招待所会议厅举行，参加会议的有县五大班子全体成员、各乡镇党委书记、乡镇长、各村党支部书记、县直机关副局级以上干部、下乡工作队队员、农业、工业、财贸、教科文卫系统的站长、厂长、经理参加了会议。县委副书记、政府县长李建荣作了题为《抓住发展机遇，实施赶超战略，为实现兴宁富民的跨世纪目标而奋斗》的讲话。会上，表彰了 1995 年全县各条战线涌现出来的先进单位和模范个人。

1997 年 2 月 20 日至 21 日，全县经济工作会议召开。会上，县委副书记、政府代县长刘明贵作了题为《求实创新，开拓进取，为建设经济特色县而努力奋斗》的报告。县委书记李建荣作了题为《把握大局，稳定脱贫，快奔小康，全力推动龙头产业特色县建设快速发展》的总结讲话。2 月 20 日，中共大宁县委、大宁县人民政府制定出《大宁县 1997 年经济目标监测考核办法》，并成立了监测考核领导组，政府代县长刘明贵任组长。

第五章 中国特色社会主义的跨世纪发展

第一节 深入学习贯彻党的十五大精神

1997 年 9 月 12 日至 18 日，党的十五大在北京召开。大会回顾了即将结束的 20 世纪中国的历史，确立了 21 世纪我国的战略目标和任务，即在第一个 10 年，实现国民生产总值比 2000 年翻一番，使人民的小康生活更加宽裕，形成比较完善的社会主义市场经济体制；再经过 10 年的努力，到建党 100 周年时，使国民经济更加发展，各项制度更加完善；到 21 世纪中叶，中华人民共和国成立 100 周年时，基本实现现代化，建成富强民主文明的社会主义国家。大宁县广大党员干部收听收看了党的十五大实况。22 日，县委发出《关于认真学习贯彻党的十五大精神的通知》。

1997 年 11 月 18 日至 12 月 5 日，中共大宁县委分 3 期对全县副局级以上领导干部进行了培训，内容是江泽民总书记在党的十五大所作的报告和新党章。

1998 年 10 月 13 日，中共大宁县委发出《关于在全县深入学习邓小平理论的通知》（以下简称《通知》）。《通知》要求：深入学习邓小平理论，要在全面正确理解和掌握邓小平理论的科学体系和精神实质上下功夫，把思想和行动统一到党的十五大精神上来；要深入学习邓小平关于改造主观世界的论述，进一步加强以讲学习、讲政治、讲正气为主要内容的党性党风教育；要认真研读《邓小平文选》原著并根据工作实际选择邓小平的专题思想论集进行学习，提高解决实际问题的能力；切实加强中心组学习；要建立健全干部自学制度；要继续在广大党员中开展学邓小平理论、学党章的双学活动，使之经常化、制度化；严格执行省委组织部对干部理论学习考试考核的有关规定；切实加强对理论工作的领导。

第二节　继续推进全县经济工作

1997年9月30日，中共大宁县委、大宁县人民政府召开1~3季度经济工作汇报会。在听取了各单位的汇报后，县委书记李建荣就如何实现经济工作全年"满堂红"提出具体意见，并强调要结合年初定的目标工作责任制和考核办法，严格奖惩制度。

1998年1月8日，中共大宁县委、大宁县人民政府发出《关于1998年大力发展工业经济的实施意见》，确定了今年重点抓好四个方面的工作：进一步深化改革，全面创新企业产权制度；以销促产，在产品销售上下功夫；积极开展"三引一挂"工作，增强企业发展后劲；加强宏观调控，为企业发展创造一个宽松的环境。

1月8日至9日，中国共产党大宁县第七届委员会第五次全会在县城召开。会上，县委副书记杨玉龙传达了孙文盛省长在全省经济工作会议上的讲话，县委副书记、县长刘明贵作了《关于制定1998年国民经济和社会发展计划建议的报告》，县委副书记、组织部部长蔡茂生传达了省委胡富国书记在全省经济工作会议上的讲话精神，县委书记李建荣作了重要讲话，其主要内容是：认清形势，抓住机遇；围绕目标，抓住重点；围绕核心，明确责任。

2月12日，中共大宁县委、大宁县人民政府召开全县经济工作会议。会议对全县的经济工作提出了五点要求：靠产业化的形成推动农村扶贫攻坚进程；靠企业改制来提高工商企业效益；靠对外开放扩大拓宽主导产业的市场；靠科技教育投入加快科教兴县的步伐；靠社会治安稳定确保经济建设的发展。

4月28日，大宁县人民政府转发了人民银行大宁县支行《关于积极支持企业改制工作，切实保全信贷资产的意见》。

9月17日至18日，中共临汾地委书记杜玉林来大宁考察，他先后考察了本县化工厂、农修厂、矿泉水公司、农田水利基础建设示范区，对大宁县在经济建设中取得的成绩给予了充分肯定，并对以后的工作提出了指导性意见：围绕经济工作，进一步解放思想，增强团结；抓骨干企业，扩大再生产，进一步拓宽市场领域；进一步加强主导产业的规模化发展，在保证产量的前提下，争取质量突破实效。

1999年1月1日，中共大宁县委、大宁县人民政府发出《关于贯彻<中共临汾地委、行署关于抓好打基础、调结构、治环境三件大事的决定>的实施意见》（以下简称《意见》）。《意见》指出在今后及相当一段时间内的工作重点为：加强基础建设，改善发展条件；调整优化结构，推进产业升级；加强治理，改善环境。提出的主要措施是：转变思想观念，把发展非国有经济作为振兴大宁的聚焦点；转变政府职能，把该管的管好，该放的放开；转变增长方式，把推进技术进步贯穿于经济发展的整个过程；转变投资机制，把资金渠道进一步拓宽；转变用人导向，把各方面优秀人才重用起来；转变工作作风，把领导精力集中到谋大事，办实事上来。1月中旬，中共临汾地委抓好三件大事的决定出台后，大宁县制定出落实《决定》的措施，具体内容是：根据临汾地委重点建设昕水河流域水果基地的要求，确定了"东部核桃西部枣，优质水果乡乡搞"的发展目标，年内发展5万亩；大力发展小尾寒羊，年内再发展5000只，建设小尾寒羊基地县；根据地委组建壶口酒业集团的要求，重点抓好矿泉水厂的扩大再生产，对矿泉水厂实行了外联措施，确定了由北京知青抓外销，太原技术人才搞内部承包的经管机制，力争年内创品牌。

2月中旬，大宁县提出了"运行好在建项目，争取好新建项目"的新目标。具体内容是：运行好正在实施的生态经济项目、世行项目、以工代赈项目、扶贫项目，科学规划，合理安排，规范管理，认真实施。争取好新建项目就是要在1999年申报争取柏树建设项目、经济林县建设项目、塑料系统产品项目、有机肥项目。

2月24日，中共大宁县委、大宁县人民政府发出《关于进一步加强农业和农村工作的意见》(以下简称《意见》)。《意见》主要内容有：继续调整农业结构，大力发展农村产业经营；用好项目款，尽快治四荒，建设基本田，致富奔小康，从根本上改善生态环境和农业生产条件；坚持实施科教兴农战略，提高农业和农村经济技术水平；以上台阶、上水平为重点，推动乡镇企业"二次"创业；加强农村精神文明建设，促进社会全面发展。

3月3日，中共大宁县委、大宁县人民政府召开经济工作会议，认真安排部署了1999年的经济工作，并明确提出全县1999年经济工作和社会发展的奋斗目标：国内生产总值达到1.41亿万元，增长8%；粮食总产量稳定在35000吨左右；工业增加值1210万元，增长6%；乡镇企业增加值达到1300万元，上缴税金40万元，增长10%；财政总收入达到800万元，增长15.6%；农民人均纯收入达到1250元，增长5.4%；城镇居民人均可支配收入2800元，增长12.6%。

3月5日，中共大宁县围绕地委、行署提出的"三件大事"，全面确定并大力实施开展"一项活动"（项目年活动）、发展"三大产业"（红枣、畜牧、烟叶）、实施"三优战略"（培养优势企业、优势产品、优秀企业家）、抓好"两个先导"（科技、教育）、打好"一个基础"为主要内容的"13321"工程。

3月9日，大宁县为了振兴全县的工业经济，推动经济持续、稳定、健康发展，确定并大力实施工业经济"12345"工程。该工程的具体内容是：在今后三年时间内，开发一个东川工业小区，培养两个利税500万元以上的企业，大力实施"三优"战略，组建4个企业集团，培养5户年销售收入500万元、利税100万元以上的企业。

3月上旬，大宁县围绕科技兴企的原则，从提高企业管理人员、技术人员的技术水平和科技素质出发，进一步加深振兴企业的"三引三挂钩"活动，即鼓励企业引进技术、引进人才、引进资金，与大专院校、科研单位、大企业大集团挂钩，科技人员到企业挂职锻炼。

2000年2月24日，中共大宁县委、大宁县人民政府召开全县经济工作会议。会上，县委副书记、政府县长刘明贵作了《奋发进取，扎实工作，夺取今年经济工作的全面胜利》的报告；对1999年度各项工作中涌现出的先进单位和重点工作中做出较大贡献的先进个人予以表彰奖励；县委书记李建荣作了《锐意进取，大胆创新，努力实现二十一世纪大宁经济全面振兴》的报告。4月10日，大宁县人民政府召开全县工业经济会议。与会人员认真学习了县委、县政府《关于加强工业企业管理，提高经济效益的实施意见》；政府副县长贺金成做了《调整结构，强化管理，努力提高我县工业经济效益》的报告；会议对获得1999年度优秀厂长（经理）、劳动模范、先进工作者颁发了荣誉证书和奖品；贺金成副县长代表政府与各主管局负责人签订了责任书。

4月26日，中共山西省委副书记、省长刘振华一行，在临汾地委书记杜玉林、行署专员樊纪亨的陪同下来大宁考察工作。县委书记李建荣、政府县长刘明贵陪同考察。刘明贵汇报了大宁县的基本情况和发展思路。刘振华详细询问了大宁县的企业发展和改制情况并考察了大宁县众康食品公司。

5月16日，县委、县政府召开全县经济工作分析会议。会议中心议题是：传达贯彻全区经济工作分析会议精神，加大产业调整力度，认真分析当前经济形势，安排部署第二季度工作。会上，政府副县长祁云峰安排当前农业生产；县委副书记、代县长王林传达地区经济工作分析会议精神；县委书记杨玉龙就做好今后的工作发表了热情洋溢的讲话。21

日，县委、县政府召开全县经济工作会议。县工业局、二轻局、城建局、乡镇局等单位领导分别汇报了1~4月份工业生产完成情况；经委主任冯玉生汇报了1~4月份全县工业生产情况；政府副县长贺金成做了《奋战四十天，实现双过半》的报告；县委书记杨玉龙，县委副书记、政府代县长王林到会并分别作了重要讲话。

6月19日，县政府召开工业系统管理效益年现场会议。会上，黄河总公司、煤矿、华康公司、绿源公司的负责人，向会议汇报了本单位的生产经营、管理效益等情况；经委主任冯玉生就4个典型发言进行了总结；政府副县长贺金成到会并做了重要讲话。

2001年2月19日，大宁县经济工作会议召开。会议的主要议题是：认真贯彻落实全国农村工作会议、全省经济工作会议和市第一届第一次人民代表会议精神，总结回顾2000年全县的经济工作；表彰奖励各条战线上涌现出来的先进单位和模范个人；安排部署2001年各项工作，动员全县广大人民群众，振奋精神，坚定信心，群策群力，共谋发展大计。县委副书记、县长王林作了题为《振奋精神，突出发展，为建设绿色新大宁而努力奋斗》的经济工作报告；县委书记杨玉龙作了题为《围绕一个题，铆足一股劲，更新观念，为跻身全市先进县市行列而奋斗》的重要讲话。

3月22日，大宁县工业经济工作会议召开，会议总结回顾了2000年全县工业经济工作，确定了2001年工业经济的主要任务和奋斗目标。会上，政府副县长贺金成就本县工业经济如何发展壮大的问题作了重要讲话。会议表彰了2000年工业经济工作中涌现出的先进单位、先进班组和先进工作者。

5月24日，大宁县召开经济工作暨民营经济发展动员大会。会上，王林客观分析了2001年大宁县第一季度的经济运行形势，对当前农业和农村工作，工业经济工作，财贸工作提出了新的要求。杨玉龙全面总结了大宁县召开发展经济和发展民营经济工作会议的重要性和必要性。贺金成传达了全省经济工作会议和全省乡镇企业工作会议精神。姚如意宣布了大宁县2001年主要经济指标责任制分解情况。

2002年3月3日，大宁县工业经济工作会议召开。会上，县经委主任冯玉生作了《求实创新鼓干劲，争先赶超谋发展，全面完成2002年工业经济工作任务》的动员报告；政府党组成员、政协副主席贺寅生，县委副书记、政府县长王林先后作了重要讲话。

8月8日，大宁县召开上半年经济工作分析会。会上，县委副书记、政府县长王林就上半年的经济工作进行了认真分析和总结，对下半年的经济工作进行了安排部署；政府副县长贺建新就上半年的农业和农村经济工作进行了总结，对下半年的农村经济工作进行了安排。

经过全县干部群众的共同努力，到2002年12月，全县国内生产总值完成1.49亿元，同比增长16.8%；农业总产值完成7349万元，同比增长43.3%；粮食总产量达到2.3万吨，同比增长107.1%；农民人均纯收入1004元，同比增长17.8%；工业企业总产值完成6828万元，同比增长11.2%；工业增加值完成2573万元，同比增长22.2%；工业企业实现利税1122万元，同比增长19.5%；财政总收入完成1015万元，同比增长25.6%；城镇居民可支配收入达到4490元，同比增长 16.7%；乡镇企业增加值完成 2677 万元，同比增长 27.5%；乡镇企业上缴税金 91 万元，同比增长 7.1%。GDP 增速比上年提高 13.8 个百分点。

第三节　减轻企业、农民负担与加速发展个体私营经济

减轻企业、农民负担

1997 年 9 月，大宁县人民政府成立治理"三乱"办公室，采取有效措施，减轻企业负担，具体办法是：主要领导亲自抓；调查摸底，对企业和收费单位进行清查，摸清情况，寻找问题；清理整顿，对存在"三乱"问题的部门和单位进行查处整顿；建章立制，建立一套严格的监督制度，确保治理"三乱"工作落到实处。10 月 21 日，中共大宁县委、大宁县人民政府作出《关于做好减轻农民负担的决定》，并成立了大宁县减轻农民负担领导组。经过采取一些有力措施，减轻了企业和农民的负担。

加速发展个体私营经济

改革开放以后，大宁县的个体私营经济得到较快发展。为了使我县个体私营经济快速发展，1998 年 8 月 20 日，大宁县人民政府出台了《关于加速发展个体私营经济的实施意见》（以下简称《意见》）。《意见》提出：放宽政策，优化环境；培育市场，扩宽销售渠道；深化改革，扩大开放。

1999 年 10 月下旬，大宁县积极采取措施规范个体经商秩序。密切注视承包即将到期户，变更承包关系后，立即办照；对刚开业的承包户，要督促尽快办照；对原国营商场的

门店，柜台承包户要全部进行登记办理营业执照，使全县个体工商户的办照率有一个明显的提高。

通过制定一系列鼓励和发展个体私营经济的政策措施，大宁县的个体私营经济有了长足的发展，到 2001 年末，全县个体工商户超过 1500 户，从业人员超过 5000 人，注册资金超过 3000 万元；有民营工业企业 29 家，从业人员 587 人，总产值 1419 万元。

第四节　创建文明县城

1997 年 11 月 6 日，中共大宁县委、大宁县人民政府成立创建文明县城领导组。

2000 年 5 月 24 日，中共大宁县委、大宁县人民政府召开创建文明卫生县城工作会议。会议由县委常委、宣传部部长、县创建文明卫生县城领导组组长单林生主持；县城建局局长、县创建文明卫生县城领导组成员王宁生宣读了中共大宁县委、大宁县人民政府《关于创建文明卫生县城的实施方案》。

10 月 18 日，临汾地区西山 6 县精神文明建设现场会在大宁召开。与会人员参观了县公路段和众康食品有限公司的双文明建设情况。单林生汇报了大宁创建文明县城工作的实施情况；地区文明办主任郭建屏在讲话中对大宁双文明建设工作给予充分肯定；地区文明办副主任汪新野、贾金生在会上就创建文明单位的具体标准、要求做了详细说明。随后，西山 6 县的文明办主任相互交流了各自在创建文明单位、文明小区、文明村镇的经验。

大宁县在创建文明县城道路上，不断与时俱进，开拓创新、艰苦努力，经过近 20 年奋斗，到 2019 年 6 月，经省验收，正式成为省级文明县城。

第五节　整顿基层党组织

1997 年 11 月 20 日，中共大宁县委召开全县基层党组织整顿动员会。会上，县委副书记兼组织部部长蔡茂生对全县基层党组织整顿进行了安排部署。县委书记李建荣讲话强调：提高认识，统一思想，充分认识整顿基层党组织的重要意义；强化责任，狠抓重点，扎实有效地整顿好基层组织；结合实际，统筹兼顾，正确处理好整顿与提高的关系。

1998 年 1 月 7 日，中共大宁县委发出《关于进一步加强党建工作的意见》（以下简称《意见》）。《意见》指出：深入扎实、持久的用邓小平理论武装全县党员干部；大力加强全县各级领导班子建设，努力建设一支高素质的干部队伍；加强党风廉政建设，深入开展反腐败斗争；健全和完善民主集中制，维护和增强党的团结；进一步加强和改进党的基层组织建设。

2001 年 11 月 22 日，大宁县基层组织创建活动暨下乡动员大会召开。会上，县委副书记、组织部部长蔡茂生作了动员报告。根据山西省委、临汾市委的安排部署，县委决定从 12 月 1 日开始，利用 1 个月时间，对大宁县基层组织进行一次整顿。

2002 年 4 月 29 日，大宁县委召开全县组织工作会议。会上，县委常委、组织部部长武兰萍作了《求真务实，开拓创新，努力为建设绿色大宁提供坚强的组织保证》的工作报告；县委书记杨玉龙同县直工委和6个乡镇签订了工作目标责任制。5月30日，县委召开组织工作汇报会。会上，曲峨镇、三多乡、徐家垛乡、太古乡、太德乡和县直工委负责人分别就各自单位如何加强党的组织建设、"十个一"党日活动开展情况、入党积极分子培养情况、后进支部整顿情况，作了详细汇报；县委负责人就党建工作的具体考核办法作了说明。9月20日，大宁县"三级联创"现场会在曲峨镇召开。会上，武兰萍部长总结了大宁"三级联创"活动取得的成效，并强调要把"三级联创"活动继续推向深入。各乡镇和县直工委都进行了汇报交流，与会人员还冒雨参观了道教、曲凤党支部活动室和曲峨镇档案室、党建工作图片展。

经过5年党的基层组织整顿，到2002年12月，大宁县基层党组织共有：党（工）委8个、党总支18个、党支部236个，党员3929人。党员文化、年龄结构进一步优化，素质明显提高，基层党组织的凝聚力、战斗力大大增强。

第六节　中共大宁县第八次代表大会召开

1998年6月8日至10日，中国共产党大宁县第八次代表大会召开，出席会议的代表228名，列席代表68名，特邀代表8名。大会听取、审议并通过了李建荣代表中共大宁县第七届委员会向大会所作的《继往开来、开拓创新，为把我县建设成为龙头产业特色县而奋斗》的工作报告，听取、审议、通过了王国平代表纪委向大会所做的《纪检委员会工作报告》，选举产生了中共大宁县第八届委员会和中共大宁县纪律检查委员会。在随后召开的八届一次会议上，选举产生了县委常务委员会委员 8 名，他们是：李建荣、刘明贵、曹万武、蔡茂生、王国平、单林生、张来振、姚如意。选举李建荣为书记，刘明贵、曹万武、蔡茂生为副书记。在县纪委四届一次会议上，王国平当选为纪委书记。

2000 年 1 月 15 日至 16 日，中国共产党大宁县第八届委员会第二次全体（扩大）会议召开。会上，县委书记李建荣代表县八届委员会作工作报告；县委副书记、政府县长刘明贵宣读《中共大宁县委、大宁县人民政府关于调整产业结构，振兴县域经济的决定》；县委副书记、组织部部长蔡茂生宣读《中共大宁县委关于加强基层党组织建设的意见》；县委常委、宣传部部长单林生宣读《中共大宁县委关于加强精神文明建设的实施意见》；刘明贵就当前各项重点工作进行了安排部署。

8 月 22 日至 23 日，中国共产党大宁县委员会第八届委员会第三次全体（扩大）会议召开。会上，县委书记杨玉龙做了《巩固"三讲"成果，实践"三个代表"，努力开创我县党建工作新局面》的重要讲话；县委副书记、组织部部长蔡茂生做了《关于开展基层党组织创建活动的说明》；县委常委、纪委书记王国平通报了"三讲"教育情况；县委常委、宣传部部长单林生做了《努力做好新形势下思想政治工作》的报告；全体委员审议并通过了中共大宁县委《关于加强党的建设的决定》《关于进一步推进干部制度改革的意见》《关于实施民主集中制的工作规划》和中共大宁县委、大宁县人民政府《关于调整产业结构的实施方案》《关于工业经济结构调整的实施意见》《关于放宽政策，进一步扩大开放的若干规定》《关于"四荒"地实行拍卖和承包治理的实施方案》《关于加强城市建设和管理的办法》等8个文件，并做出相应的决议。县委副书记、政府代县长王林主持会议并就当前经济工作做了安排。

2001年2月24日，中共大宁县委召开党员代表大会。大会采取无记名投票的方式选举产生了出席临汾市第一次党代会的代表11名，他们是（以姓氏笔画为序）：王林、王亚民、王国平、祁云峰、杨玉龙、李会玲、贺芳梅、龚福喜、常富顺、靳玉堂、蔡茂生。

2002年4月28日，中国共产党大宁县第八届委员会第五次会议召开。会议议题：讨论通过了《中共大宁县委关于进一步加强党的基层组织建设的决定》；专题研究了如何建立一种"三个代表"教育的成效机制。县委书记杨玉龙作了《实践"三个代表"，巩固学教成果，扎扎实实抓好全县党的基层组织建设》的重要讲话。

2003年10月9日，中国共产党大宁县第八届委员会第六次全体会议召开。全会审议并通过了《关于召开中国共产党第九次代表大会的决议》。全会决定，在2003年10月中旬召开中国共产党大宁县第九次代表大会，县委书记杨玉龙主持会议并作了重要讲话。全会号召全县各级党组织和全体共产党员高举邓小平理论伟大旗帜，全面贯彻"三个代表"重要思想，认真贯彻党的基本路线、方针、政策，团结全县人民，开拓创新，努力做好各方面的工作，以优异的成绩迎接大宁县第九次党代表大会的召开。

第七节　深化城镇住房制度改革与城市建设

1998 年 8 月 2 日，大宁县人民政府发出《关于进一步深化全县城镇住房制度改革有关问题的通知》。其主要内容:从 1998 年 7 月 1 日起，全县城镇停止住房实物分配，实行住房分配货币化;从 1998 年 7 月 1 日起，省、地、县有关部门不再审批下达行政事业单位住宅建设资金，各单位不得将用于住房建设的资金再用于住房建设，按规定全部转化用于发放职工住房补贴;从 1998 年 7 月 1 日起，加大现有公用住房出售力度;采取不同扶持政策，大力支持各类住房建设，重点发展经济适用住房，经济适用住房建设要坚持全面规划，合理布局，综合开发，配套建设的方针;继续推行住房公积金制度，努力提高实行住房公积金制度的覆盖面;坚持房改属地政策。

2002 年 4 月 2 日，大宁县召开城市建设启动 8 项工程动员大会。会上，政府县长王林作了《全民动员，全力以赴，坚决打胜城建八项工程攻坚战》的动员报告。8 项工程:（1）万平方米彩砖铺装工程;（2）万平方米绿化工程;(3) 垃圾场建设工程;（4）东关大坝二期建设工程;（5）桥南拓展工程;(6)农贸巷畅通工程;(7)沿街门店绿化亮化工程;（8）政府机关建设工程。县委书记杨玉龙就如何打好城建 8 项工程攻坚战作了重要讲话。

到 2002 年，大宁县市政建设、城市基础设施建设、城乡住房建设都有了进一步的发展，城乡面貌焕然一新。

第八节 按照"三个代表"的要求，
全面加强党的建设

扎实开展"三讲"教育

1998 年 12 月 18 日，江泽民总书记在纪念党的十一届三中全会二十周年大会上发表了重要讲话。中共大宁县委于 30 日发出《通知》，要求各级党组织和全体党员，认真学习江泽民的重要讲话。《通知》要求：学习讲话要把"三讲"（讲学习、讲政治、讲正气）教育和部门的工作实际结合，领会讲话精神实质，推进本县的经济建设快速发展。

1999 年 7 月，县委书记李建荣在县直机关学习《江泽民同志在建党七十八周年座谈会上的讲话》活动中指出：目前，深入开展"三讲"教育，不应喊在口头上，而应落实在行动中，要敞开大门搞"三讲"，发现问题及时改，结合实际，重点解决好三个问题，即：认识问题，作风问题，廉政问题。

2000 年 5 月 13 日，中共大宁县委召开"三讲"教育领导组（扩大）会议。省委驻大宁"三讲"教育巡视组长、雁北教育学院院长傅力和县委书记杨玉龙分别做了重要讲话。15 日，中共大宁县委召开省委驻大宁"三讲"教育巡视领导组与县 6 部门（县纪委、法院、检察院、公安局、组织部、宣传部）"三讲"成员单位见面会议。会上，巡视组组长傅力做了重要讲话；巡视组成员李云五、黄远见针对"三讲"教育阶段的民主测评和征求意见等问题做了说明；公安局政委贾洪旺、法院院长常秀莲、检察院检察长宁玉清等分别做了准备情况汇报。19 日，大宁县县级领导班子、领导干部"三讲"教育动员会召开。县委副书记、代县长、县"三讲"教育领导组副组长王林主持动员大会。县委书记、县"三讲"领导组组长杨玉龙作动员报告；省委巡视组组长傅力作重要讲话；县委副书记、组织部部长、县"三讲"领导组常务副组长兼办公室主任蔡茂生宣读中共大宁县委《关于县级领导班子、领导干部"三讲"教育实施方案》。同日，大宁县"三讲"教育进入第一阶段。大宁县领导班子、领导干部"三讲"教育第一阶段，即思想发动、学习提高阶段，将进行为期5天的封闭式学习。第一阶段的工作由县委书记杨玉龙主持、地委讲师团景宝庆授课。24日，大宁县参加"三讲"教育的县四大班子、六小部门成员在封闭学习后，利用3天时间，深入农村第一线，体察民情，了解民意，面对面地听取群众的意见和建议，并对农村产业结构调整等问题进行调查研究。

6月1日，大宁县领导班子、领导干部"三讲"教育第一阶段小结暨第二阶段动员大会召开。会上，杨玉龙就"三讲"第一阶段的工作进行了总结，并就第二阶段的工作进行了安排部署。24日，大宁县"三讲"教育领导组召开扩大会议。蔡茂生传达了地委副书记张茂才在地委"三讲"教育工作会议上的讲话；王林传达了地委"三讲"办关于民主测评流程安排意见；杨玉龙传达了地委书记杜玉林、副书记程满仓的讲话精神，以及地委副书记、行署专员樊纪亨视察坦塔村时的讲话要点。

2001年12月1日，中共大宁县委在政府四楼会议室召开"三讲"教育回头看动员大会。会上，蔡茂生宣读了《中共大宁县委关于开展"三讲"教育回头看活动的实施方案》；

县委书记杨玉龙作了重要讲话。

这次"三讲"教育活动历时2年，中共大宁县委高度重视，工作扎实，取得了实效。

"三个代表"学习教育活动

2001年4月4日，大宁县农村"三个代表"重要思想学习教育活动动员大会召开。会上，县委副书记、组织部部长蔡茂生阐述了充分认识在基层开展"三个代表"重要思想学习活动的重要性和紧迫性，并就如何开展好农村"三个代表"重要思想学习教育活动作了具体安排部署。6日，大宁县"三个代表"重要思想学习教育第一期培训班正式开课。培训班上，蔡茂生做了动员报告；县委党校第一副校长贺润成宣读了培训学习计划；市"三个代表"重要思想学习教育检查组的史玉芳、王红霞出席开班典礼。19日，市委驻大宁县"三个代表"重要思想学习教育活动检查组组长史玉芳深入到曲峨镇进行"三个代表"重要思想学习教育活动调研。26日至27日，市委"三个代表"重要思想学习教育活动督查组组长樊玉龙一行来大宁县检查"三个代表"重要思想学习教育活动的开展情况。

5月8日，中共大宁县委在政府四楼会议室召开"三个代表"重要思想学习教育再动员大会。会上，蔡茂生传达了临汾市委学习教育活动汇报会议精神，通报了市委督查组组长樊玉龙4月27日来本县检查工作的情况，分析了目前大宁县学习教育活动的形势并安排了下一阶段的学习教育活动工作。

5月12日，省委书记田成平来宁视察沼气建设、枣园建设和太德果园示范基地以及翠云山矿泉水公司。在听取了杨玉龙、王林关于大宁县建设绿色大宁的思路和一年来所做的主要工作汇报后，田成平指出：要按照"三个代表"重要思想的要求，认真搞一个五年规划，把农民的脱贫问题解决好，把生态环境治理好。

6月5日，大宁县农村"三个代表"重要思想学习教育工作会议召开。会议对第二阶段的"学教"工作进行了再动员。会上，蔡茂生作了工作报告；县委常委、宣传部部长单林生介绍了尧都区"学教"活动的先进经验；县委常委、政法委书记姚如意介绍了襄汾县"学教"活动的先进经验；市委驻大宁县检查指导组组长史玉芳在会上要求各"学教"单位要认清形势，提高认识，客观分析第二阶段的形势和任务，找准问题，保证质量，使"学教"活动有序、健康、顺利进行。

2001年9月12日上午，市委常委、纪委书记张继庆来宁，对太德乡政务公开和农村"三个代表"重要思想学习教育活动进行了检查指导。12月26日，中共大宁县委书记杨玉龙深入"学教"联系点——曲峨镇金圪塔村检查指导"学教"工作。

2002年4月18日，大宁县召开农村"三个代表"重要思想学习教育活动总结表彰大会。会上，曲峨镇党委书记白会宁、水利局局长贺生祥、县委驻康里村学教指导组组长、果树中心主任冯三平等，从不同角度汇报了各自在学教活动中的做法、经验、体会和成效。

7月1日，大宁县隆重召开庆祝建党81周年大会。会上，县委书记杨玉龙作了《实践"三个代表"，争创一流业绩，以优异的成绩迎接党的十六大的召开》的重要讲话；举行了以《学习"三个代表"，争创一流业绩》为主题的先进事迹报告会；县委副书记姚焕章宣读了中共大宁县委表彰的先进党组织、十佳党员标兵、优秀共产党员、优秀党务工作者名单；县四大班子领导为获奖者颁发了奖品和荣誉证书。

这次农村"三个代表"思想的学习教育活动，基本上都经历了三个阶段。第一阶段是学习培训，第二阶段是对照检查，第三阶段是整改提高。

这次学教活动取得了明显的成效。一是农村基层干部普遍受到一次"三个代表"重要思想的教育，思想政治素质有了新的提高。二是农村基层干部的工作作风和工作方法有了明显转变，进一步改善了党群关系。三是农村基层干部为群众办实事、办好事的自觉性得到增强，大批涉及群众切身利益的突出问题得到解决。四是进一步理清了发展经济的思路，农业结构调整和农村经济发展迈开新的步伐。五是进一步加强了农村精神文明建设和民主法制建设，农村面貌发生了新的变化。六是有效地加强了农村基层组织建设，农村基层组织的创造力凝聚力和战斗力得到提高。

第九节　访贫问寒和生产自救

1999年1月25日，中共大宁县委、大宁县人民政府认真做了访贫问寒工作。具体做法：摸清优抚对象、五保户、特困户的底子，逐户登记，编造花名，确保救灾款物及时发放到灾民手中；在财力十分紧张的情况下拿出2万元资金购置救灾物资；按照"户报、村评、乡审、县定、张榜公布"的程序，做到上级拨款数字、救济户数和救济金额全部公开，增加透明度，接受社会监督；由包乡镇领导在所包乡镇召开救济物资发放大会，当场发放；组织审计部门对救灾款物发放进行监督检查。

11月，大宁县采取措施开展扶贫济困送温暖活动。充分认识本次活动的重要性，做好组织领导工作；发动广大党员干部群众积极参与捐助活动，特别是党员干部，要起到带头作用；加强对捐助款、粮、物的管理，任何单位不得用任何理由截用、挪用，发现问题及时处理，触犯法律的要移交司法机关严肃处理。

2000年6月14日，中共大宁县委、大宁县人民政府召开抗旱救灾再安排再动员大会。会上，各乡镇领导分别汇报了春播夏收、村委换届、村务公开、土地延期承包等情况；农委主任庾俊生就当前农业生产、农村工作提出了安排意见；县委书记杨玉龙传达了地区抗灾自救动员会议精神，并就如何贯彻会议精神提出意见；县委副书记、组织部部长蔡茂生具体安排了机关工作；县委副书记、政府代县长王林做了抗旱自救再动员报告；政府副县长祁云峰主持会议就抗旱救灾、田间管理、增加农民收入等作出具体安排。

6月22日，地委副书记、行署专员樊纪亨带领行署秘书长林泽忠、行署粮食局局长张胜、行署民政局局长张国栋、行署教委主任宁雪清一行，来到黄河岸边太古乡坦塔村指导抗灾工作并慰问灾民。樊纪亨在坦塔村召开座谈会，听取了杨玉龙关于全县生产自救和调产汇报；听取了太古乡党委政府和坦塔村委的旱灾情况、学校失学情况汇报后，对大宁近期所做的各项工作给予充分肯定。在坦塔村大槐树底下，樊纪亨与灾民们亲切交谈。之后，他又深入农户送救济粮和慰问金。在这次慰问中，行署粮食局捐粮1.5万斤；行署民政局捐款 5000 元；行署教委捐款 2000 元。这些粮款全部用于坦塔村生产自救和学龄儿童上学。6 月 23 日，省民政厅副厅长郭小平一行来大宁到割麦乡调查受灾情况。7 月 14 日，行署副专员董彩霞一行来大宁深入到七彩山鸡场、徐家垛乡华星鹿场和猪场进行调研，听取了县委、县政府关于受灾及生产自救情况的汇报；对徐家垛乡重灾户进行了救济。

2001 年 7 月 19 日，在省、市先后召开的抗旱救灾会议后，县委书记杨玉龙就抗旱救灾工作作出 5 点指示：一是增强抗旱减灾保生产的信心和决心；二是要采取一切措施开展生产自救；三是认真做好救灾工作，妥善安排灾民生活，确保灾区稳定；四是以抗旱自救工作为中心，同时抓好其他工作；五是加强领导，各方配合，齐心协力，打好抗灾自救战役。

9 月 11 日，临汾市万人下乡活动大宁动员会在县招待所二楼会议厅召开。参加会议的有：县四大班子领导、各工委书记、各乡镇书记、县直各单位负责人、各厂矿企业负责人。临汾市干部下乡减灾促增收工作团的 50 名工作队员也参加了大会。会上，政府副县长、县减灾促增收领导组组长祁云峰宣读了《关于加强干部下乡减灾促增收的管理意见》，宣布了本县下乡减灾促增收工作队具体包村包点单位名单。县委决定抽调 300 名干部为下乡减灾促增收工作队队员，截至 9 月 30 日，各工作队、组全部进入所包乡（镇）村委。

2002 年 5 月 9 日，大宁县召开"彩虹计划捐助月"活动动员大会。会议要求：全县所有机关、团体、学校、企事业单位的干部职工、个体劳动者以及经济条件较好的农村集体和个人均要捐助；提议全县副县级以上领导干部每人捐助 100 元、副科级以上干部每人捐助 50 元、一般干部每人捐助 30 元；同时号召全县各界人士、个体户、私营企业家，积极踊跃参加捐助，每人每户至少捐助 30 元。捐助的款物全部用于农村受灾群众和采集人事业。会议结束后，县捐助领导组举行了彩虹计划启动仪式，县四大班子领导、部分单位负责人纷纷捐款，拉开了大宁县"彩虹计划捐助月"活动序幕。

2002 年 7 月 2 日，王林县长来到徐家垛乡康里村、古镇村，走访慰问了村民的生活生产情况，帮助村民制定发展枣树计划，指导小尾寒羊的管理和饲养，并给每户村民慰问金 100 元，让村民们共克难关，鼓励村民要树立长期艰苦奋斗的思想，努力学习，不断充实自己，丰富自己，早日走上自强之路。

通过上级支持、党委引领、政府主导、全社会参与，我县的生产自救取得显著成效，基本上做到了农民丰衣足食、农村和谐稳定。

第十节 农业农村工作的转变和产业结构的调整

1999 年 8 月 16 日，县委书记李建荣针对本县"十年九旱"给农业生产造成严重损失的情况，提出在今后的农业农村工作中要尽快实现三大转变：一是变粮食作物为经济作物。大力发展烟叶、土豆等各种耐旱作物，加大西瓜的种植面积，从根本上解决农业生产一遇天旱就减产的被动局面；二是变发展水果为发展干果。要以发展耐旱性能好的红枣、核桃为主，使之尽快成为农民脱贫致富的主导产业之一；三是变治塬为治坡。在机修梯田的基础上，针对坡耕地多，产量低，抗灾能力差的实际，大造隔坡水平田，提高抗旱能力和坡地的产量。

2000年11月4日，市委副书记张茂才、市水利局局长张健一行来宁检查指导农建工作。张茂才先后参观了三多、徐家垛两乡的农建工地、生态工程和楼底村的火鸡养殖户、徐家垛村的种养基地及绿源淀粉薄膜有限公司，并听取了杨玉龙书记关于大宁农建工作的汇报。7日，省政协常委、九三学社山西省委专职副主任、高级工程师王毓钟一行10人来大宁考察调研。王毓钟一行先后深入矿泉水公司、众康食品有限公司等8个重点企业调研。王毓钟一行还来到徐家垛乡，听取了乡政府工作报告，参观了该乡的种羊养殖基地，详细了解了"草、枣、羊"三大主导产业的进展情况。之后，王毓钟一行与县领导进行了座谈，随从人员根据自己的专业特长踊跃发言，积极为大宁的经济发展建言献策，提出了许多宝贵的意见和建议。

2002年3月20日，临汾市老区建设促进会会长程满仓，副会长张伟能、李苏河一行，莅临大宁检查指导调产工作。检查指导的乡村有：曲峨镇甘棠村大棚蔬菜基地、徐家垛种草基地、康里村羊场和枣园建设基地。8月16日，临汾军分区司令员张鸿斌来大宁县太古乡调研。调研课题是大宁县实施的"213"农业调产情况。同行的襄汾县果树研究中心的两位专家，对太古乡枣园建设工程作了技术指导。

农业农村工作的转变和产业结构的调整使我县经济后劲大幅度迸发出来，城乡面貌有了进一步的改观。

第十一节 撤并乡镇和撤并村组

中国现行的是五级政府政治管理体制，即：中央，省，市，县，乡（镇）。随着中国经济体制改革和政治体制改革形势的发展，为尽可能精简，节约人力财力，提高办事效率。我国在全国各地开展了有计划的撤乡并镇的尝试。

为了进一步搞好撤并乡镇工作，确保乡镇机构改革的顺利进行，根据省委《关于乡镇党政机构改革的实施意见》（晋办发〔2000〕44号）、《山西省撤乡并镇工作方案》（晋政发〔2000〕45号）和市委《关于在撤并乡镇中做好机构设置、编制核定、人员分流和党组织关系移交工作的意见》（临发〔2001〕6号），中共大宁县委、大宁县人民政府提出了《关于做好撤并乡镇工作中机构设置、编制核定和党组织关系等工作移交的意见》，就大宁县撤并乡镇工作中的机构设置、编制核定、财产、档案、统计、土地、工程和党组织关系移交等项工作提出意见。

2001年1月2日，中共大宁县委、大宁县人民政府召开撤并乡镇工作会议。本次撤并乡镇的总体规划是：将原来设置的2镇8乡，即：城关镇、曲峨镇、徐家垛乡、割麦乡、太古乡、榆村乡、三多乡、南堡乡、太德乡、安古乡，重新设置为2镇4乡，即：昕水镇（含原来的城关镇、安古乡）、曲峨镇（含原来的曲峨镇、榆村乡）、徐家垛乡（含原来的徐家垛乡、割麦乡）、太古乡、三多乡（含原来的三多乡、南堡乡）、太德乡。

2002 年 4 月 12 日，大宁县召开县乡党政机构改革动员大会。会上，县委常委、组织部部长武兰萍宣读了《大宁县级党政机构改革方案》和《大宁县党政机构改革有关机构设置的补充通知》；县委副书记姚焕章就党政机构改革工作作了动员报告；县委副书记祁云峰宣读了《大宁县县级党政机构改革中部门经费、物资、房产等处理的意见》和《大宁县党政机构改革中加强档案管理工作的意见》；县委常委、纪委书记樊奋强宣读了《中共大宁县纪委、大宁县监委关于在机构改革中严肃有关纪律的通知》；县委书记杨玉龙在会上作了重要讲话并进行了具体安排部署。

2002 年 9 月 22 日，大宁县召开撤并村组工作动员实施大会。会上，政府办负责人传达了山西省人民政府晋政办发（2002）31 号文件转发的省民政厅《关于全省撤并村组工作的意见》和临汾市人民政府临政办明电（2002）75 号文件《关于做好全市撤并村组工作的通知》；县人大副主任贾兴琦宣读了大宁县人民政府大政发（2002）23 号文件《关于印发撤村并组工作方案的通知》和大宁县人民政府办公室大政办（2002）106 号文件《关于成立大宁县撤并村组工作领导组的通知》；政府副县长贺建新在会上就全县撤并村组工作进行了安排部署。

通过这次撤并乡镇和村组工作，大宁县的乡镇行政区划和资源配置更趋合理，乡镇机构和人员减少，办事效率提高，农民负担减轻，为加快全县农村生产力发展和推进城镇化建设进程创造了有利条件。

第六章 向全面小康挺进

第一节 传达、学习和贯彻党的十六大精神

2002 年 11 月 8 日至 14 日，中国共产党第十六次全国代表大会在北京召开。这次大会把"三个代表"重要思想同马克思列宁主义、毛泽东思想、邓小平理论一道确定为我们党必须长期坚持的指导思想，总结了改革开放以来，特别是十三届四中全会以来的成就和经验，提出了在 21 世纪头 20 年，集中力量，全面建设小康社会的奋斗目标，对中国特色社会主义经济、政治、文化和党的建设作出了全面部署，选举产生了新一届中央委员会，顺利实现了党的中央领导层的又一次新老交替，是新世纪新阶段党和国家一次极为重要的会议。

11 月 19 日，中共山西省委发出《关于认真学习贯彻党的十六大精神的通知》。11 月 22 日，大宁县传达十六大精神会议召开。会上，县委副书记姚焕章宣读了十六大精神传达提纲；县委副书记、政府县长王林就全县学习、宣传、贯彻十六大精神作了安排部署。12 月 13 日，中共临汾市委宣讲团来大宁宣讲十六大精神。市委宣讲团成员景宝庆宣讲了十六大精神。

2003 年，县委党校对全县副科级以上干部进行学习

十六大精神轮训。通过学习宣传，十六大精神特别是"三个代表"重要思想家喻户晓、深入人心，广大党员、干部受到了一次深刻的思想政治教育。在学习中各系统各部门各单位各社会阶层坚持理论联系实际，逐步统一认识，振奋了精神，理清了思路，推动了工作。

第二节　高度关注"三农"问题

农村是全面建设小康社会的重点和难点，建设社会主义新农村是全面建设小康社会的重要任务。党的十六大以来，在全面建设小康社会的过程中，国家高度关注"三农"问题，从发展农村经济、减免税收、农机补贴、组织农村剩余劳动力转移、扶贫、移民搬迁、饮水解困、公路建设、电信建设、退耕还林、合作医疗试点等多方面进一步加强了农村工作，推动了农村经济的发展和社会主义新农村建设。

实施支农惠农政策

进入20世纪90年代后期，大宁农业进入了一个新的发展阶段，就是粮食生产上了一个较高的台阶。但是，靠天吃饭的局面没有从根本上改变。因此，党的十六大以后，中共山西省委、山西省人民政府，从国家粮食安全的全局出发，从农民增收的现实需要出发，从经济社会稳定的长远考虑出发，实行了一系列支农惠农政策。一是采取了最严格的耕地保护制度。2004年3月，省政府出台《关于促进粮食生产发展的八项政策》。二是坚持不懈地开展了农田基本建设。特别是像大宁这样的贫困山区，大力发展淤地坝建设。三是实现了粮食最低保护价收购政策。四是对农民种粮实行了直接补贴。五是实行了购买农机补贴办法。六是实行了农村税费改革。七是严格控制了化肥等生产资料价格的上涨。八是加大了农业实用技术的推广力度。

这些政策在大宁的落实极大地推动了农村经济的发展，增加了农民收入，改善了人民生活。

推动农村剩余劳动力的转化

改革开放初期，随着家庭联产承包责任制的实行，农村由劳动力不足陡然变为劳动力剩余。同时随着城市工业、商业、服务业、娱乐业、饮食业、建筑业、装修业的发展，对劳动力形成大量需求。这样，从20世纪80年代初期开始，我县大批农民自发涌入城市。90年代形成民工潮。党的十六大前后，民工潮更加汹涌地发展起来。

从大宁这样的贫困山区来讲，农村劳动力大规模转移，对于增加农民收入、农村小康建设、农业现代化和农村城镇化都有重大意义，因此，党的十六大以后，从中央到地方，各级党委和政府开始特别关注农村劳动力转移问题。中共大宁县委、大宁县人民政府根据省、市精神采取各种有力措施，推动农村剩余劳动力转化。一是进行规划部署。确定了全县农村剩余劳动力转移的指导思想、基本原则、目标任务和主要途径。二是普遍成立了农村劳动力转移服务中心、劳务输出中介等机构，为农村劳动力转移和输出提供服务。三是不断增加对农村劳动力转移的财政收入。四是出台了支持农村劳动力转移的政策和措施，如劳动部门开展了为农民工维权活动；建设部门开展了解决建筑行业拖欠农民工的工资问题；财政部门为农民工的培训安排了资金；教育部门下发了保证农民工子女上学的通知。这些措施进一步推动了农村劳动力的转移。

开展以移民搬迁为重点的扶贫工程

改革开放以来，包括大宁在内的山西走过了一段漫长的扶贫之路。随着经济的发展和扶贫工作的推进，不断有贫困县区、贫困乡镇、贫困村庄和贫困群众告别贫困，走向小康。但越到后期，扶贫难度越大。

大宁县是国家级贫困县，扶贫任务十分艰巨。县域水土流失严重，生态环境极其脆弱，交通不便，文化教育落后，生产生活条件恶劣。

脱贫是走向小康的前提，扶贫是全面建设小康社会的重要措施，因此，党的十六大以来，在全面建设小康社会的过程中，大宁县继续开展了艰苦的扶贫工作。

这一时期，根据全省的部署，大宁县的扶贫工作，主要从以下几个方面展开：

（一）移民搬迁。移民搬迁是这一时期扶贫工作的重点和主要方式。其基本做法：一是制定了"政府引导、群众自愿、自筹自建、适当补助"的方针，坚持了"有土安置、整村整体搬迁、移民新村建设规模适度"的原则，出台了"在国有荒地上建移民新村，土地无偿划拨；移民户子女入学，免收转学费、择校费、插班费；移民户在迁入地有永久性居住权并在办理土地、户籍、房产等手续时，除工本费外，其余全免"等一系列优惠政策。二是千方百计加大了对扶贫移民的支持力度，移民建房补助款由起步时的每人1000元，逐年递增到2007年的3800元。三是选择推广了多种行之有效的扶贫移民方式。四是加大力气帮助扶贫移民户发展赖以生存的脱贫产业。

（二）实施"四大增收工程"，即：移民搬迁工程、人畜饮水工程、种草养畜工程、农产品加工增收工程。

（三）实施"整村推进"扶贫工程。从2004年开始实施"整村推进"扶贫工程。所谓"整村推进"，就是以扶贫开发工作重点村为对象，以增加贫困群众收入为核心，以完善基础设施建设、发展社会公益事业、改善群众生产生活条件为重点，以促进经济社会文化全面发展为目标，整合资源、科学规划、集中投入、分批实施、逐村验收的扶贫开发工作方式。

与以往扶贫工程往往由县、乡政府替农民确定种植养殖规划不同，群众参与，还权于民，是"整村推进"扶贫模式的最大特点。"整村推进"扶贫项目首先要求扶贫开发的村都要建立一个由党员、村干部、技术能手等10余人组成的村扶贫中心组，动员全体村民参加，做成规划，充分征求每户农民的意见。村里种什么，养什么？哪里筑渠，哪里修路？村里先列出项目，然后每家派出代表进行投票决定。这个办法极大地激发了村民改变现状、建设家乡的热情。

扶贫项目资金公开、公正、高效，是推进"整村推进"扶贫模式的又一个特点。在扶贫项目实施中，农民群众最怕拿不到钱。对此，在"整村推进"中严格实行报账制，山西省35个国家扶贫开发工作重点县财政部门都设立了财政扶贫资金报账专户，实行专户管理，封闭运行，保证扶贫资金真正到村到户。大宁县结合实际制定了相应的管理措施，在实施"整村推进"扶贫工程中，提倡项目实施与村务公开相结合等办法，进一步规范了扶贫资金的管理和使用。

2007年9月11日，市委常委、副市长黄翠莲陪同省扶贫局评选专家组来大宁，深入到马头关黄河大桥、越奥牧业有限公司、磊鑫石材厂、太德同盛羊场、太德乡千亩桃园基地、而吉村核桃园和越达牧业有限公司进行实地考察。大宁县连片扶贫开发项目区划以县城为中心向东辐射，覆盖昕水镇、太德乡、三多乡 3 个连片乡镇。总体目标是两年时间累计发展以桃树为主的经济林 2.6 万亩，种草 1.4 万亩，瓜菜大棚 426 座，小尾寒羊存栏达到 3 万只，建成受益后，项目区农民纯年收入增加 2048 元，实现稳定脱贫。

"整村推进"扶贫工程的实施取得了很好的效果，到 2008 年 6 月，大宁县实施"整村推进"扶贫工程的村庄达到 10 余个。

（四）机关定点扶贫。这一时期，全省每年有 2 万多名机关干部深入贫困村，定点扶贫。仅 2005 年，省级定点扶贫工作队就为所在村镇筹集资金 8296 万元。

（五）实施扶贫基金"1131 工程"。该工程由省扶贫基金会负责实施，内容包括每年抓 100 个扶贫项目，为群众办 100 件实事，资助 300 名贫困大学生上学，帮助 1000 户农民脱贫。该工程从 2003 年开始实施。

（六）开展以工代赈。2003 年，国家拨付给山西省以工代赈资金 3.078 亿元，以后有所减少，2006 年为 19390 万元。以工代赈资金主要用于贫困地区修建道路。

2004 年 5 月 16 日，大宁县以工代赈西关蓄清排浑坝工程动工兴建。该工程 4 月 21 日经市发展计划委员会批复，有晋中水利建筑工程总公司中标承建。西关大坝总投资 200 万元，将修建长 110 米、高 2.5 米的橡胶坝；设计水位 708.5 米、坝前水深 2.5~3 米、建泵房及管理房 70 平方米，安装排提水设备 1 套，修建一座直径 3.5 米、深 3.25 米的圆形钢筋混凝土蓄水池，总长 120 米。这是临汾市修建的第一座橡胶坝。西关大坝建成后，淤水 8 万方，可增加城市湿地面积，改善城市周围生态环境，美化城市面貌。

8 月 10 日，大冯村滩顺河坝、牧岭村蓄清排浑坝两处以工代赈项目工程竣工，经政府副县长解高民携纪委、财政局、发改委等有关部门负责人验收合格。

大冯村顺河坝位于县城 3 公里处。2004 年 4 月 25 日开工，共投劳 150 余人、投工 11382 个，完成土石方 19501.9 方，总投资 1260282 元。该坝长 472.5 米、高 7.26 米。该坝功能：改变河道后，新增水浇地 810 亩。牧岭村蓄清排浑坝位于沿昕水河逆流而上的原水保队对岸、许家村坡地，横拦昕水河。2004 年 4 月 21 日开工，投劳力 105 人、上马机械 12 台套，总投资 807234 元。该坝长 90 米、顶宽 6.3 米、高 4.5 米，坝顶安装有人字闸 42 套、闸门 2 套，护坝长 70 米、顶宽 1 米、高 7.5 米，坝的两岸连接段铺有砌石路面 500 平方米。该坝功能是：蓄水 5 万立方左右，不仅可满足 250 亩土地灌溉，而且还可解决河东岸塬面地区的太仙、野鸡垣、秀岩、许家、贺家、山昌子等村庄有史以来进县城必涉水的问题。

2006 年 11 月 10 日，省政府项目稽查处处长吴玉顺、省发改委以工代赈处总工赵志民带领以工代赈检查组就大宁县 2005 年以来的以工代赈工程进行了检查指导，在县委书记张越轶及发改局负责人的陪同下，检查组先后对本县发改局实施的农田水利工程、下胡城蓄清排浑坝工程、小流域治理工程、东川流域综治工程、大冯滩等工程进行了详细地检查。

通过上述措施，使全县的扶贫工作开展得有声有色，一部分扶贫人口实现脱贫，走向富裕生活。

实施新一轮的农村饮水解困工程

长期以来，大宁县干旱少雨，水资源短缺。许多地方出现地下水位下降、泉水断流、河流干涸的现象，广大农村人畜吃水困难地方增加。为了解决这一问题，从 2000 年到 2002 年，省委、省政府实施了三年农村饮水解困工程。从 2003 年起，全省开展了新一轮饮水解困工程建设。

饮水解困工程经费历来分散在小型农田水利建设费、抗旱救灾专项资金等支出中。

"九五"计划期间，本县实施农村饮水解困规划，较集中地解决了部分水源缺乏和人口饮水不安全的问题。期间，通过打井、提水、建立供水站等工程的方式，陆续建成设计供水能力 21 万吨、实际供水量 16.5 万吨的供水工程，先后解决了县城及 31 个行政村，42 个自然村，0.8577 万人口和 2106 头大牲畜的饮水问题。工程投资 124.54 万元，其中，省补 72 万元，乡村自筹 52.54 万元。

"十五"计划期间，大宁县进一步加大农村饮水解困工作力度。陆续建成设计供水能力 97.75 万吨，实际供水量 78.32 万吨的供水工程，先后解决了 6 个乡镇（2001 年本县由 10 个乡镇撤并为 6 个乡镇），81 个行政村，187 个自然村，5.4825 万人口和 9609 头大牲畜的饮水问题。工程投资 1509.43 万元，其中，省补 848 万元；乡村自筹 661.43 万元。

"十一五"计划期间，大宁县继续实施农村饮水解困工程，陆续建成设计供水能力 64.5 万吨，实际供水量 50 万吨的供水工程，工程投资 1657.88 万元，其中，省补 693 万元，市补 249.3 万元，县财政配套资金支出 10 万元；乡村自筹 435.58 万元。

第三节　继续推进经济结构调整

根据党的十六大关于经济结构调整的新要求和省、市经济结构调整的实际进程，2003年2月17日，中共大宁县委书记杨玉龙在《临汾日报》第2版发表题为《关键是要调动创业者的积极性——赴闽西、粤北考察感受》的署名文章。文章总结了这两个地区的经济快速增长的成功经验，提出了北方贫困地区经济要快速发展的思路和措施。2月20日，中共大宁县委办公室发出《关于在全县开展解放思想大讨论活动的通知》（以下简称《通知》），《通知》指出：在全县广大干部党员中深入开展解放思想的大讨论是为了深入贯彻十六大精神，进一步解放思想，更新观念，掀起新一轮解放思想的高潮，真正确立发展是第一要务的观念，通过以干部群众思想的大解放，达到促进经济建设快速发展的目的。

2004年1月5日，大宁县召开经济工作分析汇报会。会上，统计局通报了2003年度全县各项经济指标完成情况；农业与农村工作局、林业服务中心、水利局、国税局、地税局等单位负责人，汇报了2003年度工作成绩和明年的工作计划，以及对大宁工作的一些思路和建议；县四大班子领导分别就各自分管的工作，对全县2003年的经济工作进行了综合分析，提出了2004年度全县经济工作的重点。5月2日，副省长靳善忠来大宁视察工业企业和安全生产工作。靳善忠重点对黄河化工总公司、翠微山矿泉水公司进行了视察。每到一处，靳善忠都要详细询问生产经营情况和安全管理措施，听取汇报，了解发展前景。5月13日，市委副书记、纪委书记张继庆来宁调研。张继庆深入到黄河化工总公司，听取了董事长任县宁的公司经营情况介绍后，来到生产车间实地察看。

2005年2月2日上午，县委书记杨玉龙在二楼党务会议室主持召开了经济工作研讨会，传达贯彻省、市经济工作会议精神，安排部署了2005年的经济工作。会上，县委副书记、代县长张越轶，县委常委、常务副县长房蒲建、副县长贺建新以及一财二税、农业、经贸、城建、统计局及各分管部门的领导对2004年的工作情况及2005年的工作打算进行了汇报。3月9日，大宁县召开全县三级干部经济工作动员大会，会议实事求是地回顾总结了近年来的经济工作，分析讲解了当前国内的形势和发展的政策机遇，安排部署了2005年的各项工作任务，表彰奖励了2004年经济工作中涌现出的先进单位和个人。

2006年2月12日，大宁县召开经济工作会议。会上，县委副书记、县长张越轶作了动员报告，系统总结了大宁2005年的经济工作，安排部署了2006年的经济工作。会议通报了2005年度发展四大重点产业责任制和招商引资情况；对2005年在四大重点产业中作出突出贡献的先进单位和个人进行了表彰奖励。6月8日，大宁县召开农民专业合作社经济建设工作会议。会议传达了省农民专业合作社经济建设工作会议精神，并对大宁县农民专业合作社经济建设工作进行了安排部署。政府副县长贺建新在讲话中阐述了农民专业合作社经济建设的重大意义，对本县的农民专业合作社经济建设工作进行了安排部署。6月22日至27日，县委书记张越轶一行与临汾市代表团成员一起乘包机从太原飞抵香港，与香港企业界广泛交流,结识了20多位商界人士,宣传大宁,推介项目。在充分考察协商的基础上,27日,大宁县按照平等互利、友好合作的原则,分别与华润电力公司和香港中华煤气公司签订了框架合作协议。通过参加上海、香港投资洽谈会,使大宁县招商引资工作取得了历史性的重大突破,为加快发展、率先发展、带头发展创造了机遇和条件。8月16日,香港华润电力控股公司执行副总裁陈健、副总经理杜军来大宁县考察煤电一体化项目。市委常委、副市长成洪才,副市长周杰及市直有关部门负责人陪同考察。为了考察项目的可行性,陈健一行先后到三多乡的川庄、三多、南堡村进行了实地考察。

8月28日,大宁县召开经济工作会议。会上,各乡镇党委书记汇报了各乡镇上半年的经济工作情况。县委副书记、代县长陈纲就大宁县2006年上半年的经济工作进行了总结回顾,并对下半年的经济工作进行了安排。县委书记张越轶在会上对大宁县经济工作的发展态势给予了充分肯定。

12月21日,山西辰康大宁生物科技有限公司年产100吨麦绿素系列产品加工项目开工奠基;市委常委、副市长黄翠莲、市人大副主任仇振刚、副市长周杰、市政协副主席杨玉龙、县委书记张越轶、县委副书记、代县长陈纲等县四大班子领导出席了奠基仪式。山西辰康科技有限公司成立于2003年,是一家集科研、开发、生产、销售于一体的高科技新型企业,采用高科技细胞破壁技术,生产优质的"柯意"系列植物营养浓缩食品。

12月25日,县委书记张越轶在县委二楼党务会议室主持召开了经济工作汇报会。会上,各单位和各部门负责人分别汇报了 2007 年度经济发展工作要点；县委副书记、代县长陈纲在会上就工业强县、新农村建设、社会事业、体制改革四大方面提出了具体的意见和要求。张越轶在会上对各单位 2007 年的工作打算给予了充分肯定，并强调要求要及早动手，制定具体的考核奖惩办法，对 2006 年度全县的经济工作进行责任考核，安排了 2007 年度的经济工作。

2007 年 2 月 6 日，县委、县政府在大宁宾馆会议厅召开经济工作会议。会上，县委副书记、代县长陈纲作了题为《抢抓机遇，克服困难，为大宁经济又好又快发展而努力奋斗》的动员报告；县委常委、常务副县长房蒲建宣读了县委、县政府《关于表彰 2006 年度经济工作者先进单位和先进个人的决定》；县委书记张越轶做了题为《解放思想，更新观念，为实现大宁新的崛起而继续奋斗》的重要讲话。

2 月 26 日，县委书记张越轶，县委副书记、代县长陈纲，县人大副主任任县长，政府副县长张全管及黄河华工有限公司负责人一行来到忻州市河曲县，对该县的化工企业进行了实地考察。3 月 30 日，县委书记张越轶，副县长张全管带领有关部门人员，来到县佳源煤业公司（大宁煤矿）检查安全生产工作。张越轶系统传达了 3 月 29 日市委煤炭安全生产工作紧急会议精神，要求县安监局和佳源煤业公司按照市委、市政府的工作部署，抓好各项安全工作的落实。4 月 30 日，县委副书记、代县长陈纲，县委常委、常务副县长房蒲建等到黄河化工总公司就安全生产工作进行检查。陈纲一行深入到公司新上马的膨化炸药生产线，详细查看了新生产线的生产工艺和生产情况。

经济结构调整有力地推动了经济的快速发展。伴随着经济结构的调整，大宁的各项主要经济指标在全市的排位不断前移。到 2007 年 12 月，全县生产总值完成 2.61 亿元，同比增长 7.2%；规模以上工业增长值完成 7961 万元，同比增长 4.49%；财政总收入完成 2185 万元，同比增长 49.5%；城镇居民人均可支配收入达到 7003 元，同比增长 12.8%；农民人均纯收入达到 1190 元，同比增长 3%；社会消费品零售总额完成 1 亿元，同比增长 20.2%；全社会固定资产完成 1.25 亿元，同比增长 28.5%；粮食总产量达到 2.5 万吨，同比增长 27.6%。

第四节　沿黄（河）公路的建设和马斗关公路黄河大桥的建成

　　农村公路是农村经济和社会发展的重要基础设施。从 20 世纪 90 年代开始，大宁县开展了大规模的公路建设，基本实现了"三通"，即镇镇通油路，乡乡通公路、村村（行政村）通机动车。但是，我县濒临黄河，仍有许多村庄，特别是一些自然村不通公路，制约着广大农村经济的发展。为了彻底改变我县农村公路落后的状况，党的十六大以来，全县开展了沿黄（河）公路建设和黄河大桥的建设。

　　2003 年 5 月 27 日，县委副书记、政府县长王林、副县长边江涛深入到黄河岸边的徐家垛乡于家坡村查看该村至黄河滩的道路施工情况。王林一行实地察看了路段的质量，详细了解了道路的总体施工情况，并与交通局技术人员亲切交谈。11 月 2 日，大马公路全面竣工，顺利通过有关部门验收，正式投入使用。大—马公路起点大宁县城桥西，跨越昕水、曲峨、徐家垛 3 个乡镇 8 个村庄，终点到割麦乡黄河边的马头关，全长 336 公里，全线按山岭重点三级公路运输标准设计，设计行车速度 30 公里 / 小时。

2004 年 6 月 10 日，县委书记杨玉龙、县委副书记单林生、政府副县长张全管等领导，对大太公路铺装工程进展情况进行检查指导。11 月 5 日，大宁至延长公路黄河大桥项目工程可行性报告审查会议在西安召开。这次会议陕西省参加的有：省政府有关领导、省交通厅工程技术委员会、省公路勘察设计院专家、延安市政府有关领导、延长县委、县政府主要领导等；山西省参加的有：省政府有关领导、临汾市政府有关领导、大宁县委副书记、代县长张越轶、副县长解高民及县直有关部门负责人。与会领导和专家对大宁至延长公路黄河大桥项目工程可行性报告进行了审查。

2005 年 3 月 14 日，大宁县召开会议研究黄河大桥修建工作。县委副书记、县长张越轶主持召开会议研究部署黄河大桥的修建工作。4 月 28 日下午，马斗关黄河公路大桥开工奠基筹备联席会议在本县召开。5 月 24 日，张越轶等领导及有关部门负责人深入到马斗关黄河滩就延长至马斗关公路黄河大桥开工奠基仪式，对现场筹备情况进行检查。

2006 年 5 月 1 日，在五一国际劳动节之际，县四大班子领导及有关部门负责人深入黄河大桥施工现场，亲切慰问了节日期间坚守在工作岗位的大桥建设者，给他们送去了大米等物品，表示节日的问候。8 月 14 日上午，县委书记张越轶与延长县委书记杨霄在大宁县翠微山庄共同主持召开了延长至大宁马斗关黄河公路大桥建设联席会议。会议听取了大桥建设领导小组办公室关于工程进展、工程监理、工程管理、资金管理情况的汇报，讨论通过了大桥建设领导小组成员调整、大桥引线工程、资金筹措、工程变更、纪念碑、收费站建设等具体事项。签署了会议纪要，并举行了签字仪式。会上，延长县委书记杨霄，县委副书记、代县长刘锦堂详细介绍了延长县的基本县情。大宁县委副书记、代县长陈纲指出：通过这次联席会议，统一了思想，达成了共识，达到了预期目标。张越轶在会上希望两县能够加强经济文化的沟通，发扬建设黄河大桥的精神，共同努力早日把大桥建成通车，圆两岸群众的大桥梦。10月31日，县委副书记、代县长陈纲，县委常委、常务副县长房蒲建一行就马斗关开发和大桥引线工程进行了实地调研，并详细听取了建设单位对大桥建设进展情况的汇报。

2007年1月6日，山西省和临汾市的公路设计专家深入到大宁县实地考察沿黄河公路走向问题等有关事宜。县长陈纲向专家们详细介绍了大宁县的公路建设情况，并希望省市专家对贫困地区的公路建设给予支持，在资金技术方面给予政策倾斜，积极支持贫困县的发展。

4月29日，在五一国际劳动节即将到来之际，县委书记张越轶，县委副书记、代县长陈纲等县四大班子领导和有关单位负责人，深入马斗关黄河公路大桥工地慰问在那里的中铁五局一公司的建设者。

5月23日，山西省公路局副局长胡志勇带领相关处室负责人来大宁对该县沿黄河扶贫旅游公路建设进行督促检查。沿黄河扶贫旅游公路是省市交通部门确定的2006～2007年重点建设项目，也是大宁县2007年度重点基础建设项目之一。该项目的建设是路网布局和调整产业结构、创造就业机会、增加经济收入、提高人民群众生活水平的迫切需要。正在建设的沿黄河扶贫旅游公路在大宁县境内全长35公里，北起徐家垛乡的后坡村，与永和县接壤，南至太古乡北沟口，与吉县相连。建设标准为山岭重丘四级公路。工程总投资为2800万元，由大宁县通州路桥有限责任公司承建。2006年12月3日开始动工，截至2007年5月20日，已完成总工程量的33.5%。

沿黄扶贫公路大宁县境内路段，即公路的三标段和四标段工程日前开始动工放线。7月18日，副县长黄海华带领有关部门负责人实地察看了工程的征地拆迁登记工作。沿黄扶贫公路从2007年7月15日开始施工，预计到2008年9月30日全部完工。三标段全长17公里，路宽15米，总投资4000多万元，委托山西奥威路桥有限公司测量放线。四标段全长7.9公里，路宽10米，投资1970多万元，委托江苏苏辰公路工程有限公司测量放线。

7月31日上午11时59分，大宁至延长马头关黄河大桥胜利合拢，全线架通。大宁至延长马斗关黄河大桥于2005年5月26日奠基开工建设，大桥全长800米，路面宽11米，高72米，是目前黄河上最高的桥，工程总投资5450万元，由中铁五局一公司承建。9月27日下午，中共大宁县委、大宁县人民政府举行大宁至延长马斗关黄河大桥新闻发布会。县委书记张越轶，县委副书记、县长陈纲，县委副书记柳红兵，县委常委、常务副县长房蒲建，县委常委、宣传部部长何卫青等领导出席新闻分布会。山西电视台、黄河电视台、临汾电视台、都市生活报、山西农民报、发展导报、山西经济日报、山西晚报、山西工人报、山西日报、交通安全报、临汾日报和临汾晚报等 20 多位记者就大宁至延长马头关黄河大桥及相关的一些问题进行了提问。出席新闻分布会的县领导就记者们关心的问题进行了回答。

9 月 28 日，延长至大宁马斗关黄河公路大桥正式竣工通车剪彩仪式在马头关举行。省政协副主席吕日周，市委书记王国正，市政协主席常富顺，市委常委、常务副市长成洪才，市委常委、市委秘书长王文英，市人大副主任仇振刚，市政协副主席杨玉龙，省公路局副局长惠高峰，省畜牧局副局长高仁义，县委书记张越轶，县委副书记、县长陈纲等领导以及陕西省、延安市和延长县的领导同志出席了竣工通车剪彩仪式并为大桥剪彩。剪彩仪式由延长县县长刘景堂主持，陈纲、张越轶先后发表了热情洋溢的讲话。成洪才代表临汾市委、市政府对大桥的竣工通车表示祝贺。陕西省、延安市和延长县的领导同志分别讲话，对大桥竣工通车表示祝贺。剪彩仪式后两岸人民举行了盛大的庆祝活动和文艺表演。晚上，县委宣传部、县文体局在大宁一中露天舞台联合举办了庆祝马头关黄河大桥竣工通车文艺晚会。

第五节　从植树造林到建设"绿色大宁"

植树造林，绿化祖国

从 1956 年，毛泽东主席发出了"绿化祖国""实现大地园林化"的号召。遵照这一号召，大宁县几十年如一日，坚持植树造林，绿化祖国。

1982 年 8 月 10 日，中共大宁县委、大宁县人民政府作出《关于坚决把林业搞上去的决定》（以下简称《决定》）。

《决定》的主要内容有：一定要充分认识林业的重要性；一定要加快造林步伐；一定要搞好总体设计；一定要完善技术规程；一定要加强管护措施；一定要抓好当年造林。《决定》发出后，大宁县秋季植树造林工作全面展开，到11月17日，共完成整地7700亩，栽植53620亩，其中，刺槐51240亩，榆树320亩，山楂2000亩，核桃51亩。

1983年10月7日，中共大宁县委、大宁县人民政府发出《关于搞好秋季植树造林的通知》（以下简称《通知》）。《通知》要求：深入宣传，打造声势；全民动员，抓好重点；搞好规划，全面铺开；加强领导，保质保量完成今年植树造林任务。

1984年1月4日，"临汾地区黄河林带总结表彰大会"在大宁召开。会议对在林带建设中作出突出成绩的8个先进单位、42名模范个人进行了表彰奖励。会议期间参观了大宁县割麦、徐家垛2个公社、5个大队的林带工程。4月9日，中共大宁县委、大宁县人民政府转发了山西省委、省政府《关于贯彻中共中央国务院绿化祖国的指示，进一步放宽政策的若干具体规定》的通知，同时动员全县人民，下定决心，坚持不懈，为尽快把本县建成花、果、林、牧县而努力奋斗。10月3日至5日，中共大宁县委召开林业工作会议。会议讨论并起草了《会议纪要》。会后，全县范围内再次掀起秋季植树造林新高潮，上马1万人，时间1个月，造林任务4万余亩。10月23日，山西省林业厅李里一行4人来大宁考察贫困情况，帮助作了脱贫规划，对林业工作《会议纪要》给予了高度评价。10月25日，《临汾报》在第2版刊登了《绿色的路——记中共大宁县委书记杨家洪抓林业的事迹》的文章。10月30日上午，中央林业检查团从永和来到大宁检查指导工作。11月8日，接地委副书记王耕溪通知：中共大宁县委主要领导在临汾宾馆与李里厅长、孔凡西主任，草拟了1个《大宁县林业承包奖励办法》。当晚10至12时，王耕溪参加了讨论和修改，决定先在大宁县搞试点。11月11日，为尽快把本县建成花果林牧县，大宁县人民政府决定成立建设花果林牧县领导组。

1985年3月7日，大宁县委、县政府召开乡镇书记会议，落实春季造林任务，追认已故林业模范许光福、马荣胜为林业功臣，并在他们的家乡树碑立传。5月29日，大宁县第八届人代会常务委员会第三次会议讨论审议通过县政府《关于把大宁县建成花果林牧县实施方案的报告》。6月6日，山西省人大常委会主任王庭栋和省林业厅厅长刘清泉等13人来大宁视察，先后考察了三多、太德、扶义、而吉和北山国营造林基地。听取了汇报并作了重要讲话。

隔坡水平沟的兴建

1985年11月25日，接到省林业厅来信，称省委领导听取了大宁县兴建隔坡水平沟的情况后非常重视。省委书记李立功说，"如果搞得好，明年在那里开会推广。"当晚九时，县委开会研究并召开电话会议，传达贯彻这一精神，全县要很快动员五千劳力，分两大战场进行会战。结果全县共上马劳力6000人，突击5至7天，又完成隔坡水平沟5000余亩，前后两期工程共搞了2万余亩。12月1日，省林业厅厅长李里、地委书记王耕溪等人来宁视察隔坡水平沟工程。12月2日，临汾地委组织西山5县县委书记到大宁，学习参观"隔坡水平沟"。12月4日，省林业厅下属单位的领导和科技人员、隰县乡镇干部、西山各县水利局局长、黑龙江省齐齐哈尔市林业局共 100 余人前来大宁参观隔坡水平沟工程。12 月 11 日，《临汾日报》第 1 版以《控制水土流失、促进植树造林》为题，报道了大宁县从 10 月份以来，组织 7000 多名强壮劳力，在全县建成隔坡水平沟田 14300 多亩的感人事迹。12 月 25 日，中共大宁县委书记杨家洪向胡耀邦总书记写了一份题为《我们找到了一条治坡保土兴林致富的好办法——关于大宁县在坡耕地上兴建隔坡水平沟的情况汇报》。

1986 年 3 月 2 日，中共临汾地委副书记、行署专员王民来大宁视察工作，察看了罗曲北坡隔坡水平沟工程和太德塬。3 月 7 日，按照中共中央总书记胡耀邦的批示；国家农牧渔业部土地管理局总工程师杨景尧、土地利用规划处处长陈白黎、农业局土壤肥料处农艺师许文田、林业部造林司工程师傅秀文一行 4 人，在省防护林局科长王德雨、省林科所工程师杨春和、临汾地区张培梓等同志陪同下来大宁对隔坡水平沟进行实地考察。3 月 26 日，省林科所所长吕赞韶一行 4 人来大宁考察隔坡水平沟工程，并安排了试验项目。3 月 31 日，《山西日报》第 1 版刊登了《坡耕地退耕还林还草的有效途径是什么？大宁县的"隔坡水平沟"是一大创举》的文章。5 月 6 日，林业部"三北"防护林局调研室主任刘与文一行 3 人，在省、地林业部门同志的陪同下，对大宁县隔坡水平沟建设和防护林第一期工程的完成情况进行了实地考察。5 月 15 日，临汾地区行政公署副专员宋发义视察了徐家垛、太古隔坡水平沟工程和甘棠贺万元治理的"万元沟"。5 月 24 日，黄委会黄河中游治理局副局长孟庆枚等一行 4 人，由临汾地区水利局水保科科长朱占鳌等人陪同，对大宁县隔坡水平沟工程进行了实地考察。

1986 年 6 月 6 日，中共大宁县委、大宁县人民政府召开各乡镇书记、科技人员及有关单位负责人会议，主要讨论了《兴建隔坡水平沟的实施方案》并就如何搞好科技扶贫，寻找致富门路，选准扶贫项目，进行了专题讨论项目论证。6 月 11 日，省农村政策研究室主任张沁文等人来大宁考察隔坡水平沟造林、小流域治理和工业发展问题。6 月 22 日，中央办公厅韩宋信在地委办公室同志陪同下来大宁考察隔坡水平沟建设，称赞这是一个好办法。7 月 2 日，省委副书记王建功冒雨到大宁视察工作，通过现场观察和听汇报，对大宁县的工作给予了充分肯定。7 月 5 日，天镇县杨副县长带领各乡镇长来大宁参观了 11 个隔坡水平沟场地。参观的同志情绪高、震动大，表示回去一定要大搞水平沟工程，并要向地委写报告，在全区推广大宁经验。9 月 26 日，联邦德国哥廷根大学国土整治学教授、森林水文学教授贝列克和林字子教授、自然保护研究所所长罗尔夫·聪继尔在中央、省地有关专家的陪同下，对大宁县隔坡水平沟进行了实地考察，称赞此项工程是"奇迹"。10 月 21 日，山西省委农工部在大宁县召开"隔坡水平沟座谈会"。省林业厅厅长李里、农牧厅副厅长刘艺、地委农工部部长王德贵及省、地有关业务科研部门负责人和农牧、林业、水利水保等方面专家与工程技术人员共 44 人参加了会议，会议对隔坡水平沟作了充分肯定和高度评价，并向省领导提出了支持建议。

1987 年 5 月，为了加快植树造林建设步伐，尽快实现"千树百果"（即：全县要有 1/3 的行政村达到"千树百果"村；

有 1/3 的农户达到"千树百果"户；每个乡镇至少有 3 个"千树百果"村；乡镇所在地为植树重点村）的奋斗目标，中共大宁县委、大宁县人民政府采取的主要措施是：县上成立县长柴建新任组长的领导组；因地制宜，合理规划，继续巩固和发展乡镇林场，积极发展村办林场和户办林场，树种以速生丰产树和经济树为主；深入实际，发动群众。苗木自备，劳力主要依靠群众投入义务工和积累工的办法解决。各村各户要规划好栽树基地，落实到人头地块，达到村村有林场，户户有林地；确定义务植树基地。乡镇机关和村委会必须有自己的义务植树基地，集中连片一定三年。同时要做好公路植树和生产植树规划；落实好政策，做到"三证"发放工作到村到户。

1990 年 5 月 15 日至 18 日，大宁县第十届人民代表大会第一次会议召开。大会审议通过了《大宁县关于生态经济林体系示范工程三年规划（草案）的报告》。

大力发展林果生产

1994 年 9 月 22 日，中共大宁县委、大宁县人民政府作出《关于大力发展林果生产的决定》（以下简称《决定》）。《决定》的主要内容是：发展林果生产，是适应市场经济需要，实现资源优化配置的必然要求；上规模、上品质、上市场，建设林果基地县；领导带头、机关带头、党员带头，实现人均二亩果；加强领导，实行奖励，确保任务完成。9 月 29 日，大宁县成立今冬明春果树基地建设领导组。

1996 年 10 月 16 日，大宁县委、县政府召开植树造林工作会议。会上对大宁县秋季植树造林和县直机关义务植树工作进行了动员和部署。11 月 2 日至 3 日，县委、县政府对今秋植树造林、农田建设进行了检查。县委、县政府、县农业领导组的主要领导、各乡镇党委书记、县直有关单位负责人参加了检查，经过评比，对植树造林和农田建设成绩突出的太德乡颁发了流动红旗。

1997年5月7日至8日，山西省林业厅厅长曹振声在大宁检查工作。曹振声实地察看了林业工程后指出：柏树是大宁的优势，要大力发展，要适应市场经济的要求，变卖苗子为卖风景树，争取发展到1亿株，为厂矿绿化提供优质的树种，要逐步优化树种，突出柏树这一林业拳头产品，把大宁搞成柏树基地。

1997年2月23日，大宁县委、县政府召开了四荒拍卖即春季造林动员大会，县长刘明贵发表题为《加强流域治理，注重经济效益，进一步开创我县四荒拍卖治理工作新局面》的讲话。县委书记李建荣讲了3点意见：特殊的县情决定了治理四荒是脱贫致富的一条出路；特殊的环境决定了购买四荒是人员分流的一条出路；特有的优势决定了拍卖四荒是治山改土的一条出路。会上，对治理四荒做出贡献的单位和个人进行了表彰。印发了县委、县政府《关于拍卖农村四荒地使用权，搞好小流域综合治理的实施意见》、县政府《关于加快干果基地县建设的实施意见》、县林业局《关于1998年林业生产安排意见》，县项目办《关于1998年项目工作的安排意见》，县农业局《关于1998年春季农业生产安排的意见》。

1998年3月25日，大宁县人民政府成立生态农林领导组。政府县长刘明贵任组长，副县长马爱萍、李明江任副组长，有关方面负责人为成员。11月20日，大宁县人民政府出台了《1999年~2000年退耕还林实施方案》（以下简称《方案》）。《方案》以政策调动、利益驱动、法规保证、组织保证、奖罚分明为措施，保证《方案》的实施。

1999年3月22日，大宁县推出林业生产新举措。具体目标是：完成人工造林4.4万亩，其中经济林2.5万亩，封山育林3万亩，育苗2400亩，其中新育1000亩。发展方向是：围绕一个目标，抓好五个基地，突出三项工程，绿化十条公路，打胜三个硬仗。具体内容是：围绕县委、县政府制定的《关于建成干果基地县的目标》，抓好南堡乡万亩红枣基地、三多乡万亩红枣基地、徐家垛乡万亩红枣基地、割麦乡万亩红枣基地、太古乡万亩红枣基地；绿化三多、太德乡、安古乡、南堡乡、榆村乡公路等10条公路；突出城关镇秀岩沟综合治理工程（总规划面积1.5万亩），东川通道工程（总规划面积1.1万亩），白村坡生态建设工程（总面积1万亩）；打胜育苗、管护、绿化达标三个硬仗。

9月21日，县委书记李建荣对今秋植树造林工作提出新要求：一规划一次到位，林业部门要本着因地制宜，注意生态效益的原则，坚持整体、全面、长远的观点，现场勘查规划，宜搞水平沟则搞水平沟，宜搞条带则搞条带，宜用什么苗则调什么苗，争取向集中连片方面发展；保证一次性成活率，有关部门要制定严格的栽植质量责任书，责任到人，赏罚分明，力争一次性保栽保活；要创建一流水平。各级领导要用建设生态农业的观点来抓植树造林工作，要做到认识到位，责任到位，质量标准到位。

10月，大宁县委、县政府提出秋季植树造林要注重"三强化"。具体内容是：强化生态意识，县委、县政府把治山治水，建设秀美山川作为一项战略任务来抓，因地制宜，集中连片，对 25 坡度以上的坡地逐步退耕还林还草，不同地域栽种不同树种，果、林、草相结合，由单一的植树绿化改变为生态经济型绿化；强化规模意识，由县生态办，林业局牵头组成 32 支造林专业队，统一规划，协调施工，重点建设以 209 国道为中心，以昕水河两岸流域为重点，全长 28 公里的绿色通道水保综合工程；强化质量意识，改变过去重栽轻管或只栽不管现象，由林业局抽调技术员组成两个验收小组，进行重复验收，验收结果一致才算合格，否则必须返工。同时质量与效益挂钩，生态工程投资进行分期付款，工程完工只付 60%，另外 40% 则到明年秋天以树木成活率为标准给予付清。

"绿色大宁"口号的提出和深化

2001 年 2 月 19 日，在全县经济工作会议上，县委副书记、县长王林作了题为《振奋精神，突出发展，为建设绿色新大宁而努力奋斗》的经济工作报告；首次提出了建设"绿色大宁"的口号。

3 月 20 日至 21 日，省林业厅厅长曹振声深入大宁县先后对共青团青年突击队植树基地、刘家庄综合治理工程、茨林造林工程、川庄和楼底沼气工程、国营苗圃、大永公路绿化工程、徐家垛乡康里村的红枣基地、榆村乡南岭村枣树基地和程炜扶贫开发公司等基地进行了参观考察。杨玉龙、王林向曹振声一行专题汇报了本县的林业生产情况，曹振声对大宁的林业生产情况表示满意并提出了指导性的意见和建议。

2002 年 2 月 26 日，在全县经济工作会议上县委书记杨玉龙作了《凝聚群体意志，共建绿色大宁，为尽快改变贫困面貌而努力》的重要讲话，把建设绿色大宁作为改变贫穷面貌的主要抓手。

2003年中共大宁县委通讯组将2000年创刊的机关报《大宁新闻》更名为《绿色大宁》。

2006年3月9日，大宁县召开农业和农村工作暨植树造林动员大会。9月6日，临汾市召开了秋季植树造林动员电视电话会议。会上，市委常委、副市长黄翠莲认真总结了临汾市上半年全市绿化工作，并就下半年城镇绿化、荒山荒坡、厂矿绿化、百米以内黄林园绿化、防护林等六大绿化工程进行了总体的安排部署。市委副书记、市长李天太对2006年上半年的绿化工作给予充分肯定。会议之后，大宁县召开会议，对此项工作进行了安排部署。

2007年4月2日，县委副书记、政府代县长陈纲等领导先后来到县城东关大坝、东川通道二级客运站、南山公园和新城区城建和通道绿化工作进行调研，部署大宁县绿化工作。

日本援助造林项目

2001年7月19日，日本林业专家黄圣泽、东条将之、滕森等一行在省、市林业部门领导陪同下，来大宁县考察日本援助造林项目，对选定的三多乡岭头项目区进行了实地考察。11月2日，由莲见明为团长的日本政府和林业专家组成的调查团一行6人，对大宁县选定的日本援助造林项目区进行了认真的现场考察。该工程位于三多乡东堡、岭头、川庄3个村庄，总面积2512公顷，其中可供造林选择面积1500公顷。项目区和日本援助造林项目区吉县蔡家川流域治理工程相连，海拔在930~1340米之间，位于二郎山林区的边缘。

2002年3月4日，日本政府专家代表团，在团长琦屋、副团长山下的率领下，一行9人来大宁，对大宁造林项目进行考察调研，并无偿援助。日本政府代表团在国家林业局外贸处处长刘立军、省林业厅副厅长杨保庆、县林业局局长贺荣清等领导的陪同下，对三多乡岭头、川庄、东堡3个村委造林项目，在认真考察调研后，给予无偿援助。之后，日中双方就无偿援助中可能出现的问题交换了意见。

2005年4月6日，省林业厅副厅长杨保庆对大宁县日援项目培训情况及造林情况进行检查指导。

2006年8月10日，省人大常委、农工委副主任曹振声带领省人大执法检查组深入大宁县日援项目造林工程进行检查。11月9日，日本国外务省考察组一行7人在省林业厅副厅长温普德、国家林业局国际合作司双边处处长刘立军、省林业厅对外合作处处长王崇珍、副县长贺建新及县林业服务中心负责人的陪同下，对大宁县中日合作造林工程进行了考察。

退耕还林政策的稳步实施

2002年3月29日，山西省造林局副局长、省退耕还林办公室主任王德玉一行6人，来大宁检查退耕还林工作。5月31日，山西省退耕还林检查组一行3人来大宁检查退耕还林工作。检查组对正在实施的三多乡盘龙山退耕还林项目区、徐家垛乡康里退耕还林项目区进行检查指导。张全管副县长代表县退耕还林领导组作了汇报。7月20日，山西省林业厅厅长曹振声一行18人，来大宁视察盘龙山退耕还林工程。视察中，曹振声详细询问工程的具体实施情况和国家对退耕还林的补助、补贴金到位情况；建议林区栽植树木应多发展油松与刺槐，要保护好林区自然生长的花草树木，增加森林植被覆盖率，保护林态环境。

7月31日，临汾市退耕还林工作现场会在大宁召开。参加现场会的有：市委副书记张克强、市人大常委会主任陈长禄、市政协主席张岗望、副市长常富顺、临汾市各县市副县市长、各县市林业局局长，大宁县在宁副县级领导及有关方面负责人等共100余人。与会人员，观摩了三多乡南岭村、牛泉街、盘龙山退耕还林工程；王林县长、三多乡长张新平，现场介绍了这些工程的实施情况。观摩结束后，对与会人员进行了集中培训。山西省造林局局长、高级工程师王文德，副局长、高级工程师王德玉、张云龙，省育苗站站长、高级工程师白埃堤、省林业厅监察室主任、副教授苏志英，分别就实施退耕还林工作的目的意义、重要政策、工程管理、技术等课题，作了精彩讲解。

2003年4月5日，中共山西省委书记、省人大常委会主任田成平来大宁县盘龙山退耕还林工程区进行考察。田成平详细询问了工程治理的办法，管护的措施和权属兑现的情况，杨玉龙、王林一一作了汇报。

建设"绿色大宁"口号提出后，大宁县委、县政府咬定青山不放松，通过群众性的造林运动、日本造林项目和退耕还林政策的实施，使大宁县的森林覆盖率大大提高，初步实现了"绿色大宁"的奋斗目标。

第六节　中共大宁县第九次代表大会召开

2003年10月17日至18日，中国共产党大宁县第九次代表大会在翠微山庄会议厅隆重举行。出席会议的代表229名，列席代表55名，特邀代表11名，代表着全县3799名党员。县委副书记王林致开幕词。会议听取、审议并通过了县委书记杨玉龙代表中国共产党第八届委员会所作的题为《践行"三个代表"，推进三大文明，为大宁县稳定脱贫实现小康目标而努力奋斗》的工作报告；县纪委书记樊奋强代表中国共产党大宁县纪律检查委员会所作的工作报告。大会用无记计投票的方式，选举产生了中共大宁县第九届委员会委员29名、候补委员3名，县纪律检查委员会委员11名。姚焕章致闭幕词。

10月18日下午，中国共产党大宁县第九届委员会第一次全体会议在翠微山庄四楼会议室召开。会议的主要议题是：选举中共大宁县第九届委员会常务委员、书记、副书记。会议用无记名投票的方式选举产生了中共大宁县九届委员会常务委员10名，他们是：王林、任俊杰、杨玉龙、何卫青、张洪福、单林生、房蒲建、姚如意、姚焕章、樊奋强。杨玉龙当选为书记，王林、姚焕章、单林生、樊奋强当选为副书记，杨玉龙在全会上作了重要讲话。

10月18日下午，中国共产党大宁县纪律检查委员会第一次会议召开。会议的主要议题是：选举中共大宁县纪律检查委员会常务委员、书记、副书记。会议采用无记名投票的方式选举产生了中共大宁县纪律检查委员会常务委员7名，樊奋强当选为书记，贺璋锁、王俊奇当选为副书记。

2004年11月25日至26日，中国共产党大宁县第九届委员会第二次全体扩大会议，在翠微山庄会议室隆重召开。参加会议的有：县委委员、候补委员；列席会议的各乡镇党委书记、乡镇长共计150余人。会上，县委书记杨玉龙代表县委九届常委会作了工作报告；县委副书记姚焕章宣读了《大宁县人民政府关于做大枣业的实施意见》（讨论稿）；县纪检委书记樊奋强宣读了《大宁县人民政府关于做大羊业实施意见》（讨论稿）；县政法委书记姚如意宣读了《大宁县人民政府关于加快城市建设的实施意见》（讨论稿）；就杨玉龙的工作报告和以上3个《实施意见》进行分组讨论；县委副书记单林生宣读了县委《关于做大做强四大重点产业的决定（草案）》，与会委员举手表决通过了这个决定；县委副书记、代县长张越轶在会上作了《振奋精神，埋头苦干，全力推进我县经济建设的快速发展》的讲话。

2005年8月3日，县委九届三次全体（扩大）会议在翠微山庄二楼大会议厅召开。会议由县委书记杨玉龙、县委副书记、县长张越轶主持。会上县委书记杨玉龙代表九届县委常委会向全委会作了工作报告，并安排部署了下一步工作。他讲了两个方面的问题：一是关于县委九届二次全会以来的回顾；二是关于建立长效机制，加快四大产业发展问题。县委副书记姚焕章宣读了《中共大宁县委关于深入开展"两扶三争一推进"活动的决定》。张越轶就调整结构，退耕种草，抢抓机遇，发展羊业讲了话。

2006年3月29日，中国共产党大宁县第九届委员会第四次全体会议召开。出席会议的有：县委委员、候补县委员。有关方面负责人列席了会议。县委副书记、县长张越轶主持会议。会议主要议题是贯彻落实中央十六届五中全会精神，研究表决通过《中共大宁县关于制定国民经济和社会发展第十一个五年规划的建议》。传达贯彻落实省委省政府对外开放工作会议精神。会议听取了《关于中共大宁县委制定大宁县国民经济和社会发展第十一个五年规划的建议》的说明，并进行了分组讨论，提出了一批富有建设性的意见和建议。

编制"十一五"规划

2005年12月17日，大宁县在政府会议室召开大宁县编制"十一五"规划领导组工作会议，会议由县委副书记、县长张越轶主持，县委常委常务副县长房蒲建、副县长张九锁、贺建新、解高民、柳红兵及全县30多个部门负责人参加了会议。副县长、"十一五"规划编制领导组常务副组长房蒲建宣读了《关于成立大宁编制"十一五"规划领导组的通知》。

2006年3月13日，县委副书记、县长张越轶主持召开会议，讨论、征求《政府工作报告》和《"十一五"发展规划纲要（草案）》意见。县委常委、常务副县长房蒲建，副县长张九锁、贺建新、解高明及县直各部门负责人参加了会议。3月29日，中国共产党大宁县第九届委员会第四次全体会议表决通过《中共大宁县关于制定国民经济和社会发展第十一个五年规划的建议》。4月7日至9日，大宁县第十三届人民代表大会第四次会议通过了《大宁县国民经济和社会发展第十一个五年计划纲要》。

第七节 整体推进和谐大宁建设

进入 21 世纪以来，根据我国经济、政治、社会发展的现实要求，党中央提出了构建社会主义和谐社会的任务。党的十六大报告提出："我们要在本世纪头二十年，集中力量，全面建设惠及十几亿人口的更高水平的小康社会，经济更加发展、民主更加健全、科教更加进步、文化更加繁荣、社会更加和谐、人民生活更加殷实。这是实现现代化建设第三步战略目标必经的承前启后的发展阶段。"2004 年 9 月党的十六届四中全会召开，明确提出了建设和谐社会的任务。会议提出，"要适应我国社会的深刻变化，把和谐社会建设摆在重要位置，注重激发社会活力，促进社会公平和正义，增强全社会的法律意识和诚信意识，维护社会安定团结。"2006 年 10 月，党的十六届六中全会召开，作出了《关于构建社会主义和谐社会若干重大问题的决定》。

构建社会主义和谐社会的提出，标志着我们党对中国特色社会主义建设规律的认识达到新的高度。

2005 年，胡锦涛总书记视察山西时指出，山西虽然是欠发达省份，但只要努力工作，在和谐社会建设上是可以走在前面的。这是对山西的殷切期望，也是对山西提出了更高的要求。

根据中共中央《关于构建社会主义和谐社会若干重大问题的决定》和《中共山西省委关于贯彻落实党的十六届六中全会精神加快建设和谐山西的意见》，中共大宁县委致力于建设和谐大宁，采取了六大措施：一是努力缩小发展差距，促进城乡和区域协调发展。加大惠农政策实施和"两区"开发力度。二是加快发展社会事业，促进经济与社会协调发展。加大了财政对社会保障、就业、教育、医疗卫生、文化体育、环境卫生方面的投入。三是加强制度建设，保障社会公平正义。建立健全了社会保险、社会救助、社会福利、慈善事业相衔接的覆盖城乡居民的社会保障体系。加强了对城乡困难群众的救助。四是认真解决改革发展中涉及人民群众切身利益的突出问题，确保人民群众共享改革发展成果。对于土地征用、房屋拆迁等群众反映强烈的问题特别重视，加大了对假冒伪劣食品、药品的打击力度，保障了人民群众的食品安全和用药安全。加大了对经济适用房和廉租住房的建设力度。五是完善社会管理，保证社会安定有序。进一步完善了信访工作机制，畅通了信访渠道。进一步完善了矛盾纠纷排查调处工作目标责任制，最大限度地把各种矛盾纠纷解决在基层，解决在萌芽状态。对群体性事件和突发事件，予以特别重视。扎实推进"平安大宁"建设，加强了对各种犯罪活动，特别是黑恶势力的犯罪活动的打击力度，加强了城乡社会治安的综合治理，加强了长效机制建设。六是高度重视资源节约和生态建设，打造"蓝天碧水"，实现人与自然和谐相处。

通过和谐大宁建设，不少影响社会和谐的矛盾和问题得到了解决，促进了社会和谐稳定。

第八节　开展党的先进性教育活动

为了切实加强党的执政能力建设，确保党始终走在时代的前列，更好地肩负起历史使命，2004 年 11 月，党中央作出在全党开展以实践"三个代表"重要思想为内容的保持共产党员先进性教育活动的重大决定，11月7日，中央下发《关于在全党开展以实践"三个代表"重要思想为主要内容的保持共产党员先进性教育活动的意见》（以下简称《意见》）。《意见》指出，保持共产党员先进性教育活动，从目标要求上，就是要提高党员素质，加强基层组织，服务人民群众，促进各项工作。

这次先进性教育活动分三批进行，每批半年左右时间。

第一批为县及县以上党政机关和部分企事业单位，从2005年1月开始到2005年6月基本结束。

2005年1月5日，中共中央召开保持共产党员先进性教育工作电视电话会议。会上，中共中央政治局常委，国家副主席曾庆红对在全党开展的保持共产党员先进性教育活动进行了安排部署。1月18日，县委书记杨玉龙、县委副书记、代县长张越轶等四大班子领导认真收听收看了全省保持共产党员先进性教育工作电视电话会议。这次电视电话会议由省委副书记、省长张宝顺主持。省委副书记、省纪委书记金银焕同志传达了中央保持共产党员先进性教育工作会议精神，省委书记田成平、中央驻山西省督查组组长杨新农分别作了重要讲话。电视电话会议结束后，县委立即召开常委会，对全县的共产党员先进性教育工作进行了研究和安排。2月5日，大宁县保持共产党员先进性教育活动动员大会在翠微山庄大会议厅召开。会议认真贯彻落实了党中央和省委、市委保持共产党员先进性教育活动工作会议精神，对全县开展保持共产党员先进性教育活动进行了动员和部署。县委书记、县委保持共产党员先进性教育活动领导小组组长杨玉龙作了动员报告。

第二批为城市基层和乡镇机关，从 2005 年 7 月开始到 2005 年 12 月基本结束。

6 月 26 日下午，山西省召开第二批保持共产党员先进性教育活动工作电视电话会议。县四大班子领导，先进性教育活动领导小组成员和办公室负责人在大宁分会场参加了会议。之后，举办了第二批保持共产党员先进性教育活动业务骨干培训班。7 月 8 日，市委书记张茂才来大宁视察大宁县保持共产党员先进性教育活动、农村主导产业发展和城市建设工作，县四大班子领导陪同调研。11 月 22 日，大宁县召开第二批保持共产党员先进性教育活动工作会议，县委书记杨玉龙，县委副书记、纪委书记樊奋强，县委常委、组织部部长牛庆国、第二批参学单位的"一把手"和理论骨干、县先进性教育督导组全体成员及各小组组长参加了会议。会上，杨玉龙做了重要讲话。牛庆国通报了第三阶段的工作情况。

第三批为农村和部分党政机关，从 2006 年 1 月到 2006 年 6 月基本结束。

2006 年 2 月 8 日，大宁县召开保持共产党员先进性教育领导组工作会议。县委书记杨玉龙，县委副书记、县长张越轶，县委副书记、县纪委书记樊奋强，县委常委、宣传部部长何卫青，县委常委、组织部部长牛庆国、副县长贺建新等出席会议。会议认真传达贯彻了市委召开的第三批先进性教育工作会议精神。会上，牛庆国对大宁第三批先进性教育工作进行了安排部署。3 月 7 日，大宁县召开第三批保持共产党员先进性教育活动督导工作会议。县委书记杨玉龙、县委副书记姚焕章，县委常委、组织部部长牛庆国、党校常务副校长贺润成等领导组成员参加了会议。县先进性教育领导小组办公室督导组长及各小组长对全县第三批先进性教育督导情况进行了详细汇报。6月1日，牛庆国主持召开了由各乡镇党委书记参加的先进性教育测评座谈会。会议对先进性教育工作再一次进行了测评，并围绕如何继续扎实有效地做好先进性教育工作展开了深入的讨论。

通过这次先进性教育，全县广大党员普遍受到一次马克思主义教育，增强了党性修养，提高了实践"三个代表"重要思想、落实科学发展观的自觉性和坚定性，党性观念、党员意识进一步增强；全县各级党组织解决了许多群众反映强烈的突出问题，一些软弱涣散和不够健全的基层组织得到整顿和加强，党组织的创造力、凝聚力、战斗力进一步提高；各级领导班子思想政治建设得到加强，党政机关服务基层、服务社会的工作力度进一步加大；党员干部的思想作风、工作作风有了明显改进，改革发展稳定的各项工作扎实推进。

第九节　加快"两区"开发步伐

"两区"即晋西北、太行山革命老区。晋西北、太行山地区在革命战争年代为中国革命作出了重要贡献。中华人民共和国成立后，两个地区的经济有了很大的发展，特别是改革开放以来，在国家的大力支持下，经过广大干部群众的艰苦奋斗，"两区"经济社会有了进一步的发展，人民生活基本解决温饱，并向小康迈进。但是，"两区"发展水平仍然十分落后，经济社会发展的主要指标，特别是财政收入和农民收入与全省及全国平均水平差距很大。

根据山西省政府晋办电〔2005〕108 号文件，2005 年 10 月 27 日，大宁县人民政府立即组织力量搜集和整理有关材料，向临汾市政府报送了《关于晋西北和太行山革命老区有关材料的报告》。2006 年 3 月 8 日，在被列入全省"两区"开发重点县之际，大宁县委、县政府召开了由以县委副书记、县长张越轶为组长、副县长贺建新为副组长的大宁县经济开发调研领导组全体成员参加的会议，迎接省政府调研组的到来。县委书记杨玉龙、县委副书记姚焕章出席会议。会议要求各有关部门要按"十一五"规划进行产业规划，在选择产业和项目时既要依托自身资源、产业基础条件和优势，把产业重点放在种植业、矿产业、林牧业和农产品加工等项目中，进行合理的统筹规划，又要认真做好调研和论证，提出好项目可行性分析。5 月 15 日，中共山西省委副书记、山西省省长于幼军、副省长梁滨来大宁就"两区"开发情况进行专题调研。

2006 年 7 月 12 日，中共山西省委、山西省人民政府作出《关于加快晋西北、太行山革命老区开发的决定》（以下简称《决定》）。

《决定》指出，加快"两区"开发具有重要意义。加快"两区"开发，让曾经为中国革命和建设作出重大贡献和牺牲的"两区"人民尽快改变贫穷落后面貌，过上富裕生活，是全面落实科学发展观，统筹城乡和区域经济社会协调发展，建设社会主义新农村的迫切需要；是抢抓中部地区崛起重大机遇，整体提升思想经济社会发展水平，顺利实现"十一五"规划目标的战略选择；是建设和谐山西，落实以人为本，维护社会稳定和政治安定的必然要求；是体现立党为公、执政为民的本质要求，对"两区"人民高度负责和深切关怀的具体行动。"两区"开发不仅具有重大的经济意义，而且具有重大的社会意义和政治意义。《决定》指出，必须从战略高度、举全省之力，用科学思维，以深厚感情扎实推进"两区"开发。

《决定》确定了"两区"的范围。大宁县被确定为全省54个国家和省扶贫开发工作重点县之一。《决定》分析了"两区"发展相对缓慢的原因，指出，其主要原因是自然条件恶劣、基础设施落后、人才资源短缺，关键症结是产业基础薄弱、自我发展能力不足。《决定》指出了"两区"开发的指导思想、原则要求和目标任务。指导思想是："以增加地方财政收入和农民收入为主要目标，以产业发展为龙头，以交通基础设施建设为重点，带动改善生态，促进社会各项事业全面发展，加快推进'两区'经济、社会、生态的全面协调可持续发展"。目标任务是：按照"3年打基础、5年上台阶、10年大翻身"的战略部署，2006~2008年，集中力量支持一批产业开发项目和必要的基础设施、社会事业和生态环境建设，使"两区"开发有一个良好的开局，力争县（市、区）财政收入有较大幅度增长，农民人均纯收入年增长10%；经过5年努力，到"十一五"期末，基本摆脱财政增收能力较弱、农民增收缓慢的局面；经过10年努力，力争"两区"在产业规模、基础设施、社会事业等方面有更大发展，为经济繁荣、社会进步、社会安定、山川秀美的新吕梁、新太行奠定坚实的基础。《决定》还确定和论述了加快"两区"开发的一系列措施。

7月13日，省委、省政府召开加快晋西北、太行山革命老区开发动员大会，对加快实施"老区"开发作了动员部署。"老区"开发战略的实施，促进了大宁县经济、财政的增收，加快了农民致富的步伐。

2007年2月，经省市职能部门审批，大宁县有7个项目列入"两区"开发项目。它们是：生态石材开发、良种肉羊基地建设、年度100吨麦绿素系列产品加工、二郎山风景旅游区开发、年产2.5万吨湿法新工艺炭黑生产线、改性硝铵炸药扩能扩产项目、煤电气综合开发和配套煤矿建设项目。5月21日，县委副书记、县长陈纲深入到辰康生物科技有限公司，就项目的进展情况进行调研。山西省辰康生物科技有限公司是本县的"两区"开发重点项目之一。总投资8000余万元，可年产100吨麦绿素系列产品，是一家集科研、开发、生产、销售为一体的高科技新型产业。陈纲一行就该项目的建设情况进行了详细询问，具体解决了项目实施中遇到的实际情况和问题。

第十节　中共大宁县第十次代表大会的召开

2006年6月26至27日，中国共产党大宁县第十次代表大会召开。出席会议的代表229名，列席代表47名。县委副书记、县长陈纲致开幕词。大会听取、审议并通过了县委副书记张越轶代表中国共产党大宁县第九届委员会作的题为《抢抓机遇，加快发展，为大宁新的崛起而奋斗》的工作报告；县委副书记、纪委书记樊奋强代表中国共产党大宁县纪律检查委员会向中国共产党大宁县第十次代表大会所作的工作报告。会议以无记名投票的方式选举产生出中国共产党大宁县第十次委员会委员 33 名，候补县委委员 6 名、中国共产党大宁县纪律检查委员会委员 11 名。姚焕章致闭幕词。在中国共产党大宁县第十届一次全会上，选举出 9 名县委常委：他们是：张越轶、陈纲、姚焕章、樊奋强、姚如意、房蒲建、何卫青、王文生、牛庆国。张越轶当选为中国共产党大宁县第十届委员会书记，陈纲、姚焕章、樊奋强当选为副书记。在中国共产党大宁县纪律检查委员会第一次全会上，选举出纪委常委 6 名。樊奋强当选为中国共产党大宁县纪律检查委员会书记，贺璋锁、王俊琦当选为副书记。

党的十七大后，中共大宁县委根据大会精神和省、市党委的战略部署，结合大宁实际，积极推进经济建设、政治建设、文化建设、社会建设、生态文明建设和党的建设，各项事业蓬勃发展。

2009 年 1 月 9 日，中国共产党大宁县第十届委员会第二次全体（扩大）会议召开。全体县委委员、县委候补委员和县四大班子党员领导干部、乡镇书记、乡镇长、县直各部门一把手参加了会议。会上，县委书记张越轶代表县委常委会向大会作工作报告。随后，与会的县委委员和县委候补委员分组讨论了张越轶书记的工作报告，讨论了中共大宁县委《关于加快工业发展，实施工业强县战略的决定》《关于进一步加强人才工作的意见》《关于加快侧柏大县建设的意见》（讨论稿）和《县委常委会关于 2008 年选任干部工作情况和抓基层党建工作情况的报告》。会上县委副书记柳红兵通报了分组讨论情况。全体委员以举手表决的方式通过了《关于县委常委会工作报告的决议》，通过了《中共大宁县委关于加快工业发展，实施工业强县战略的决定》《中共大宁县委关于进一步加强人才工作的意见》《中共大宁县委关于加快侧柏大县建设的意见》。对县委常委会 2008 年选任干部工作情况和抓基层党建工作情况进行了评议。

2010 年 12 月 23 日，中国共产党大宁县第十届委员会第三次（扩大）会议召开。出席会议的有县委委员 27 名，候补县委委员 6 名，县纪委常委、部分副县级以上老干部及有关方面负责人列席了会议。县委书记张越轶主持会议并代表县委常委会作了工作报告；县委副书记、县长程明温作了《关于制定大宁县国民经济和社会发展第十二个五年规划建议》的说明；县委常委组织部部长郝爱民作了《中共大宁县委 2010 年干部选拔任用工作和抓基层党建工作情况报告》。与会人员对这 3 个报告进行了讨论。会议通过了中共大宁县第十届委员会第三次会议决议。

2011 年 3 月 18 日上午，县委书记张越轶主持召开中共大宁县第十届委员会第四次全体会议。会上，张越轶宣读了中国共产党大宁县第十届委员会第四次全体会议关于召开中国共产党大宁县第十一次代表大会的决议草案。全会决定：中共大宁县第十一次代表大会将于 6 月 4 日在大宁宾馆隆重召开。县委常委、组织部部长郝爱民就草案的具体内容进行了详细说明。与会委员采取举手表决的方式审议通过了这个决议。

第十一节　推进社会主义新农村建设

2005 年 10 月，在党的十六届五中全会上，审议通过了《中共中央关于制定国民经济和社会发展第十一个五年规划的建议》（以下简称《建议》）。《建议》指出：建设社会主义新农村是我国现代化进程中的重大历史任务，要按照"生产发展、生活宽裕、乡风文明、村容整洁、管理民主"的要求，扎实稳步地加以推进。从此，大宁县和全国各地一样掀起建设社会主义新农村的热潮。

2010年10月，党的第十七届五中全会通过了《中共中央关于制定国民经济和社会发展第十二个五年规划的建议》（以下简称《建议》）。《建议》对社会主义新农村建设提出了更高的要求，指出：推进农业现代化，加快社会主义新农村建设。在工业化、城镇化深入发展中同步推进农业现代化，是"十二五"时期的一项重大任务，必须坚持把解决好农业、农村、农民问题作为全党工作重中之重，统筹城乡发展，坚持工业反哺农业、城市支持农村和多予少取放活方针，加大强农惠农力度，夯实农业农村发展基础，提高农业现代化水平和农民生活水平，建设农民幸福生活的美好家园。

按照《建议》的基本精神和要求，中共大宁县委、大宁县人民政府集中全县财力、物力，统筹城乡发展，对农村坚持多予少取、放宽政策的方针，加大强农惠农力度，把社会主义新农村建设作为县委、县政府工作的重中之重来实施，相继成立了大宁县社会主义新农村建设领导小组，并制定了全县新农村建设总体规划，通过近几年的努力，全县广大农民基本摆脱贫困，继而向小康生活迈进。

2006年4月7日，在大宁县第十三届人民代表大会第四次会议上，县人民政府根据县委《关于制定大宁县国民经济和社会发展第十一个五年规划的建议》，制定并通过了《大宁县国民经济和社会发展第十一个五年规划纲要》（以下简称《纲要》)。《纲要》提出建设社会主义新农村要按照"生产发展、生活宽裕、乡风文明、村容整洁、管理民主"的要求,以农业结构调整为突破口,全面加快新农村建设步伐,力争到2010年,枣业、羊业、林果业收入占到农民总收入的60%以上,彻底扭转本县农业结构不合理的现状。

2007年,在新农村建设上,大宁县以农业增效,农民增收为目标,突出主导产业,调整农业结构,全县新增经济林2.3万亩。种植多年生饲草7949亩、当年生饲草1.02万亩,新建青贮池1345个,羊存栏3.66万只,被省科学技术协会、省农业产业化协会评为百万肉羊产业化工程先进县。修建淤地坝118座,完成土地平整500亩,改良土壤5400亩,新修机耕路1.6公里,建设防渗渠10800米,架设输变电线路3公里,全县净增耕地53公顷。实施了4个村2773口人的整村推进,完成了5个村1500口人的移民搬迁。建设饮水安全工程22处,保证了21个行政村6307口人的饮水安全。人工造林3.95万亩,封山育林0.5万亩,通道绿化近100公里,育苗2300亩。建成了马头关黄河公路大桥,"村村通"水泥(油)路12个村76.5公里。新建沼气池1230个,有力地带动了"四改"工作的铺开。试点村和重点推进村的"六通""六个一"工程基本实现,"四化"完成达60%以上。组织开展了"和谐乡村、平安乡村、文明乡村"创建活动和"十星级"文明户评选活动,新农村建设工作得到了市委、市政府的充分肯定。

2008年4月28日,为了确保本县社会主义新农村建设的顺利进行,中共大宁县委、大宁县人民政府决定调整大宁县社会主义新农村建设领导组。有64个单位领导组成的领导组，在县委、县政府及县社会主义新农村建设领导组的正确领导下，促使各项惠农政策的全面落实，"三农"工作的稳步发展。2008年9月19日，大宁县社会主义新农村建设领导组以大新农发〔2008〕7号文件下发了《关于加快推进新农村建设连片发展的实施方案》，认真落实党的强农惠农政策，2008年全县用于"三农"的资金投入达到了4200万元。全年新增经济林2万亩，种草2.12万亩，新增羊存栏2.88万只。新建淤地坝25座。新增耕地15.2公顷。完成人工造林3.9万亩，封山育林1.5万亩，绿化公路37.2公里。配合省市实施了沿黄干线公路和沿黄扶贫旅游公路建设工程，完成葛榆线公路改造工程14公里、村村通工程44.5公里、村连村工程147.5公里。新建沼气池1500个。建设人畜饮水工程13处，解决了17个自然村4211口人及766头大牲畜的饮水安全问题。培训农村劳动力1500余人，新增转移劳动力1000人。进一步加大新农村建设进程。

2009年6月10日，大宁县社会主义新农村建设领导组以大新农发〔2009〕1号文件下发了《关于进一步引深新农村连片建设的实施意见》。本年度大宁县全面落实党的强农惠农政策，加快推进新农村建设和扶贫开发工作。全年新增经济林4.05万亩，种草2.5万亩，新增羊存栏2.2万只，新建无公害蔬菜大棚300余座，粮食总产量达到3646.8万斤。新建淤地坝24座，平整土地830亩，新增耕地390亩。完成人工造林6.2万亩、封山育林1.4万亩、绿化公路25公里。配合省市实施了沿黄干线公路和沿黄扶贫旅游公路建设工程，完成46个行政村通水泥(油)路工程314.8公里。新建沼气池900个、沼气服务网点12个。建设农村饮水安全工程 40 处，解决了 40 个自然村 9800 口人及 1982 头大牲畜的饮水安全问题。

2010 年对确定的 6 个新农村建设重点推进村全部完成了村庄绿化、街巷硬化、环境净化、美化、路灯亮化，建起了文化科技服务中心、卫生所、便民店和休闲广场。全县新增经济林 0.12 万顷，人工种草 0.172 万公顷，新增羊 2.9 万只，发展瓜菜大棚 500 座。成功举办了首届桃花节和赛羊大会，进一步对外宣传推介了大宁县经济林、种草养羊两大农业主导产业的优势和潜力。实施了坝系建设、沿黄提灌和农业综合开发项目工程，新建淤地坝 12 座，机修梯田 53.333 公顷，土地平整 66.667 余公顷，水源井 10 眼，完成支渠 1000 米，斗渠 3000 米，防渗渠 12500 米。实施荒山造林 0.207 万公顷，封山育林 0.16 万公顷，义务植树 18 万株，绿化公路 348 公理，育苗 200 公顷。建设沼气池 600 个、村级沼气服务网点 12 个。引导性培训农民 2100 人，转移农村劳动力 428 人。2011 年 3 月 10 日，大宁县召开县域经济暨农业农村工作会议，对全县农业和新农村建设工作进行了安排部署。同时，大宁县社会主义新农村建设领导组以大新农发〔2011〕1 号文件下发了《关于进一步提升新农村建设水平的实施意见》（以下简称《实施意见》）。《实施意见》确定了 8 个村为新农村建设重点推进村和 1 个新农村连片建设区，科学制定村级规划，继续推进一村一品产业发展，重点抓好"四化四改（改厨、改水、改厕、改圈）、"六个一"（标准化学校、便民连锁店、卫生所、休闲广场、科技服务中心、文化站）、新的"五个全覆盖"（全面实现农村街巷硬化全覆盖、农村便民连锁商店全覆盖、农村文化体育场所全覆盖、农村职业教育免费全覆盖、新型农村社会养老保险全覆盖）工程建设。推动重点村的发展。

2011年5月下旬和6月中旬，大宁县分别组织8个重点推进村以及38个"一村一品"专业村、示范村的支部书记和村委主任赴曲沃和蒲县参加了全市举办的"建设新农村发展一村一品"培训班。

2011年6月24至27日召开的大宁县第十五届人民代表大会第一次会议上通过了《大宁县国民经济和社会发展第十二个五年计划纲要》（以下简称《纲要》），《纲要》阐述了新农村建设的目标任务和具体措施，是一个关于提升社会主义新农村建设的纲领性文献。

2011年8月2日，中共大宁县委、大宁县人民政府为了确保大宁县社会主义新农村建设工作的顺利进行，决定调整大宁县社会主义新农村建设领导组。由61个单位领导成员组成，领导组对61个成员单位进行了职责任务分解。本年度大宁县紧紧抓住被确定为全省"一县一业"苹果示范基地县的机遇，大力实施林果富民战略，新增苹果经济林2万亩。利用片区扶贫开发项目，启动了"沿川万亩大棚覆盖工程"，新增蔬菜大棚1120座。38个村被确定为全省"一村一品"专业村和示范村。积极抓好种羊基地建设，新增种羊8411只。完成了8个新农村重点推进村的规划编制工作，村庄绿化、亮化、环境净化、美化、街巷硬化目标任务全面完成，建起了文化科技服务中心、卫生所、休闲广场、便民店和标准化学校。共完成了43个行政村的街巷硬化284.38公里；完成35个行政村的便民店建设；农家书屋全覆盖工程总任务72个，已经全部完成任务。全县84个行政村实现全覆盖。职业高中（含职业中专）全部在校生实行免学费，覆盖率达到100%。大宁县成为2012年的新农保试点县，启动了新型农村社会养老保险工作，实现全覆盖。实施了"一事一议"财政奖补项目，修建农村垃圾池38个、公厕19个、水窖9个。积极落实亚行贷款项目，发展养殖户51户、肉羊1000余只。狠抓农村科技教育和技能培训，培训农民5000人。在产业发展上，共投资1000多万元，栽植苹果2万亩，发展大棚蔬菜1300座，为推进"一村一品""一乡一业"奠定了基础。

新农村建设的主要内容有：五化建设（硬化、绿化、美化、亮化、净化），实现六通（通水泥（油）路、通电、通水、通电话、通有线电视）、"四化四改"（改厨、改水、改厕、改圈）。在资金投入方面，主要采取财政支出、社会统筹、农民集资的方式，实现新的"五个全覆盖"工程（全面实现农村街巷硬化全覆盖、农村便民连锁商店全覆盖、农村文化体育场所全覆盖、农村职业教育免费全覆盖、新型农村社会养老保险全覆盖）和"六个一"的建设（即：标准化学校、便民连锁店、卫生所、休闲广场、科技服务中心、文化站建设）。

2012年3月14日，大宁县社会主义新农村建设领导组以大新农发〔2012〕2号发出《关于大力实施"825"工程，着力发展现代农业，加快推进社会主义新农村建设的实施意见》。"825"的具体内容是：2012年要抓好8个重点村建设，着力建设2个新农村建设示范连片区，全面完成新的"五个全覆盖工程"。8个重点村分别是：昕水镇的白杜村、坡角村；太德乡的龙吉村；三多乡的太仙村；徐家垛乡的乐堂村；

太古乡的仪里村。2 个新农村建设示范连片区分别是：昕水镇蔬菜苹果产业连片区和曲峨镇苹果产业连片区。昕水镇蔬菜苹果产业连片区共包括罗曲村、小冯村、秀岩村、安古村、而吉村、当支村等 6 个村。曲峨镇苹果产业连片区包括白村、支角村、杜峨村、堡业村、房村等 5 个村。新的"五个全覆盖工程"是指农村街巷硬化、便民连锁店、农家书屋、健身场地建设、免除普通中专、技工学校学生学费，以及农村养老保险工作。

第十二节　重点解决民生问题

解决好民生问题是构建和谐社会的根基。建设和谐社会，必须始终将改善民生放在首位。党的十六大后，中共大宁县委、大宁县人民政府在民生建设方面作出了不懈努力。

积极解决就业和解决零就业家庭的就业问题

进入新世纪以来，就业问题日益突出。就业就是民生之本。党的十六大以后，大宁县按照中央、省、市有关精神与政策，采取各种措施推动就业。（一）积极发展经济，不断扩大就业规模。（二）实行积极的财政政策，加大就业资金投入。（三）积极推动非公有制经济发展。（四）开展多层次的职业技术培训，提高劳动者的就业能力和创业能力。

在积极解决扩大就业的同时，县委、县政府特别重视并着力解决了零就业家庭的就业问题，全面贯彻落实山西省劳动和社会保障厅等 6 部门下发的《关于做好城镇零就业家庭就业援助工作意见》。由于采取了上述措施，使我县的就业形势有了极大的改善。

解决贫困学生上学难问题

自从大中专院校实行缴费制度后，许多来自贫穷家庭的学生受到了沉重的经济压力，尤其像大宁这样的贫穷山区。为了解决这一问题，国家和各级政府采取了种种措施。在普通本科高校、高等职业学校和中等职业学校建立和健全了针对家庭经济困难学生的援助体系，完善了国家奖学金制度、助学金制度和国家助学贷款政策。与此同时，为了保证家庭经济困难学生顺利接受义务教育，确保义务教育持续健康发展，党和政府制定有关政策，采取行之有效的措施，努力做到不让学生因家庭经济困难而失学。大宁县全面贯彻落实中央及省、市精神，结合实际开展了"金秋助学"活动，较好地解决了学生上学难的问题。

发展新型农村合作医疗

农村合作医疗是我国为农民创造的互助共济的医疗保障制度，在保障农民获得基本卫生服务、缓解农民因病致贫和因病返贫方面发挥了重要的作用。

2008年5月7日，大宁县举行隆重的新型农村合作医疗启动仪式。县委副书记、县长孙京民在启动仪式上讲话指出：新型农村合作医疗管理中心要加强管理，再接再厉，统筹规划，把真正惠及百姓的好事办好实事办实，让参合农民真正得到更多的实惠。孙京民等为县新型农村合作医疗管理中心揭牌。县卫生局负责人宣读《临汾市开展2008年新型农村试点县开展工作的通知》和《大宁县新型农村合作医疗管理的实施方案》。

到2012年，大宁县农村合作医疗参合44954人，金额224.770000万元，参合率98.96%，基本实现了全覆盖。新型医疗卫生保障服务体系已经形成。

截至 2012 年 12 月份，全县共审核补偿 92646 人次，累计支付补偿金 2646.21 万元，参合农民受益率由 2008 年的 13.7% 提高到 2012 年的 25.7%，参合农民平均住院补偿率提高到 52.92%，给参合农民带来了更多实惠。

推动社会保障事业健康发展

随着国民经济的快速发展，国家对民生事业、社会保障的支出力度逐步加大。

1991 年本县一次性支出社会保障资金 16.1 万元，1998 年本县再次一次性支出社会保障资金 18 万元。1999 年 6 月，为了加快社会保障体制改革步伐，县财政局成立社会保障股（简称社保股），建立社保基金专户。同年，国家在决算报表中增设"社会保障补助支出"科目。将企业职工的失业保险、养老保险及工伤、生育和医疗保险由原来的分口管理统一纳入专户管理。当年支出社会保障资金 33 万元。

2000 年，社会保障补助支出 63 万元。

"十五"计划时期，社会保障补助支出 1087 万元，年均 217.4 万元。期间：2001 ~ 2005 年，社会保障补助支出，分别为 114 万元、183 万元、265 万元、338 万元。

"十一五"计划时期，2006 年社会保障补助支出 387 万元。

2006 年以后，社会保障补助支出科目变更为社会保障和就业科目。2007 年社会保障和就业支出 2893 万元；2008 年社会保障和就业支出 3310 万元；2009 年社会保障和就业支出 5316 万元；2010 年社会保障和就业支出 5141 万元；2011 年社会保障和就业支出 5956 万元；2012 年社会保障和就业支出 6892 万元。

以后社会保障资金逐年增加，有力地推动了大宁县社会保障事业的健康发展。

抗击 SARS

2003 年初，一场高传染性、高死亡率疾病——SARS 型肺炎疫情灾害突袭我国。该病首先在广东发现，之后又蔓延到北京、山西、内蒙古、广西、湖南、四川、上海等地。山西是疫情较重的省份之一。

SARS 型肺炎的正式名称为传染性 SARS 型肺炎，又名急性呼吸道综合征，英文缩写为 SARS。与典型肺炎的区别是起病急、发展快、毒力大、传染性强、治疗难度大。该病有以下特征：一是发病时间为冬、春季节。二是临床上一般的症状为持续发烧、干咳、肌肉疼痛、头痛，少数病人有血丝痰，并出现呼吸困难等。三是传染性极强，传播方式主要是密切接触呼吸道飞沫传播。四是没有有效的治疗药物（当时）。

4 月 7 日，省委办公厅、省政府办公厅联合下发《关于加强 SARS 型肺炎防治工作的通知》，要求各级党委、政府加强防治工作。4 月 21 日，县委副书记、政府县长王林，副县长张九锁等领导视察了县医院 "SARS" 隔离病区防治工作进展情况。王林要求要严格按照上级卫生部门的要求，对隔离病区的一切设施进行严格的消毒，采取严密的防范措施。他还和病区的专职医生、护士亲切交谈，并鼓励医护人员，要正确对待 SARS 的防治工作，不要盲目恐慌，要加强自我保护意识，严格的保护措施，确保医护人员身体健康。

4 月 23 日，由临汾市副市长董彩霞带队的市防治 "SARS"

督促检查指导组一行 6 人莅临大宁县。对大宁县的防治
"SARS"工作蹲点检查指导。市防治"SARS"领导组全体
成员一同听取了王林县长对大宁县近几天来防治"SARS"
工作的情况通报。董彩霞副市长对大宁县的防治"SARS"
工作给予了充分肯定。县委书记杨玉龙表示要进一步加大和
充实防治"SARS"工作领导队伍，要采取有效措施，全力
以赴防止"SARS"的侵入。

5 月 4 日，县委书记杨玉龙在县委二楼党务会议室主持
召开了防治"SARS"紧急会议。会上，县委副书记祁云峰
宣读了县委、县政府《关于进一步加强对 SARS 型肺炎防治
工作领导的通知》和《关于进一步加强防治"SARS"工作
的通知》。政府副县长张九锁、县长王林、县委书记杨玉龙
针对防治 SARS 型肺炎工作先后进行了紧急安排部署。5 月
18 日，临汾市"SARS"防治办农村督查组来大宁深入太德乡，
就"SARS"防治工作进行检查指导。

由于全县全省上下的重视，这一严重的 SARS 疫情最终
被扑灭。

6 月 23 日，世界卫生组织解除了对山西省的旅游警告，
同时将山西从疫区的名单中删除。6 月 25 日，山西省最后
一名 SARS 患者出院，这标志着包括大宁在内的山西人民
100 多天的抗击 SARS 的斗争取得了最后胜利。

第七章 沿着中国特色社会主义继续前进

第一节 学习贯彻党的十七大精神

2007 年 10 月 15 日，中国共产党第十七次全国代表大会在北京召开。大宁县各单位、各部门、广大干部群众积极组织收听收看中央电视台直播的大会开幕式盛况，聆听了胡锦涛总书记代表十六届中央委员会所作的工作报告。

党的十七大闭幕后，中共山西省委对大会精神及时组织传达学习，并对认真宣传和贯彻落实大会精神作出安排。10 月 25 日，省委发出《关于深入学习宣传贯彻党的十七大精神的通知》，对全省深入学习宣传贯彻党的十七大精神作出全面部署。

11 月 8 日，县委宣传部和县委党校组织理论教师分别深入到昕水镇、三多乡、曲峨镇和徐家垛乡举办十七大精神报告会。向乡镇机关和基层站所有工作人员以及农村党员干部宣讲十七大精神，向大家全面讲解十七大报告的丰富内涵和精神实质，详细讲解十七大新修正的《中国共产党章程》以及党章修正的重大历史意义。

11 月 16 日，市委讲师团在大宁举行报告会，为大宁县广大党员领导干部宣讲党的十七大精神。报告会上，市委宣传部副部长赵成山、市委党校市情研究室主任崔正龙教授联系实际，分别从高举中国特色社会主义伟大旗帜、改革开放的历史进程、深入落实科学发展观、全面建设小康社会宏伟目标及加强党的自身建设五个方面进行了深入浅出的讲解。

12月11日，大宁县举办科级干部学习党的十七大精神培训班，邀请县委党校和县委宣传部理论教师对全县科级干部学习十七大精神进行专题辅导。培训班上县委党校和县委宣传部理论教师围绕以改革创新精神继续推进党的建设新的伟大工程、全面建设小康社会的新要求，以科学发展观为指导，实现经济又好又快发展和党的十七大对党章的修改等内容进行了集中培训。

在学习贯彻十七大精神的过程中，全县各级党组织坚持理论联系实际，坚持学以致用、用以促学，把用党的十七大精神武装头脑、指导实践、推动工作作为学习的出发点和落脚点，紧密联系广大党员的思想实际，紧密联系各地各部门各单位的工作实际，紧密联系党的建设的实际，努力使学习的过程成为统一思想、提高认识、凝聚力量的过程，成为完善思路、推动工作、破解难题的过程。

第二节　实施转型跨越发展战略

2010年5月31日，中共山西省委召开全省领导干部大会。会议宣布了中央关于山西省委主要负责同志职务调整的决定。

7月29日，省委在太原再次召开全省领导干部大会。省委书记、省人大常委会主任袁纯清作了重要讲话。讲话以科学发展观为指导，着眼"十二五"时期又好又快发展，深刻把握国内外发展大势，从省情实际出发，进一步明确发展方向，完善发展思路。突出发展重点，作出了以转型发展为主线，以跨越发展为目标，再造一个新山西的战略部署。

全省领导干部大会的召开和转型跨越发展、再造一个新山西的战略部署，体现了世界和我国发展的趋势，反映了山西的实际，表达了全省人民的愿望，在全省广大干部群众中引起强烈反响，极大地鼓舞了全省人民的信心，也极大地鼓舞了大宁人民的信心。

2010年6月24日下午，县委召开会议，组织四大班子领导以及各乡镇、县直单位负责人认真学习了省委书记袁纯清同志在临汾调研时的重要讲话精神。县委要求各乡镇、县直各单位要把学习贯彻落实袁书记重要讲话精神作为一项重大政治任务，作为当前全县的一项中心工作抓紧抓好。会议还要求各乡镇、县直各单位要在6月28日前召开专题会议，围绕袁书记提出的方向性、思路性的要求，结合大宁经济和社会发展实际，认真开展思想大解放、专题大调研、发展大讨论活动，进一步统一全县上下的思想，增强加快科学发展的信心和决心。

2012年1月30日，大宁县收听收看了全省转型综改试验区先行先试推进大会，县委书记刘奎生，县人大常委会主任贺寅生、县政协主席姚如意，县委常委、常务副县长冯小宁，县委常委、宣传部部长张新平，县人民法院院长贺博，县人民检察院检察长权建威及各乡镇、县直相关部门负责人在大宁县分会场收听收看了会议实况。

会议指出，全省各级各部门要把握先行先试这个灵魂，抓住转型这个根本，找准先行先试的抓手；要加快发展循环经济，大力发展接续替代产业；要建设特色园区，重点突破一批关乎转型的关键核心技术；要敢于以资源换项目、换技术、换人才；要抓好重大生态环境修复治理工程；要围绕转型发展创新体制机制，优化政策环境、投资环境、创业环境。

会议强调，要立足当前，着眼长远，进一步提高思想认识，明确目标任务，抓好产业转型这一核心，抓好企业发展这一主体，抓好园区建设这一载体，抓好项目开展这一契机。各级各部门要将转型综改实验纳入工作日程，加大宣传力度，走好"十二五"承上启下的重要一年，努力开创新局面，以一个积极良好的态势迎接十八大的顺利召开。

会后，刘奎生讲话指出，新的一年工作已经拉开帷幕，全县各级各部门要调整心态，尽快进入岗位角色，提早谋划，积极面对新一年的工作，齐心协力，努力实现大宁县各项工作开门红。

第三节　进一步改善民生

为了进一步改善民生，省委、省政府出台了一系列政策和措施，大宁县委、县政府坚决贯彻执行省委、省政府一系列措施，大力改善民生。2009 年 2 月 20 日上午，市政府中央投资项目进展情况督查组一行来宁，就大宁县新增中央投资项目的进展情况进行督促检查。经市发改委审查复核，共受理 33 个项目，总投资 28620 万元。其中：保障性安居工程建设方面 2 个，农村民生工程和基础设施建设方面 12 个，重大基础设施建设方面 1 个，医疗卫生、文化、教育等社会事业方面 12 个，节能减排和生态建设方面 6 个。

安居工程

2008年3月6日，本县安民小区正式开工，县委副书记、县长陈纲出席开工奠基仪式并讲话。这标志着大宁县新一轮安居工程正式启动。

2008年至2010年，安民小区县、种子公司住宅楼、味精厂住宅楼、县政府家属楼、县林业局家属楼、南关村住宅楼陆续建成、总建筑面积约3万平方米，人均居住面积29平方米。到2012年年底，新增住宅建设工程有县水利局、县汽车站、县运输公司、县物资公司、县日杂公司、县东关小学、县农修厂等机关家属楼。人均居住面积达到31平方米。

2009年，国家拨付租房建设资金90万元，县配套资全210万元，在原配件厂建廉租房1栋，共3000平方米，可安置60户，户均50平方米，于8月底动工，2010年竣工。2012年，在县配件厂又修建廉租房150套，建筑规模户均为50平方米。2013年年底竣工。

休闲娱乐工程

小金殿广场，2008年3月7日正式动工修建。小金殿广场位于麻束沟口，是一处具有综合性功能的体闲场所。南京园林建筑院规划设计，总投资1000余万元，占地面积40余亩，分为"一个中心""两个主轴""四个功能区"。"一个中心"是文化广场中心，直径为52米的圆形广场，中间是18米的音乐喷泉；"两个主轴"是南北走向和东北走向的主景轴线与文化景观轴线；"四个功能区"是文化中心区、广场入口区、老年健身区、儿童游乐区。工程中央有12尊文化浮雕共300平方米。

2009年5月22日上午，大宁县南山公园二期工程黄河母亲雕像落成典礼仪式举行。县委书记张越轶，县委副书记、县长孙京民等四大班子领导以及县直有关单位负责人和昕水镇负责人参加了典礼仪式。

南山公园，1999年开始建设。2005年投资400多万元，建设总面积5万平方米，于2009年建成。工程共铺设石阶2000米，栽种柏树1.5万余株，绿化面积2万平方米，安装山顶喷泉1组，修建山顶广场2座，为居民健身和休闲娱乐提供方便。

滨河路长廊公园，东起昕义大桥，西至西川大桥，2010年8月施工，2012年竣工，总投资545.24万元，全长1526米。长廊实施绿化、亮化、净化，供市民体闲娱乐。

2008年4月2日至3日，市委书记夏振贵来大宁进行调研。夏振贵一行在县委副书记、县长陈纲等四大班子领导的陪同下，先后深入到曲峨镇道教村、石城石业、南山公园、黄河大桥以及正在建设中的古乡小学、青少年校外活动中心、西外环路、滨河路、小金殿广场、安民小区、辰康公司等地进行了实地调研。夏振贵一行还实地参观了大宁县南山公园和马头关黄河大桥，对大宁县近年来在城市建设上取得的成绩给予充分肯定。

2010年9月26日，原山西省委书记李立功来宁调研。李立功一行先后深入到南山公园和印象石材厂进行调研。在南山公园，李立功兴致勃勃地参观了南山公园，俯瞰了县城全景，听取了大宁县近年来的城市建设和经济社会发展的汇报。

集中供热工程

大宁县集中供热工程是县政府在今年政府工作报告中承诺为民办的十件实事之一。为此县委、县政府高度重视，成立了领导组，组建了集中供热管理中心，在财力十分紧张的情况下，想方设法筹措资金，于 2008 年 8 月 24 日全面开工建设。

12 月 27 日下午，县委副书记、县长孙京民，县委常委、常务副县长房蒲建带领城建、锅炉公司、城区办、煤矿等部门负责人深入到部分集中供暖用户家中进行实地查看，详细了解集中供暖情况，查明供暖不均原因，协调解决具体问题。

2009 年 11 月 4 日，大宁县政府召开集中供暖协调工作会议。县委副书记程明温，县委常委、常务副县长房蒲建以及财政、发改、质监、工商、环保、教育、物价办、供电支公司的负责人参加了会议。会上，各单位负责人汇报了大宁县集中供暖的各项前期准备工作。与会领导就今年集中供暖的有关问题进行了协调解决，决定了有关事项。11 月 15 号点火供暖。

污水处理工程

2010 年 4 月 29 日下午，省污水处理厂建设督查组一行来宁，对大宁县污水处理厂的建设情况进行督促检查。督查组一行深入到即将准备修建的污水处理厂建设项目选址现场进行了实地考察，详细了解了项目的选址、审批、招投标等前期准备工作及项目建设中存在的问题，并提出了具体要求。污水处理厂位于县城西南，原配件厂西侧，工程投资2700 万元，计划占地 17 亩，工程全面建成后日可处理污水5000 吨。11 月 12 日，省政府城镇污水处理厂县级全覆盖督查组一行来宁，对本县的污水处理厂进行专项检查和考核验收。考核组一行对大宁县污水处理厂的建设时间节点、运行台账、在线监测及进出水口流量计、中控系统、污泥处理、厂容厂貌等各个环节进行了认真的检查考核、打分评价，最终确定县污水处理厂通过考核验收。

大宁县污水处理厂建设项目位于古乡村南100米，昕水河东南侧。按2020年规划，污水处理厂建设规模为0.5万立方米／日。一期为0.25万立方米／日。排水体制采用完全分流制。采用A2/o处理工艺，该项目占地面积10780平方米，总投资2704万元，其中管网投资1000万元。该项目2009年4月经临汾市环保局环境评估，5月经省发改委立项批复，8月经省发改委初步批复，于2010年5月开工建设，11月建成。污水处理工程建成，彻底改变了大宁的环境面貌，有效保护大宁的昕水河流不受污染，从而实现人与自然和谐相处的现代理念。

教育工程

进入新世纪，大宁县财政对教育在投入世行贷款基础上，实施了国家义务教育一、二期工程项目和农村寄宿制学校项目及危房改造项目。从30世纪90年代开始，共投入世行贷款项目资金800万元，义务教育一期工程项目资金950万元，二期工程985万元。农村寄宿制学校项目资金600万元。全县基础教育办学质量发生了划时代的变化。特别是在2007年，县政府采取各种措施投入300余万元，改、扩建学校31所，基本消除了中小学危房。截至2007年，累计投入"普九"资金、改善办学条件资金3635万元。

2005年，部分中小学学生开始享受国家"两免一补"的政策。2007年，实施了农村义务教育经费保障机制改革，全县义务教育阶段学生全部免除了学杂费和课本费，并对贫困寄宿生发放生活补助，有效减轻了学生家长的家庭经济负担，进一步巩固和提高了义务教育普及程度。

2008年，新建了古乡小学和青少年校外活动中心。在"一无两有三配套"的基础上，引进了信息技术装备和农村中小学现代远程教育装备，全县远程教育基本覆盖农村。在教育改革中，一直坚持校长负责制、教师聘任制、校长聘任制、岗位责任制、业务考核制、评估奖惩制"六制"。在办学体制上，由20世纪80年代推行的"三级办学，两级管理"的基础上，贯彻落实了国务院《关于进一步加强农村基础教育工作的决定》，实行了在国务院领导下多级办学，以县为主的办学管理体制，加强了基础教育工作。同年，国家进一步加大对教育事业的投入力度，为中小学生免费提供作业本和英语听力磁带。教育体制的改革与发展，办学条件的大力改善，大大提高了基础教育质量。

2008年以来，实施中小学校舍安全工程，特别是2010年，全县共实施了19所中小学校舍安全工程建设项目，共建单体建筑物44栋，总建设面积36223.93平方米，总投资5405.56万元。校舍安全工程达到了全覆盖。

"十一五"期间，县委、县政府坚持把教育工作放在优先发展的战略地位，不断完善政策措施，不断加大教育投入，不断优化发展环境，为振兴大宁教育提供了重要保障。五年间，在县财政十分困难的情况下，确保了教育经费的"三个增长"，全县教育支出年均增长26.8%，2010年达到5498万元，是2006年2352万元的2.34倍。与此同时，不断完善义务教育经费保障机制。

从2007年起，在全县实施了以"两免一补"为主要内容的义务教育经费保障机制改革，为全县义务教育阶段中小学生免除学杂费，免费提供教科书，实现了"上学不交费"的目标，先后为中小学贫困寄宿生补助生活费 1208 万元。中小学生人均公用经费标准、学校公用经费不断逐年提高。

从 2008 年开始，根据《山西省人民政府办公厅关于开展清理化解农村义务教育"普九"债务试点工作的意见》（晋政办发〔2008〕63 号）和《山西省人民政府关于印发＜山西省化解农村义务教育债务＞实施方案》，就着手开展清理化解农村义务教育"普九"任务工作，特别是晋政办发〔2010〕110 号文件下达之后，本县对这项工作进行了周密部署，积极行动，召开动员大会，并成立了以县委副书记、县长樊宇为组长的"大宁县清理化解农村义务教育'普九'债务工作领导组"，办公室设在财政局，办公室主任由县政协副主席、财政局局长张志荣兼任，副主任由财政局副局长杨云清兼任，制定下发了《大宁县化解农村义务教育债务工作实施方案》，建立了相关部门合作工作机制。

2008 年至 2011 年，清理化解农村义务教育债务工作经过自查清理、审核、公示、复核、确认等环节，摸清了家底，锁定债务 1191.34 万元，并经过省级认定，按照国务院关于"制止新债、摸清旧债、明确责任、分类处理、逐步化解"的总体要求和省市农村综合改革领导组办公室的工作部署，本县在 2011 年 9 月底全部完成化解农村义务教育债务任务，印发了大财字〔2011〕25 号《关于制止农村义务教育新增债务的意见》，在全县建立制止产生新的农村义务教育债务的有效机制。

从 2009 年起，大宁县响应中央特岗计划。截至 2012 年共招聘农村中小学特岗教师 269 人，中央财政补助特岗教师工资为 3 年，人均约 2000 元。3 年以后考核合格者列入本县事业编制，工资由县财政负担。中央财政 3 年共补贴特岗教师工资为 53.8 万元。

2012 年 5 月起，县财政对全县 26 所中、小学 4896 名学生实施营养餐补助政策，到本年底，共发放营养餐补助款 133.56 万元。

惠农工程

（一）退耕还林

2002 年，国家对山区部分边缘地带划出退耕还林带，凡在规划范围内的土地，禁止耕种，禁止放牧，专一营林，恢复植被。第一轮国家对新林区生态林农民实行口粮补贴 8 年，对新林区经济林农民实行口粮补贴 5 年，补贴标准为生态林每亩折合人民币 160 元，经济林折合人民币 90 元。第二轮国家对新林区生态林和经济林农民实行口粮补贴 5 年。补贴标准变为生态林每亩折合人民币 90 元，经济林折合人民币 90 元。大宁县共退耕还林 54000 亩，其中，2002 年退耕还林 27000 亩，涉及农户 1677 户；2003 年退耕还林 20000 亩；2003 年以后列在林业支出项，直补粮食，每亩补粮食 200 斤（小麦 70%，玉米 30%）。2004 年退耕还林 5000 亩，同时改变为现金折现补贴。2004 年至 2007 年对生态林进行补贴，2004 年全县 6 个乡镇包括专业队退耕还林（生态林）补贴款 780 万元；2005 年全县 6 个乡镇退耕还林（生态林）补贴款 780 万元；2006 年退耕还林 2000 亩。同年全县 6 个乡镇退耕还林（生态林）补贴款 810 万元；2007 年全县 6 个乡镇退耕还林款共计 782.64 万元，其中：生态林补贴款 742.35 万元，经济林补贴款 40.29 万元；200 年 8 全县 6 个乡镇退耕还林款共计 724.02 万元，其中：生态林补贴款 667.25 万元，经济林补贴款 56.77 万元；2009 年全县6 个乡镇退耕还林款共计 819.3 万元，其中：生态林补贴款761.82 万元，经济林补贴款 57.48 万元；2010 年全县 6 个乡镇退耕还林款 661.87 万元，其中：生态林补贴款 401.98 万元，经济林补贴款 259.89 万元；2011 年全县 6 个乡镇退耕还林补贴款 423.71 万元。到 2011 年 12 月共涉及农户 2390 户，退耕亩数 47079 亩，共拨付粮食款和退耕还林补贴 5781.73万元。

（二）粮食直补

粮食直补是 2004 年国家为进一步促进粮食生产，保护粮食综合生产能力，调动农民种粮积极性和增加农民收入，按一定的补贴标准及种植粮食实际面积对农户直接给予补贴的一项政策。本县当年粮食直补上级拨入 73.6 万元，兑付 71.16 万元，余额 2.44 万元，受益农户 8475 户。标准由初期小麦每亩补贴 10 元、玉米补贴 5 元，后提高到综合补贴每亩 55 元。

（三）良种补贴

良种补贴是指国家对农民选用优质农作物品种而给予的补贴，目的是支持农民积极使用优良作物种子，提高良种覆盖率。2011 年，良种补贴规模进一步扩大，部分品种标准进一步提高。中央财政安排良种补贴 220 亿元，比上年增加 16 亿元。水稻、小麦、玉米、棉花以及部分地区的大豆、冬油菜实行全覆盖。小麦、玉米、大豆和油菜每亩补贴 10 元，其中，水稻、玉米、油菜补贴采取现金直接补贴方式，小麦、大豆、棉花可采取统一招标、差价购种补贴方式，也可现金直接补贴。继续实行马铃薯原种生产补贴，在部分花生产区继续实施花生良种补贴。本县的良种补贴是从2009年开始实施的。

（四）农机具补贴

农机具补贴是国家对农业的直补资金。从2004年实施以来，支出项目包括保护性耕作机具、薯类收获机具、果业作业机具、牧草作业机械等农机具购置补贴和农业示范园、农业服务体系等支出。补贴额度为5%~15%。

从2004年到2012年9年里，农民共购农机具2305台（套、件），拉动内需（即购机具费）1564.31万元，国家补贴448.33万元，受益农户2003户。

（五）家电补贴

2009年，国家实施家电下乡补贴政策，时间统一暂定为4年。即从2009年2月1日开始，到2013年1月3日结束。家电下乡补贴产品共十大类。本县实施家电下乡补贴工作以来，共补贴产品18049（台、件），补贴534.64万元，拉动内需4373.33万元。其中：定额补贴5931（台、件），补贴金额238.45万元，拉动内需2094.98万元。13%补贴的12118（台件），补贴金额296.19万元，拉动内需2278.35万元。

（六）摩托车、汽车补贴

2009年，国家实施摩托车下乡补贴政策，时间统一暂定为4年。即从2009年2月1日开始，到2013年1月3日结束，补贴方式为两种，一种是购买单价5000元以上的按650元定额补贴，一种是13%按比例补贴。

汽车下乡补贴政策从2009年3月1日开始，至2010年12月31日结束，期限为1年零10个月。补贴分为两种，一种是购买单价 50000 元以上的按 5000 元定额补贴，一种是按销售价格 10% 比例补贴。

到 2011 年 12 月 31 日，摩托车下乡共销售摩托车 798 辆。其中，650 元定额补贴 596 辆，销售额为 304.15 万元，补贴 38.74 万元；13% 比例补贴 202 辆，销售额为 87.84 万元，补贴 11.42 万元

汽车下乡补贴历时 1 年零 10 个月，共销售各种车辆 234 辆。其中，轻型载货车和微型载货车 76 辆（5000 元定额补贴 26 辆、10% 比例补贴 50 辆）、微型客车 158 辆（5000 元定额补贴 9 辆、10% 比例补贴 149 辆）。轻型载货车和微型客车 5000 元定额补贴 35 辆，销售额为 233.58 万元，国家补贴 17.50 万元。轻型载货车和微型客车 10% 比例补贴 199 辆，销售额为 684.73 万元，国家补贴 68.47 万元。

（七）种植业保险保费补贴

种植业保险保费补贴是指财政部对省级政府引导有关农业保险经营机构 (以下简称经办机构) 开展的特定农作物的种植业保险业务，按照保费的一定比例，为投保的农户、龙头企业、专业合作经济组织提供补贴。

大宁县为了更好地支持和服务"三农"（农业、农村、农民），逐步完善农业风险保障体系，在 2011 年种植业保险保费补贴试点的基础上于 2012 年在全县全面推行了种植业保险保费工作。截至 2012 年 10 月底共投保玉米 1372 亩，其中：太德乡 619 亩、太古乡 753 亩，各级财政负担保费补贴 21224.84 元。其中：县级 2479.04 元，占总保费的 85%，农户只负担总保费的 15%。）种植业保险保费补贴工作的开展有效地化解了种植业的自然灾害，为农民及时恢复农业

再生产提供了有力的资金保障。

（八）燃油补贴

燃油补贴是国家为了促进我国农业机械化进程，缩小城乡差别，全面建成小康社会的重要举措。

大宁县的燃油补贴政策是从 2006 年实施的，燃油补贴的原则是"油料费用谁支出谁受益"，补贴资金来自省财政中央转移支付，市、区两级财政划补等。柴油车补贴 240.27 元／月标台，汽油车补贴 446.72 元／月标台。农村客运车辆燃油补贴将参照公交车标准一次性发放，即柴油农客可获补 2162.43 元，其中市财政按每台 100 元一次性发放补贴，其余部分由县（区）财政补足。出租车一次性燃油补贴标准为每台 346 元。

（九）能繁母猪保费补贴

2007 年 7 月份以来，国务院印发了《关于促进生猪生产发展稳定市场供应的意见》（国发〔2007〕22 号）和《关于进一步扶持生猪生产稳定市场供应的通知》（国办发明电〔2007〕53 号），重庆市和江津区政府也出台了一系列促进生猪生产发展的政策措施，包括实施能繁母猪补贴，启动母猪政策性保险，完善生猪良种繁育体系，支持标准化规模养殖场建设，给予生猪调出大县奖励，建立健全生猪疫病防控体系等。这些政策措施的落实，调动了广大农民发展养猪事业的积极性，生猪生产正在逐步恢复，生猪存栏上升，母猪补栏增加，规模养猪发展加快，猪肉市场货源充足。临汾市 2007 年已实施的生猪补贴政策和养猪获得补助具体办法是：能繁母猪每头保费 60 元，中央、省、市、县财政分别补贴 50%、12%、9%、9%，农户应缴纳 20%，即 30 元、7.2

元。2010年后能繁母猪保费补贴政策在本县终止。

此外，还有科普惠农兴村计划、农村危房改造补贴、低收入农户冬季取暖用煤补贴等惠农政策。

第四节　大力推进农业现代化

省委在2010年7月29日召开的全省领导干部大会上作出"转型跨越发展、再造一个新山西"的战略部署，并把工业新型化、农业现代化、市域城镇化和城乡生态化确定为转型跨越发展的根本举措和主要依托。全省领导干部大会以来，山西积极推进"四化"，引领山西又好又快发展。

大宁是个农业县，县委、县政府把"推进农业现代化，提高农业综合生产能力"作为突破口，大力发展灌溉工程和设施蔬菜建设工程，促进了农业增效，农民增收。

灌溉工程建设

沿黄提黄灌溉工程是山西省西山沿黄地区甘露行动计划的一项重点工程，该工程在我县境内共规划为割麦、太古、坦达、古镇、康里5个灌区，涉及3个乡镇，15个行政村，9300多口人。工程建成后，年灌溉用水量为673万立方米，可增加灌溉面积3.74亩，人均可增加经济收入2517元，2011年4月底，该工程可全部完工并交付使用。

设施蔬菜工程建设

2011年启动了"沿川万亩大棚覆盖工程"，新增蔬菜大棚1120座，2012年增加1290座。6月15日上午，县委书记刘奎生深入三多乡进行调研。6月26日，大宁县组织召开了蔬菜大棚产业发展分析会，会议首先听取了各乡镇负责人就大棚蔬菜种植产量、销售价格等情况的汇报。县农委负责人就大棚蔬菜种植的前茬形式和下茬计划以及存在问题等具体情况进行了分析和安排部署。7月19日，大宁县召开设施蔬菜产业推进会，安排部署当前设施蔬菜产业工作。7月24日，樊宇先后深入到三多乡楼底村、曲凤村设施蔬菜大棚基地，实地查看了各村菜苗移栽情况和大棚建设情况。

10月28日，县委、县政府发出《关于开展县直机关结对帮扶发展大棚蔬菜活动的通知》(大委办发〔2011〕68号，以下简称《通知》)。《通知》指出：为了认真贯彻落实县十一次党代会和第十五届人代会精神，把大宁县沿川建设成为西山万亩绿色高效蔬菜基地，县委、县政府开展县直机关结对帮扶发展大棚蔬菜活动。《通知》对开展县直机关结对帮扶发展大棚蔬菜活动的目的意义、目标任务和工作要求作了阐述。

11月11日，县政府在徐家垛乡花崖村召开蔬菜大棚建设现场推进会。与会人员实地观摩了花崖村蔬菜大棚建设进展情况，并召开座谈会，就蔬菜大棚建设工作进行了学习交流。同日，县政府在大宁宾馆二楼会议室举办苹果、蔬菜产业培训班。本次培训邀请临汾市和吉县相关蔬菜大棚种植、苹果树栽植专家，围绕苹果树栽植和蔬菜大棚种植相关技术进行培训。

2012年销售蔬菜500多万斤，销售额达到400万元以上，农民人均纯收入达到2012元。

大力发展苹果产业

"三川十垣沟四千，周围大山包一圈"是大宁最真实的写照。这个只有6万多人口的小县，山多资源少，沟多平地少。如何突破瓶颈制约，走出一条特色致富之路是摆在县委、县政府领导班子面前的重大课题。

县委、县政府班子认为，大宁县发展有机高效苹果产业有着得天独厚的资源优势。特殊的土壤和气候使大宁苹果呈现出光泽鲜艳、含糖度高、口感甘脆的特点。

在广泛征求群众意见，组织人员参观学习后，2011年，大宁县制定出台了《大宁县加快发展苹果产业的实施方案》，确定了全县苹果产业扩规划、抓管理、促效益的"时间表""流程图""任务书"。抓住被确定为全省"一县一业"苹果基地建设重点县和临汾西山百万亩水果建设重点县的机遇，立足该县地处黄土高原优质苹果产业带的优势，作出了全力打造塬面10万亩优质有机苹果基地的重大决策。

经过3年发展，全县苹果种植面积达到9.5万亩。2013年，全县苹果产值达到1亿元，农民人均增收1000元。

第五节 加快推进社会主义新农村建设

2008年10月9日至12日，党的十七届三中全会审议通过了《中共中央关于推进农村改革发展若干重大问题的决定》，对新形势下加快推进社会主义新农村建设、大力推动城乡统筹发展作出战略部署。12月18日，省委九届六次全体会议召开，审议通过了《中共山西省委贯彻落实＜中共中央关于推进农村改革发展若干重大问题的决定＞的实施意见》（以下简称《实施意见》）。《实施意见》结合山西实际，对全省新形势下深化和推进农村改革发展提出意见和措施。

2011 年 5 月 23 日，省委书记、省人大常委会主任袁纯清来大宁调研。他强调，没有农民的富裕就没有新农村和现代化，没有农村经济的快速发展和农民收入的快速增长，全省的转型跨越就难以实现，要切实加强农村党组织建设，立足于富民，着眼于增收，致力于产业，加大扶贫攻坚和新农村建设力度，确保实现"十二五"农民收入翻番目标。

在大宁县调研时，袁纯清深入田间果园、企业车间等地，看望基层干部群众，与大家共商转型跨越和脱贫致富之计。对大宁县经济社会发展和农村党的建设取得的成效给予充分肯定。

在大冯滩滩涂开发基地，袁纯清说，发展设施农业、搞大棚种植是一条重要的增收渠道，要加大投入，搞好服务，不断扩大规模。同盛羊场通过给养殖户提供种羊、技术和销售服务，呈现出快速发展态势，袁纯清说，山区养羊具有较高的比较效益，要按照"公司＋农户"的模式大面积推广发展。

在山西辰康生物科技公司和山西印象石业公司考察时，袁纯清指出，像吉县、大宁、永和这样产业基础较差的贫困县，要把富民作为立足点，发挥当地优势，打增收牌、绿色牌、生态牌，大力发展种养业、旅游业等绿色产业，发展具有当地优势的绿色工业，让农民富起来，让山川绿起来，要讲政绩，这是最大的政绩；要按照板块推进的思路统筹制定发展规划，捆绑使用扶贫资金，集中连片，加快脱贫致富步伐；要组织引导有实力的企业按照"一企帮一村"的模式，以产业为基础，以项目为依托，共同开发产业项目，结成利益共同体，在互促互动中实现农民增收、企业发展。省直有关部门要加大对重点扶贫县的扶持力度，帮助他们上一些对农民增收有较强带动作用的大项目、好项目，使脱贫致富有突破性的进展。贫困地区的领导干部要直面艰苦，耐住清苦，乐于吃苦，以革命的乐观主义精神扑下身子，深入下去，不懈奋斗，把帮助群众寻找致富门路作为最大的课题来破解，把带领农民脱贫致富作为最重要的业绩去追求。

在太德乡考察经济林时，袁纯清说，在荒山荒坡引导农民大量种植核桃、红枣等经济林，路子是对的，前景是好的。他强调，各地都要因地制宜，制定"一村一品、一县一业"规划，没有确定主导产业的要抓紧确定，确定的要做大规模，有了规模的要在"优"字上作文章，这样才能发挥规模效应和版块效应，才能使农民脱贫致富，有稳固的产业基础。

袁纯清指出，山西省煤层气资源丰富，气化山西是实现城乡生态化的重要内容，吉县、大宁、永和都在开发煤层气和天然气。袁纯清强调，要依靠科学的规划、规范的机制、先进的技术，有序推进煤层气、天然气的开发利用，处理好企业和地方两个利益主体的关系，调动好企业和地方两个积极性，在使群众用上清洁能源的同时，要在精深加工上下功夫，让资源优势更好更快地转变为经济优势。

2012年8月11日，省委常委、常务副省长李小鹏来宁，进田间、看项目、问农事、访民情，了解当前经济运行形势，检查指导贫困县加快发展、脱贫致富工作。

在昕水镇罗曲村大棚蔬菜示范园区和同盛种羊场，李小鹏听民情、访民意，详细了解群众的增收致富及各项惠民政策落实情况。李小鹏强调，贫困山区县要把富民作为立足点，结合本地资源优势，因地制宜地发展特色产业，加快推进"一县一业""一村一品"，大力推进农业现代化，加快发展特色农产品加工业，加大优势产品的市场开拓力度，着力实现富民强县的目标。要不断加大扶贫开发力度，按照板块推进的思路统筹制定发展规划，捆绑使用扶贫资金，集中连片，加快脱贫致富步伐。

李小鹏强调，各级各部门要认真落实省委全委（扩大）会议精神，在下半年经济工作中，坚持主题主线和稳中求进的工作总基调，进一步处理好稳增长、调结构和管理通胀预期的关系，把稳增长放在更加重要的位置，统筹推进各项工作。要统筹推进重大基础设施建设和社会事业发展、民生改善、生态建设等领域的重点工程。要大力推进结构调整和发展方式转变，加快转型发展步伐，大力调整产业结构。要加强安全生产和社会管理创新，持之以恒抓好安全生产，坚决杜绝重特大事故，减少一般性事故，保持社会和谐稳定，为党的十八大胜利召开创造良好的社会环境。

第六节　加强和推进生态文明建设

继续推进"蓝天碧水"工程

2006年6月8日，省政府作出了《关于实施"蓝天碧水"工程的决定》，正式启动了"蓝天碧水"工程。党的十七大后，省委、省政府把建设资源节约型环境友好型城市放在更加突出的战略位置，坚持不懈地深入推进"蓝天碧水"工程。

加强治理和修复生态环境

2008年1月24日，县政府召开会议安排部署了第一次全国污染源普查工作。会上，有关人员宣读了县人民政府办公室关于开展大宁县第一次全国污染源普查工作的通知；宣读了大宁县第一次全国污染源普查实施方案。此项普查工作从 2008 年 1 月 16 日开始至 8 月 31 日结束，分为三个阶段进行。普查对象为：大宁县辖区内所有排放污染物的工业源、农业源、生活源和集中式污染治理设施。普查得到的普查对象资料，严格限定于污染源普查目的，不与其完成"十一五"总量削减计划挂钩，不作为普查对象实施处罚和收费的依据。

4 月 20 日至 21 日，由主任经济师阿克莫·希迪克和环境专家弗兰克·兰德斯帝克、经济学家布鲁斯·莫利等专家组成的亚洲开发银行考察团来大宁考察河川流域农业综合开发项目的准备情况。通过实地考察，专家组一行对大宁县亚行河川流域项目的准备情况给予充分肯定和高度评价。

为进一步改善城乡面貌、人居环境和实现全省重点城市环境质量达标，推进"蓝天碧水"工程的实施，省委、省政府作出决定，从 2008 年 4 月起，在全省各地广泛开展集中整治城乡环境卫生"脏、乱、差"问题的环境卫生清洁工程。

2008 年 6 月 10 日，县委副书记、县长孙京民，县委常委、常务副县长房蒲建、副县长贺建新、王蛇英、黄海华等领导带领城乡环境卫生综合整治检查组对各乡镇、城区的环境卫生综合整治情况进行实地检查，并就下一步的工作进行了安排部署。2009 年 2 月 24 日上午，县委副书记柳红兵主持召开党政机关办公大楼环境卫生综合整治工作会议。会议就党政机关办公大楼安全管理、卫生管理等工作进行安排部署。会议宣读了县党政机关办公大楼管理制度和党政机关卫生管理制度。

为了督促各地大力推进"蓝天碧水"工程和污染减排，改善区域环境质量，2008 年 12 月 3 日，省政府办公厅出台了《山西省环境污染治理考核及奖惩暂行办法》，对全省 11个省辖市及各县(市)完成和推进年度环境保护任务，建立了赏罚分明的激励和制约机制。

2009年7月24日至26日，全省非煤矿山、尾矿库专项整治省市县三级联动临汾检查组在大宁县对安全生产专项整治第三阶段的工作进行全面检查。检查组一行采取听取汇报、查阅资料、现场检查的方式，对县政府及全县28个非煤矿山企业的专项整治工作开展情况进行了抽查。

2010年4月29日下午，省污水处理厂建设督查组一行来到大宁，对县污水处理厂的建设情况进行督促检查。督查组一行深入到即将准备修建的污水处理厂建设项目选址现场进行了实地考察，详细了解了项目的选址、审批、招投标等前期准备工作及项目建设中存在的问题，并提出了具体要求。11月12日，省政府城镇污水处理厂县级全覆盖督查组一行来到大宁县，对污水处理厂进行专项检查和考核验收。考核组一行对污水处理厂的建设时间节点、运行台账、在线监测及进出水口流量计、中控系统、污泥处理、厂容厂貌等各个环节进行了认真的检查考核、打分评价，最终确定县污水处理厂通过考核验收。

2011年3月31日，副县长贺建新深入昕水河城区段河道综合治理工程施工现场，对河道综合治理工程进行实地检查。昕水镇、水利局相关负责人陪同检查。

昕水河河道治理工程西起宏伟桥，东至罗曲村，总长8.78公里，治理段以上控制流域面积2985平方公里。主要建设任务是新建堤防7830米，旧堤改造1380米，河槽清淤8780米。工程总投资2958万元，于2010年10月12日动工，目前共完成土石方 37.2 万方，其中土方 35 万方，石方 2.2 万方，完成工程总量的 30%，主体工程将于今年 6 月 10 日完成。

4 月 27 日，省水利厅副厅长裴群来本到大宁县，就昕水河河道治理工程建设情况进行实地检查。在昕水河昕水镇段河道治理工程施工现场，裴群一行实地查看了工程进展情况，认真听取了工程的各项工作情况的汇报，并查阅了相关材料，对工程的建设情况表示满意。

7 月 14 日上午，县政府召开企业环境卫生综合治理动员大会。会议宣读了《企业环境整治实施方案》《企业污染整治实施方案》和《城区垃圾管理办法》，安排部署了当前企业环境卫生综合治理工作。

8 月 2 日，县人大常委会副主任贺建新、副县长杨对明带领县昕水河河道治理工程验收组对昕水河昕水镇段河道治理工程进行验收。验收组一行首先深入昕水河河道治理工程现场，对工程建设情况进行了现场测评，并召开验收总结会，听取了项目建设情况汇报。

昕水河昕水镇段位于本县宏伟桥至昕水镇罗曲滚水坝，规划两岸新建堤防 7830 米，总投资 2958 万元，于 2010 年 1 月 12 日开工建设，经过近 10 个月的紧张施工，共完成河道治理长度 8020.7 米，完成总工程量的 100%。通过治理，将使县城河道段防洪标准从不足 20 年一遇提高到 20 年一遇标准，农村段由不足 10 年一遇提高到 10 年一遇，大大提高了河道防洪标准和行洪能力，改善了城镇居民生产生活环境，提高了城市品位。

8 月 11 日下午，县委常委、常务副县长冯小宁主持召开会议，听取专项治理各督查组情况汇报，安排部署城乡环境卫生综合整治工作。8月14日晚，县委副书记、县长樊宇带领相关部门负责人走上街头，检查本县城市环境卫生综合整治工作。

2012年5月8日，大宁县召开环境建设年工作推进会，传达市环境建设年工作推进会议精神，安排部署近期环境治理工作。同日，冯小宁、白慧星召开"环境建设年"专项整治推进会，就近期各自牵头工作项目进行了安排部署。

6月20至21日，县委常委、纪委书记焦宏文，县委常委、常务副县长冯小宁带领县乡村环境整治督查组，分别对6个乡镇自定的6个村委和随机抽查的6个村委的环境整治情况进行了实地督查考评。会上，与会领导为考评优秀乡镇三多乡和徐家垛乡分别颁发了流动红旗。6月25日，县委常委、常务副县长冯小宁带领县环境建设年活动领导组成员单位负责人，深入县直各有关单位和沿街商业门店，对城区"楼面整洁、门面美化"整治活动进行督查并现场办公。

7月13日，大宁县召开城乡道路环境整治大会战动员会，安排部署城乡道路环境整治工作。会上，白慧星宣读了《大宁县城乡道路环境整治大会战实施方案》，并安排部署了具体工作。

8月23日，大宁县召开环境建设年活动第四阶段工作会议，安排部署环境建设年第四阶段各项工作。会上，县环保局负责人宣读了《大宁县环境污染综合整治实施方案》，对环境污染综合整治工作进行了安排部署。

9月12日，副市长陈小洪带领市环境建设年活动督查组来到大宁县，就环境建设年活动开展情况进行督查。陈小洪一行先后深入到太德乡太德村、同德化工有限公司和滨河路标准化公厕建设工地，实地查看了环境污染综合整治工作开展情况，并召开会议，认真听取了吴滨关于环境建设年活动开展情况的汇报，对大宁县环境建设年活动开展工作给予充分肯定。

在县委、县政府和全县人民持续不断努力下，大宁县推进"蓝天碧水"工程和治理保护环境工作取得了显著成效。

大力推进造林绿化

在实施"蓝天碧水"工程，治理环境、污染的同时，进一步加大了造林绿化力度。

2008年3月21日，县四大班子领导带领机关干部职工在曲峨镇道教村义务植树，掀起大宁县2008年春季植树造林的序幕。

2008年6月19日至20日，全省造林绿化现场会议在长治市召开。会议提出未来三年全省造林绿化工作的总体思路和要求，决心以科学发展观为指导，深入推进造林绿化，扎实开展生态修复，启动实施汾河干流植被建设和湿地保护项目，继续实施国家和省造林绿化重点工程，积极稳妥开展集体林权制度改革，切实加强生态建设成果保护与管理，每年完成造林400万亩以上，到2010年，森林覆盖率达到18%以上。深化集体林权制度改革，是创新造林绿化工作机制的重大举措。同时，根据中共中央、国务院的部署，省委、省政府于8月印发了《关于开展集体林权制度改革的意见》，并在11个县区启动了集体林权制度试点改革。

2008年10月30日下午，县委副书记、县长孙京民一行深入到二郎山等国营林场就森林防火工作进行了实地检查。孙京民一行详细察看了林场的值班情况，详细了解他们的工作生活情况，并深入林区实地查看，进一步排查安全隐患。

2011年2月24日，由省林业厅举办的中日合作黄土高原林业新技术及管理方法推广普及项目生态林培训班在大宁县正式开班，来自临汾市11个县、市的基层林业技术人员和农民造林大户共45人参加培训。这次培训班以适合黄土高原地区的生态林造林技术和工程管理方法为主要培训内容，重点讲授规划设计、整地栽植、工程监理和有害生物防治等技术，培训为期5天。

3月10日，中共大宁县委办公室、大宁县人民政府办公室发出《关于做好全民义务植树以资代劳款收缴工作的通知》（大委办字〔2011〕10号，以下简称《通知》）《通知》对2011年全县农业经济目标任务进行量化考核。对全民义务植树以资代劳款收缴工作的收缴范围及对象、收缴标准和有关要求作了说明。同日，又印发了《大宁县2011年生态建设实施意见》（大委办发〔2004〕4号，以下简称《意见》）。《意见》对2011年全县生态建设的指导思想、目标任务、工作重点和保障措施作了说明。

3月11日，国家三北防护林局副局长梁宝君来大宁县，就三北防护林建设和水土保持工作进行调研。梁宝君一行实地检查了209国道两侧荒山绿化和环城绿化工程。这两项工程是大宁县2010年度实施的三北防护林工程之一。

4月21日，在太古乡坦达村举办2010年巩固退耕还林成果退耕区农民科技培训项目启动仪式。启动仪式上，县农委负责人宣读了《大宁县2010年巩固退耕还林成果建设工程科技培训项目实施方案》，与会领导还为项目首席专家、县级专家及技术指导员颁发了聘书，并为项目区太古乡坦达村发放了物化技术补贴。

为了切实加强封山禁牧工作，进一步巩固退耕还林成果，加快生态环境建设步伐，实现生态、经济、社会可持续发展，确保现有森林资源的安全。8月28日，县政府领导及工作人员在县城繁华地段设立宣传咨询台，开展封山禁牧宣传活动。

9月13日，县政府召开集体林权制度改革推进会。会议通报了目前集体林权制度改革进展情况，宣读了《山西省集体林权制度主体改革检查验收方案》。杨对明副县长在会上讲话并与各乡镇分别签订了天然林保护、重点公益林管理和森林资源保护发展目标责任书。

2012年4月6日，大宁县在曲峨镇房村举办2011年巩固退耕还林成果退耕区农民科技培训项目启动仪式。启动仪式上，县农委负责人宣读了《大宁县2011年巩固退耕还林成果科技培训项目实施方案》，杨对明为项目县级专家及技术指导员颁发了聘书，并为项目区曲峨镇房村发放了物化技术补贴。

6月26日，大宁县召开天然林资源保护工程工作会议。会议宣读了大宁县人民政府办公室《关于大宁县天然林资源保护工程领导组成人员的通知》；《关于大宁县国家公益林补偿资金管理办法的通知》和《关于大宁县地方生态公益林生态效益补偿和保护管理试行办法》；宣读了大宁县天然林资源保护二期领导组办公室《关于森林管护人员聘用管理制度》，并就有关事项进行了说明。

8月27日，县人大常委会副主任贺建新一行就2011—2012年度三北防护林工程进行视察。

9月18日，副县长杨对明深入徐家垛乡、昕水镇就天然林保护工程、小流域治理工程及平田整地项目进行调研。9月21日，临汾市西山区秋季造林绿化工作会议在大宁县召开。会议宣读了《2012年秋季省厅领导集体督查调研工作方案》，各县依次汇报了年初确定的市级重点工程、县级重点工程、县级一般工程、计划外"X"项目的完成情况和建设质量。

10月23日，以省林业厅副厅长、省绿委常务副主任霍转业为组长的集体督查调研组深入大宁县，就造林绿化工程进行督查调研。督查组分两组分别深入到徐家垛北桑峨村造林绿化工程现场、昕水镇秀岩沟小流域治理工程现场，认真听取了林业部门负责人就造林绿化工作情况汇报。督查组对大宁县的造林绿化建设工作给予了充分的肯定。

经过一系列政策措施和全县人民的共同努力，大宁县的森林覆盖率有了较大的提高，"生态立县"的路子越走越宽广。

第七节　进一步加强安全生产工作

安全生产事关人民群众生命财产安全，切实抓好安全生产工作是重大的社会民生工程。

2008年9月8日，临汾市襄汾县新塔矿业有限公司发生尾矿库特别重大溃坝事故，造成277人死亡。这起事故的发生，使全省安全生产的突出问题再次凸现出来。

为了切实解决长期以来全省安全生产重特大事故频发

的突出同题，从根本上扭转全省安全生产的被动局面，襄汾溃坝事故发生后，省委、省政府迅速作出决定，在全省全面开展以煤矿、非煤矿山和尾矿库、危险化学品及道路交通等行业和领域为重点的安全隐患大排查和安全专项整治行动。同时，省委结合全省即将开展的深入学习实践科学发展观的活动，深刻总结了全省近年来贯彻落实科学发展观的经验和教训，提出了转型发展、安全发展、和谐发展的方针。

2007 年 11 月 15 日，大宁县召开安全生产工作会议。会议传达了 11 月 7 日召开的全省全市安全生产电视电话会议精神，总结今年以来全县安全生产工作，分析了存在的问题，研究部署了今年后 50 天的安全生产工作。会上，政府办负责人宣读了《大宁县人民政府办公室关于对安全生产隐患排查治理工作进行检查的通知》（以下简称《通知》）。《通知》指出：从 11 月 15 日至 11 月 25 日，对全县重点行业和领域开展安全生产隐患排查治理工作情况再次进行检查。11 月 27 日，政府副县长李晓民带领县安监局、消防队等部门负责人深入到重点企业检查安全生产工作。

2008 年 5 月 5 日上午，县政府在县委二楼党务会议室召开会议，安排部署安全生产百日督查专项行动工作。李晓民对该项工作作了具体要求。10 月 13 日，县委书记张越轶主持召开会议，听取各包乡领导和县政府有关领导安全隐患排查整治情况汇报。会上，县人大主任贺寅生，县委常委、政法委书记姚如意，县委常委、纪检委书记郑效峰，县人大副主任张祯国，副县长黄海华、政协副主席张九锁分别就所包的太德乡、曲峨镇、昕水镇、三多乡、徐家垛乡、太古乡的安全隐患排查整治工作进行了详细汇报。政府副县长贺建新、王蛇英、李晓民、黄海华分别汇报了各自分管的防汛、非煤矿山、地质性灾害、学校、食品药品、娱乐场所、煤矿、石材企业、液化气站、道路交通等方面的安全隐患排查整治工作。

10月27日上午，县政府在政府二楼视频会议室召开安全工作会议，听取各乡镇和各部门的安全隐患排查整治情况工作汇报，对今后一段时间全县的安全生产工作进行安排部署。李晓民主持会议并传达了全市安全生产工作会议精神。会上，6个乡镇和安监、教科、公安、国土等单位负责人就本乡镇和本部门的安全隐患排查整治工作进行了详细汇报。11月19日，大宁县召开2008年消防安全培训会，对全县的重点单位，加油站、超市、液化气站等易燃易爆场所的有关人员进行消防安全知识培训。李晓明在会上就召开消防安全培训会意义和如何开展好这次培训提出了要求。培训会上，县消防大队的教员向培训人员认真讲解了《中华人民共和国消防法》《机关、团体、企业、事业单位消防管理规定》以及相关防火、灭火常识；组织大家观看了重大火灾案例片。

为深刻吸取山西省部分区市火灾事故教训，贯彻落实公安部、省委、省政府和市政府领导的重要指示精神，有效整治全县人员密集场所火灾隐患，改善全县消防安全环境，大宁县公安局决定从2008年11月26日至2009年3月20日，开展人员密集场所消防安全专项整治百日会战。2009年7月24日至26日，全省非煤矿山、尾矿库专项整治省市县三级联动临汾检查组在大宁县对安全生产专项整治第三阶段的工作进行全面检查。检查组一行采取听取汇报、查阅资料、现场检查的方式，对县政府及全县28个非煤矿山企业的专项整治工作开展情况进行了抽查。9月9日上午，大宁县召开 2009 年第三季度安全生产工作会议。会议通报了本县 2009 年 1~8 月份的安全生产工作情况。对全县城市房屋抗震性能和农村危房调查工作进行了安排部署。安排部署了本县国庆期间和下一阶段安全生产工作，并宣读了《关于开展交叉检查推进专项整治确保国庆期间安全生产的通知》。

2010 年 1 月 29 日，大宁县政府召开全县安全工作会议，总结 2009 年安全工作，安排部署春节和两会期间的安全生产工作。会议通报了本县 2009 年度安全生产情况和安全生产目标责任落实考核情况。李晓民在会上就如何抓好当前一个阶段的安全生产工作进行了安排。3 月 5 日，大宁县政府召开第一季度安全生产工作例会，传达省、市安全生产工作会议精神，安排部署"两会"期间本县安全生产工作。李晓民在会上传达了省、市安全生产工作会议精神，并就大宁县"两会"期间安全生产工作进行了安排部署。

5 月 14 日上午，大宁县召开 2010 年安全生产工作会议。总结了 2009 年全县安全生产工作，安排部署 2010 年安全生产工作。会上宣读了《大宁县人民政府关于 2009 年度安全生产工作目标考核情况的通报》，表彰奖励了 2009 年度安全生产工作先进单位和先进个人。副县长李晓民在会上与县直有关单位签订了《2010 年度安全生产工作目标责任书》。

2011 年 8 月 22 日上午，县政府召开消防安全百日大检查专项行动动员大会。会上，县消防大队负责人宣读了《大宁县今年以来消防安全形势通报》，县公安局负责人宣读了《大宁县消防安全百日大检查专项行动方案》。副县长白慧星在会上就在全县范围内开展消防安全百日大检查专项行动作了重要讲话。

11月24日，昕水镇小冯村突发黄土崩塌事件。晚上，樊宇、郝爱民、冯小宁、张新平、田云、杨对明、白慧星等县领导深入县人民医院，亲切看望了小冯村山体崩塌事故受伤人员，希望受伤人员安心静养，争取早日康复。

在县人民医院病房，樊宇一行详细询问了受伤人员的受伤情况，并听取了县医院关于伤员救治工作情况介绍。樊宇说，小冯村山体崩塌事故发生后，市委、市政府领导高度重视，市委书记谢海多次打电话了解情况，市委副书记、市长罗清宇，市委常委、常务副市长赵建民更是亲临事故现场指导救治工作，对受伤人员非常关心，对救治情况非常关注，希望受灾家庭一定要相信党和政府，增强面对灾难的信心，振作起来，积极配合治疗，争取早日康复。25日上午，县民政部门代表县委、县政府为受伤人员送去了10000元的救济款，并祝愿受伤人员早日康复。

25日，县政府召开安委会全体成员扩大会议，安排部署当前全县安全生产工作。会上，冯小宁通报了11月24日昕水镇小冯村黄土崩塌突发事件，并安排部署了全县建筑安全工作及分管方面安全工作；杨对明安排部署了地质性灾害防治及分管安全工作；田云安排部署了中小学上学交通安全及分管方面安全工作；赵晨伟总结通报全县安全生产百日大检查工作情况，并安排部署了当前全县安全生产工作。樊宇强调，各级各部门督查一定要到位，振奋精神，转变作风，求真务实，真抓实干，努力开创全县安全工作新局面。

12月13日下午，临汾市安监局局长黄惠勇带领市安全生产年度考核组来宁，就2011年度安全生产工作进行考核。

考核组一行认真听取了赵晨伟关于县政府 2011 年度安全生产目标责任制完成情况的汇报，并认真查阅了相关资料。对考核组大宁县 2011 年度安全生产工作给予充分肯定。

12 月 23 日，大宁县召开今冬明春安全生产隐患排查治理大会战动员大会暨两节期间食品安全工作会议，安排部署全县安全生产工作及两节期间食品安全工作。会上，县委常委、常务副县长冯小宁传达了省、市安委会扩大会议暨今冬明春安全隐患排查治理大会战动员会议精神；副县长田云宣读了《关于加强元旦、春节期间食品安全工作的通知》；副县长赵晨伟宣读了《大宁县关于开展今冬明春安全生产隐患排查治理大会战的通知》。

2012 年 10 月 24 日，大宁县召开信访暨安全工作会议，安排部署当前信访安全工作。会上，赵晨伟安排部署了当前安全生产工作；冯小宁宣读了党的十八大期间信访工作实施方案。樊宇、刘奎生先后在会上作了重要讲话。

在县委、县政府和各方面的持续、不懈、艰苦努力下，大宁县的安全生产形势明显好转，为经济社会发展创造了良好的安全环境，大大改变了大宁的对外形象。

第八节　着力抓好"五大惠民工程"和两轮"五个全覆盖"工程

党的十七大提出了优先发展教育，积极扩大就业，加快建立基本医疗卫生制度和建立社会保障体系等改善民生的战略任务。

中共山西省委、山西省政府认真贯彻党的十七大精神，把改善民生当作头等大事来抓。着力抓好"五大惠民工程"是省委、省政府立足于改善民生这个重点，而提出的加快和谐社会建设的战略思路和总的要求。按照这一战略思路和总的要求，中共大宁县委、县政府和各有关部门不断加大工作力度，积极探索各项工程的实现途径。

五大惠民工程

（一）着力抓教育均衡发展工程

着力抓教育均衡发展工程，首先是突出重点，从教育工作本身对全县教育事业的发展总体部署。

(二)着力抓创业就业工程。

着力抓创业就业工程，主要从完善就业政策体系着手，不断扩大城乡就业：一是创新完善创业就业政策体系。二是积极开展创新型城市创建工作。三是实施大学生创业引领计划。四是开展农村劳动力转移就业示范县创建着力促进农民工就业，送岗下乡进村，促进劳务对接，就业促进农民收入增长。2008年7月15日，大宁县政府召开为在外务工人员服务座谈会，专题研究讨论在外务工人员的服务工作。五是坚持做好困难人员就业工作。六是加快建立公共就业服务体系。全县普遍设立了乡镇、街道劳动保障事务所和社区劳动保障工作站，初步形成覆盖城乡、功能完备的公共就业服务体系。

2007年至2011年，全县城镇新增就业和新转移农村劳动力有了较大增长。城镇登记失业率在40%以内，全县就业形势保持总体稳定。

(三)着力抓医疗健康工程。

2008年7月30日，县委书记张越轶等深入本县疾病预防控制中心、卫生监督所、县医院、中医院、昕水镇卫生院、县农革新型全作医疗管理中心、县妇幼站等卫生系统有关单位就全县卫生事业发展情况进行调研。经过调研决定着力抓好医疗健康工程，主要从医疗服务体系建设、公共卫生和疾病防控体系建设、医药卫生体制改革三个方面展开和推进：一是以农村、城市社区医疗机构建设和提高各级医院的医疗服务水平为重点，大力加强医疗服务体系建设。二是大力推进公共卫生和疾病防控体系建设。三是坚持公共医疗卫生的公益性方向，积极推进医疗卫生体制改革。对机构综合改革工作给予充分肯定。

（四）着力抓社会保障工程

着力抓社会保障工程，加快建立统筹城乡覆盖全民的社会保险制度体系。一是加快健全覆盖城乡的基本养老保险制度。二是加快推进城镇基本医疗保险制度建设，健全完善城乡医疗保险和城镇居民基本医疗保险两项制度，制度覆盖全县党政机关、企事业单位、城镇无业老年居民、在校中小学生。制定了基本医疗保险关系流动转移接续管理办法和参保人员政策规定。三是大力推进以社会保障"一卡通"工程为重点的信息化建设。四是加快健全社会保障管理服务体系。

（五）着力抓住房安居工程

着力抓住房安居工程，重点推进了住房保障体系建设。主要举措：一是全面启动了县城居民棚户区改造工作。二是进一步改进经济适用房制度，将过去经济适用房由单一销售的供应方式改为向无购买能力的最低收入家庭、新参加工作人员供应"租售型"和产权共有经济适用房。三是将解决农民工住房困难纳入城市住房建设规划，通过政府或用工单位集中建设农民工住宅、公寓或集体宿舍的办法，解决农民工的住房问题。四是启动了解决农村困难群众的住房问题的工作。五是大力实施移民搬迁工程，建立移民新村。

五个全覆盖工程

2009年初，省委、省政府从全省新农村建设的大局出发，针对全省广大农村基础设施建设和公共事业发展滞后的问题，决定继续巩固和推进试点村和重点推进村"道路硬化、村庄绿化、环境净化、路灯亮化和改水、改厕、改厨、改圈"的"四化四改"和村村建立科技文化活动室、标化卫生计生室、休闲健身活动场所农家店（农资店）和标准化小学的"五个一工程"，同时在全省广大农村启动实施"五个全覆盖"工程并用两年时间完成。"五个全覆盖"，即具备条件的建制村通水泥（油）路全覆盖，中小学校舍安全改造全覆盖，县乡村三级卫生服务体系特别是村级卫生室全覆盖，村村通广播电视全覆盖，农村安全饮水全覆盖。全省新农村建设由此而进入新的战略转折——从连片建设、整体推进走向城乡一体化发展的新阶段。

尽快改变农村落后面貌，是广大农民群众的殷切期盼：2009年初，大宁县委、县政府根据上级要求，决定用2009年至2010年两年时间，在农村实施"五个全覆盖"工程，即具备条件的建制村通水泥（油）路全覆盖，中小学校舍安全改造全覆盖，县乡村三级卫生服务体系特别是村级卫生室全覆盖，村通广播电视全覆盖，农村安全饮水全覆盖，使全县农村的面貌有一个新的变化，让广大农民共享改革发展成果。

2009年4月10日，副县长黄海华深入农村就大宁县的村通水泥路工程建设情况进行专题调研，并撰写了题为《关于贫困县农村公路建设的思考》的论文。8月7日，县政府召开会议，听取全县农村"五个覆盖"进展情况汇报。

2011年7月12日，县政府召开会议，安排部署全县农村街巷硬化全覆盖工程工作。会上，副县长白慧星宣读了《大宁县农村街巷硬化全覆盖工程实施方案》，并对全县的农村街巷硬化工作进行了具体的安排部署。9月26日，白慧星带领县农村街巷硬化项目观摩组就各乡镇街巷硬化工程项目进展情况进行现场观摩，并召开全县农村街巷硬化项目推进会，总结经验，安排工作。11月9日，县委副书记、县长樊宇深入曲峨镇、三多乡就农村街巷硬化全覆盖工作进行调研。

12月8日，省农村街巷硬化全覆盖工程检查验收组来到大宁，就农村街巷硬化全覆盖工程进行检查验收。

2012年6月19日上午，大宁县召开农村街巷硬化建设规划推进会，对全县农村街巷硬化全覆盖工程进行了安排部署。8月6日上午，全省农村街巷硬化"全覆盖"工作推进视频会召开，白慧星及各乡镇、相关部门主要负责人在县分会场收听收看了会议实况。会后，白慧星随即召开会议，安排部署了全县农村街巷硬化全覆盖工程。8月16日，市交通运输局总工贺文喜一行来大宁，就街巷硬化工程进行检查。检查组详细听取了各村街巷硬化工程的情况汇报，实地了解工程进度、工程质量等情况，并对工程用料、硬化厚度宽度等进行了详细的检查。

2010年10月9日下午，大宁县召开第六次校舍安全工程推进会议。会议听取了各乡镇、县直各中小学负责人关于校舍安全工程建设进展情况的工作汇报，并就校舍安全工作进行了安排部署。2011年3月21日下午，大宁县召开校舍安全工程主题工作会，对全县的校舍安全工程进行了具体的安排部署。4月2日，县委副书记、县长程明温就校舍安全工程进展情况进行了实地检查指导。4月11日下午，县政府召开农村校舍安全工程专题会议，听取各乡镇校舍安全工程进展情况汇报。

2011年8月9日至10日，由市文化广电新闻出版局副局长王军为组长的督查组来大宁，对大宁县乡（镇）综合文化站建设情况、文化体制改革、村村通广播电视等工作进行督促检查。通过实地调研和听取汇报，督查组一行对大宁县的乡（镇）综合文化站建设、文化体制改革等工作给予了充分的肯定。督查组一行还深入到县广电中心，实地查看了大宁电视台演播室、编辑制作室、中心播出机房，详细了解了村村通以及安全播出情况，认真听取了工作情况汇报，对广电中心近年来的工作给予充分肯定。2012年5月18日，大宁县召开广播电视"村村通"工程工作会议。会上，广电中心负责人宣读了《大宁县广播电视村村通工程建设实施方案》，对今年的广播电视村村通工程进行了全面安排部署。田云副县长与各乡镇签订了《大宁广播电视村村通工程建设目标责任书》。

与此同时，大宁县对上一轮"五个全覆盖"工程进行了巩固提升。农村两轮"五个全覆盖"不仅极大改善了农民群众的生产生活条件，有效解决了"行路难""吃水难""上学难""购物难""养老难"等一系列困扰农民多年的难题，更为区域经济发展注入了新的活力。

第九节　全力推进文化旅游事业发展

党的十七大提出"推动社会主义文化大发展大繁荣"的战略任务后，中共山西省委、山西省人民政府立足于实施文化强省战略，不断加强文化工作，大力推动全省文化事业与文化产业的大发展大繁荣。根据中央、省、市精神，结合大宁实际，2012 年 3 月 14 日，县委、县政府提出《关于加快建设文化强县的实施意见》(大委发〔2012〕6 号,以下简称《意见》)。《意见》的贯彻落实使全县的文化事业继续向前推进。

启动第三次全国文物普查工作

2008 年 12 月 19 日，大宁县第三次全国文物普查工作正式启动。政府副县长王蛇英、市文物局副局长李兆祥、县文物普查领导组成员、各乡镇负责人以及文物普查队工作人员参加了启动仪式。第三次全国文物普查从 2007 年 4 月开始到 2011 年 12 月结束。普查的标准时点为 2007 年 9 月 30 日。其中 2008 年 12 月至 2009 年 9 月期间进行实地文物调查和信息数据登录工作。普查的范围是：全县境内地上、地下的不可移动文物，包括古遗址、古墓葬、古建筑及石刻、近现代重要史迹及代表性建筑和其他等五大类。

文化活动异彩纷呈

2009 年 9 月 11 日，庆祝中华人民共和国成立六十周年西山五县书画联展在大宁宾馆开展。此次联展以"庆六十华诞、赞和谐盛世、展时代风貌"为主题，共展出了大宁、吉县、乡宁、隰县、蒲县 5 县书画爱好者精心创作的书画作品 130 余件。其中作者年龄最大的 78 岁，最小的仅十几岁。有领导干部，也有一般工作人员，有商人，有农民，有教师也有学生。他们的作品构思巧妙，用笔精致，笔飞墨舞，一丝不苟，充分表现了广大群众对伟大祖国的无限热爱和对美好生活的讴歌，充分展现了西山五县书画艺术家们的创作水平。

2011年6月24日上午，大宁县举办了辉煌的历程"庆祝建党九十周年"书画摄影展，喜迎建党九十周年。这次书画摄影展，有大宁县书画摄影爱好者精心创作的近百幅书画摄影作品参展，作品以纪念建党90周年、歌颂家乡变化为主题，缅怀党的光辉历程，赞美伟大祖国，歌颂改革开放伟大成就，反映大宁山水风光和改革开放伟大的成果。6月25日晚，举办庆祝大宁县第十五届人大一次会议和政协八届一次会议专场文艺晚会。6月28日，由县委组织部、县委宣传部、直属工委、党史办联合举办的"庆七一党史知识竞赛"活动进行决赛。6月29日晚，本县在小金殿广场举办庆祝建党90周年大会暨"颂歌献给党"万人红歌演唱会。2011年10月10日到11日，县老干部局、县老干部书画协会联合举办纪念辛亥革命100周年书画展。2012年2月5日至6日，县文联举办"龙年元宵节书画展"。

2012年7月10日晚，大宁县首届（2012年）消夏月文化活动在小金殿广场开幕。县委书记刘奎生等县四套班子领导出席活动开幕仪式，并同广大干部群众一起兴致勃勃地观看了演出。副县长田云主持开幕仪式。县委常委、宣传部部长张新平在开幕式上致辞。此次消夏月活动于7月10日至8月10日每晚8点在小金殿广场举行。活动包括专场文艺晚会、电影放映、卡拉OK自由演唱会和广场舞蹈4项内容。系统专场文艺晚会，每周星期二、星期四各一场，共10场。

电影放映，每周星期一、星期六各放映一场。每周三举办卡拉OK自由演唱会，在金殿广场提供演唱平台，由全县广大文艺爱好者进行现场报名、现场选歌、现场演唱。每周星期五举办广场舞蹈活动，由文化辅导员领舞，全县广大舞蹈爱好者参与。

开展大宁县"十大系列先进人物"评选活动

2010年12月20日下午，大宁县在党政机关办公大楼三楼会议室召开"十大系列先进人物"评选活动汇报会。县委常委、宣传部部长何卫青以及相关成员单位负责人参加会议。会上，各相关成员单位负责人根据各自工作职责，认真汇报了"十大系列先进人物"评选活动的工作进展情况。评选的"十大系列先进人物"包括："大宁县十佳道德模范""大宁县十佳劳动模范""大宁县十佳爱心小天使""大宁县十佳文明形象大使""大宁县十佳新农村建设带头人""大宁县十佳诚信守法好市民""大宁县十佳优秀公务员""大宁县十佳平安卫士""大宁县十佳教育标兵""大宁县十佳医护模范"，采取单位推荐和群众推荐相结合的办法进行。

文艺创作再上台阶

2011年9月，在全省县级电视获奖作品评析暨宣传创优闻喜交流研讨会上获悉，大宁县广播电视台又有4件作品获奖，其中一等奖一件，二等奖一件，三等奖两件。并在会上进行了创作经验交流，受到了各级领导和全省广播电视同行的一致好评。近年来，县广播电视台狠抓节目质量，创优制作水平，节目质量得到大幅度提升，近4年来，先后有20件作品分别在全国、省市广播电视节目评选中获得一、二、三等奖。其中《房宿全：一个74岁的老邮递员》在全国广播电视节目评选中获得二等奖。

大宁县三晋文化研究会的成立助推文化旅游发展

2012 年 9 月 14 日，大宁县三晋文化研究会召开成立大会。县委常委、宣传部部长张新平在会上宣读了《大宁县三晋文化研究会筹备工作报告》，副县长杨对明宣读了《大宁县三晋文化研究会章程（草案）》。与会人员听取并审议通过了《大宁县三晋文化研究会章程》，选举产生了第一届研究会理事、会长、副会长、秘书长。县政协副主席张九锁当选为大宁县三晋文化研究会第一任会长。临汾市三晋文化研究会会长刘合心出席会议并讲话，他强调，三晋文化研究会要以良好的精神状态，担负起文化研究的历史使命，创新思路，积极奉献，真正把三晋文化研究的工作做好做扎实。全市三晋文化研究会要围绕中心，服务大局，坚持正确的政治方向；要突出重点，结合地方特色，走特色之路；要坚持"三结合"，即研究要与宣传相结合，与文物保护相结合，与旅游开发相结合，确保尽快取得实效；要抓住根本，努力提高队伍素质，使临汾市的三晋文化研究工作再上一个新台阶，为全市经济社会发展做出更大的贡献。县委书记刘奎生对大宁县三晋文化研究会成立表示祝贺，希望大宁县三晋文化研究会有所作为，虚心向其他县市请教，尽快研究出成果；发挥文化的力量，凝聚人心，振奋精神，加强自身建设，加强文化交流，加强协调配合。同时，希望各县市能够对大宁县的三晋文化研究会的发展给以帮助，共同为全市文化事业的大发展大繁荣和经济社会转型跨越发展做出积极的贡献。

大宁县三晋文化研究会成立后，充分发挥自身优势，在文化传承与交流、促进乡村旅游与旅游开发、传统文化研究与推陈出新等方面作了大量工作，取得丰硕的研究成果，为大宁县的文化旅游事业作出了贡献。

第十节 努力推进政府机构和事业单位改革

努力推进政府机构改革

党的十七届二中全会提出要进一步深化行政管理体制改革。2008年上半年，国务院机构改革完成后，为适时跟进地方政府机构改革，中共中央、国务院于8月12日下发了《关于地方政府机构改革的意见》（以下简称《意见》），8月25日中央机构改革委员会召开地方政府机构改革工作电视电话会议，对推进地方政府机构改革作出了统一部署。

中共山西省委、山西省人民政府高度重视这次机构改革工作，根据党的十七大，党的十七届二中全会关于深化行政管理体制改革的精神和中共中央、国务院《关于地方政府机构改革的意见》的要求，结合山西实际，经过几个月认真调研和反复论证，制定了《山西省人民政府机构改革方案》。

9月28日，省政府召开全省市县政府机构改革工作座谈会，对市县政府机构改革进行了动员部署。随后，市县政府机构改革在全省各地陆续展开。

按照省委、省政府《意见》的精神，各市县在调研和反复论证的基础上，结合地方实际，制定了政府机构改革的实施方案，稳步推进政府机构改革。

2009年12月22日晚，大宁县在党政机关办公大楼六楼会议室召开政府机构改革暨事业单位分类改革动员大会。

县委副书记、县长程明温在会上做了动员讲话。县委常委、常务副县长房蒲建，县委常委、组织部部长解高民在会上，分别对政府机构改革方案和事业单位分类改革方案进行了详细说明。这次政府机构改革之后，县政府将设置工作部门共22个。县直事业单位清理规范分类改革工作将于今年12月完成第一阶段清理规范的工作，2010年1至3月份进行分类，4至12月份完成财政配套政策、工资收入分配制度改革、人事制度改革、养老保险制度改革工作。

在省市县三级政府机构改革完成后，根据全国的统一部署，全省乡镇机构改革工作也全面启动。9月26日，省委、省政府办公厅印发《关于全面推进乡镇机构改革的意见》，对全面推进全省乡镇机构改革从指导思想、基本原则、主要内容和组织领导4个方面提出意见和要求。

2010年10月11日，大宁县组织收听收看全国乡镇机构改革工作电视电话会议。县委副书记、县长程明温、县委常委、常务副县长房蒲建、副县长杨对明以及相关部门在党政机关二楼视频会议室收听收看了会议。随即，大宁县乡镇机构改革全面展开。

积极推进事业单位改革

根据国家的部署，山西首先起步推行事业单位人事制度改革。2008年12月，《山西省事业单位岗位设置管理实施办法》和《山西省事业单位公开招聘人员暂行办法》出台。12月30日，全省事业单位岗位设置管理、公开招聘实施工作动员会召开。两个办法的出台和动员会的召开，标志着酝酿已久的事业单位人事制度改革在全省全面启动。

2009年4月22日，省委、省政府办公厅下发了《关于省直事业单位分类改革的实施意见》和《关于市县事业单位清理规范和分类改革的意见》，分别对省直和市县事业单位分类改革提出明确而又有针对性的意见和要求。4月27日，省委、省政府召开全省事业单位分类改革电视电话会议，对推行这项改革进行了动员和部署。会后，全省事业单位分类改革即以省直和市县两个层次展开。其中，省直事业单位分类改革按清理规范、机构分类、配套改革、检查验收的步骤和顺序展开，市县事业单位分类改革按先清理、后分类改革的顺序展开。大宁县市、县事业单位改革按先清理、后分类改革的顺序展开。

第十一节　深入开展学习实践科学发展观活动

党的十六大以来，以胡锦涛为总书记的党中央从新世纪新阶段党和人民事业发展全局出发，提出了科学发展观。党的十七大对科学发展观的时代背景、科学内涵和精神实质作了深刻阐述，并将科学发展观明确写人党章，确立为党的指导思想。2008年9月5日，中共中共政治局召开会议，决定从9月开始，用一年半左右时间，在全党分批开展深入学习实践科学发展观活动。随后下发《中共中央关于在全党开展深入学习实践科学发展观活动的意见》。2008年9月19日，中央召开全党深入学习实践科学发展观活动动员大会暨省部级主要领导干部专题研讨班，对在全党开展深入学习实践科学发展观活动进行了安排部署。

10月7日，省委召开全省深入学习实践科学发展观活动动员大会暨第一批学习实践活动单位主要领导干部专题研讨班，对全省开展深入学习实践科学发展观活动进行动员和作出部署。动员会之后，全省深入学习实践科学发展观活动分批次展开。

2009年3月30日，大宁县委中心组织集中学习了胡锦涛总书记学习实践科学发展观重要讲话和中央文件精神，并研究部署全县深入学习实践科学发展观活动有关工作。4月23日，中共大宁县委常委会召开学习实践科学发展观活动"解放思想讨论会"，重点就全县人民关注的教育水平落后的热点问题进行了深入分析讨论。8月5日，市委深入学习实践科学发展观活动指导检查组在组长景三喜的带领下一行三人来大宁县检查学习实践活动的进展情况。指导检查组先后深入县委学习实践活动办公室、县工商局、县交通服务中心、县政务大厅管理中心、县公安局检查了学习实践活动，特别是整改落实阶段以来的工作落实情况。通过实地查看资料、听取汇报、详细了解上述单位的活动开展情况后，检查组对大宁县的学习实践活动开展情况表示满意，特别是对于整改落实阶段以来县交通服务中心出台公路养护方面的有关制度，解决公路养护职责不明的问题；县政务大厅在学习实践活动中推行窗口承办人员责任卡和群众办事明白卡，明确办事程序，规范工作流程；县公安局实行上门为60岁以上老年人办理身份证、户口本的便民措施；县工商局推行廉政文化建设等做法给予了充分肯定。

9月9日，省委召开全省深入学习实践科学发展观活动第二批总结暨第三批动员电视电话会议，对第二批学习实践活动进行总结，对第三批学习实践活动作出部署。县委书记张越轶，县委副书记柳红兵，县委常委、纪委书记郑效锋，县委常委、宣传部部长何卫青以及各乡镇书记、县委学习实践科学发展观活动领导小组办公室成员、参加第三批学习实践活动的单位负责人在县视频会议室收听收看了会议实况。

9月上旬，第三批乡（镇）、街、村、社区、中小学校和未参加第二批活动的企业、社会团体、社会中介组织等开始开展学习实践活动。11月18日下午，县委书记张越轶主持召开大宁县第三批深入学习实践科学发展观活动领导组会议。会上，各指导组汇报了第三批学习实践活动参加单位的活动开展情况，总结了活动中取得的成效，分析了各单位存在的问题。会议传达了市委对第三批学习实践科学发展观活动下一阶段的工作安排。张越轶在会上做了重要讲话，对第三批参学单位第一阶段的工作给予了充分肯定，对下一步的工作提出了具体要求。

2010年2月24日，省委召开全省深入学习实践科学发展观活动总结电视电话会议，对一年多来全省分批次开展的学习实践科学发展观活动进行了总结。至此，全省历时一年半的深入学习实践科学发展观活动圆满结束。

2010年2月26日上午，市委召开学习实践科学发展观活动总结电视电话会议。会上，市委书记谢海对全市学习实践科学发展观活动进行了认真的回顾总结，并就如何继续深入贯彻落实科学发展观活动做出了安排部署。会议之后，张越轶对全县的学习实践科学发展观活动总结评比阶段的工作进行了具体的安排部署。

在学习实践活动中，全县各级党组织和广大党员着眼于"党员干部受教育、科学发展上水平、人民群众得实惠"的目标要求，紧紧围绕"转型发展、安全发展、和谐发展"的主题和载体，扎实推进各个阶段各个环节的工作，组织领导做到了坚强有力、一以贯之，学习教育做到了联系实际、逐步引深，注重实践做到了围绕中心、突出重点，依靠群众做到了途径多样、方法灵活，解决问题做到了一抓到底、注重实效，分类指导做到了因地制宜、鼓励创新，宣传引导做到了有声有色、氛围浓厚，统筹兼顾做到了科学安排、协调运作。学习实践活动取得了重要的认识成果、实践成果和制度成果，有效促进了全省经济、政治、文化、社会建设和生态文明建设，全面加强了党的建设，特别是为应对国际金融危机冲击提供了坚强保证，为加强和改进新形势下党的建设积累了宝贵经验，达到了中央提出的预期目标。

第十二节　围绕服务转型跨越发展搞好组织工作

省委作出转型跨越发展、再造一个新山西的战略部署后，中共大宁县委遵照省委的部署，以科学发展观为统领，紧紧围绕服务转型跨越发展，搞好新时期组织工作。

圆满完成县乡换届工作

2011 年 1 月 4 日，省委下发了《关于认真做好市县乡领导班子换届工作的通知》(以下简称《意见》)，根据《通知》要求，结合大宁县实际分别于 2011 年 6 月 9 日至 10 日、6月 24 日至 26 日、6 月 25 日至 27 日，召开了中共大宁县第十一次代表大会、大宁县政协八届一次会议和大宁县第十五届一次会议。为严肃换届纪律，根据省委常委会专题研究提出了严肃换届纪律的 12 条具体意见。印制了换届学习手册，向领导干部发出换届纪律资料，共有 200 余名干部书面写出遵守纪律承诺。在省委换届督导组的全程监督下，大宁县党委、人大、政府、政协领导班子换届工作全部圆满完成，取得了组织满意、干部满意、群众满意的良好效果。换届后，全县各级干部队伍年龄和知识结构进一步优化。全县县乡领导班子形成了老中青梯次配备、知识结构科学合理的特点。

进一步加强领导班子和干部队伍建设

一是全力落实省委"6+7"改革举措。2011年，认真贯彻省委干部人事制度改革"6条意见"，集中实施了"7个一批"改革措施。二是以换届为契机，积极推进干部人事制度改革。换届中，积极探索实行分层分类推荐提名、实名责任提名、差额提名等办法，做到民主提名、公开提名、责任提名，增强了提名工作准确性，确保了选出的干部具有广泛的群众基础，注重从基层一线选拔干部，使一大批实绩突出的优秀干部从基层脱颖而出。三是进一步加强年度目标责任考核工作。四是切实转变各级干部作风。为引导各级干部进一步转变作风，广接"地气"，大宁县根据省委《关于深入推进全省干部下乡住村开展领导干部包村增收活动的通知》，号召全县广大机关干部下乡住村、包村增收，与群众共寻破解难题之策、求脱贫致富之实，努力做到"六个一"。即帮建一个坚强有力的基层党组织，开好一个解放思想、促进发展的讨论会，帮助制定一个切合实际的发展规划，帮助上一个好的致富项目，解决一些群众关注的实际问题，形成一个促进作风转变，推进项目建设的调研报告。五是加强干部教育培训工作。依托"山西干部在线学院"网络学习平台，基本实现了全县各级各类干部学习培训的全覆盖。

全面加强基层党组织和党员队伍建设

　　一是结合实际，扎实推进创先争优活动。2011年6月29日，县委召开纪念建党90周年暨创先争优活动表彰大会，对在创先争优活动涌现出的基层党组织和共产党员、党务工作者进行了表彰。二是突出重点，农村基层党组织建设有效加强。在村级组织活动场所实现全覆盖的基础上，根据《山西省村级组织活动场所管理使用办法》，建立健全活动场所规范管理的长效机制。进一步推进关怀激励机制，全县农村"两委"主要干部年均报酬由4000多元提高到7800多元。加大"四议两公开"工作法的推广力度，规范农村"两委"工作，在乡镇党委中推广文明工作法。扎实做好农村"两委"换届工作，全县农村"两委"换届进展顺利、平稳有序。三是抓住难点，非公有制企业党建工作积极创新。大力推进非公党建工作机构建设，挂牌成立了中共大宁县非公工委。四是点面结合，各领域党建工作统筹推进。落实"三有一化"要求，加强和改进街道社区党建工作。扎实推进机关党建工作，制定了《贯彻〈中国共产党党和国家机关基层组织工作条例〉的实施意见》，集中培训县直党务工作人员。五是夯实基础，党员队伍建设得到加强。2012年底，全县共有党员4397名，其中，女党员563名，占党员总数11.96%；全县共有党的基层组织249个，其中基层党委7个，党总支20个，党支部222个，其中，农村党支部84个，农村党员1985名。着力加强党内激励关怀、帮扶机制建设，中华人民共和国成立前入党的农村老党员和未享受离退休待遇的城镇老党员每人2000元的一次性生活补助金全部落实到位。六是多措并举，大学生村官工作取得成效。改进选聘方式，加强培养使用，促进大学生村官有序流动。

第十三节　不断加强基层组织建设

党的基层组织是党执政的基础。党的十七届四中全会对加强党的基层组织提出新的明确要求。

2009 年 1 月 21 日，为进一步明确和落实各级党委、部门党组 (党委) 抓基层党建工作的责任，以改革的精神不断加强和改进党的基层组织建设，根据中央的有关精神，省委出台了《各级党委 (党组) 抓基层党建工作责任制》。

2009 年 11 月 5 日至 6 日，省委九届十次全会审议通过了《中共山西省委贯彻落实 < 中共中央关于加强和改进新形势下党的建设若干重大问题的决定 > 的意见》。

中共大宁县委认真贯彻省委精神，积极探索基层党组织建设新路子。

2010 年，中共大宁县委根据省委出台的《关于在基层党组织和党员中深入开展创先争优活动的实施意见》，对全县开展争先创优活动提出意见。总体要求是，创建先进基层党组织，争当优秀共产党员。其中先进基层党组织要努力做到"五个好"：一是领导班子好，领导班子能深入学习实践科学发展观，认真贯彻落实党的路线方针政策，团结协作，求真务实，勤政廉洁，有较强的凝聚力和战斗力。二是党员队伍好，党员素质优良，有较强的党员意识，能够充分发挥先锋模范作用。三是工作机制好，规章制度完善，管理措施到位，工作运行顺畅有序。四是工作业绩好，本地区本部门本单位各项工作成绩显著，围绕中心、服务大局事迹突出。

五是群众反映好，基层干群关系密切。优秀共产党员要模范履行党章规定的义务，努力做到"五带头"：一是带头学习科学文化知识，成为本职工作的行家里手。二是带头争创佳绩，有强烈的事业心和责任感，埋头苦干、开拓创新、无私奉献，在本职上作出显著成绩。三是带头服务群众，积极帮助群众解决实际困难，自觉维护群众正当权益。四是带头遵纪守法，自觉遵守党的纪律，模范遵守国家法律法规。五是带头弘扬正气，发扬社会主义新风尚，敢于同不良风气、违纪违法行为作斗争。

7月，县委召开深入开展创先争优活动动员大会，对全县基层党组织和党员深入开展创先争优活动工作进行了具体部署，要求全县各级党委(党组)坚持分类指导，根据农村、街道社区、国有企业、金融机构、机关、学校、文化、卫生等单位的不同特点，围绕确立不同的争先主题，按照公开承诺、领导点评、群众评议、评选表彰的方法和步骤，积极推动广大基层党组织和党员开展创先争优活动。到2010年底，全县98%以上的党员立足本职岗位实际作出了具体承诺。

加强全县基层党组织建设，县乡两级地方党委、各部门党组(党委)是责任主体，按照省委要求和部署，县乡两级地方党委、各部门党组(党委)认真贯彻中央和省、市委关于加强基层党组织建设的方针政策，结合实际，各自提出了具体措施和办法，不断推进了各类基层党组织的建设与发展。

在农村基层组织建设方面，在2008年第四季度到2009年初，按照省委的要求，县委切实加强党对农村换届工作的领导，以全省第八届村民委员会换届选举为契机，进一步加强农村"两委"班子建设。通过换届，一大批政治素质好、群众公认的人进入村委会领导班子，村"两委"成员交叉任职、村党支部书记与村委会主任"一肩挑"的比例都有较大的提高。

2009年，为进一步加强全省农村党支部书记队伍和村委会主任队伍的建设，按照全省统一部署，大宁县开始实施建立村党组织书记和村委会主任岗位报酬集中统一发放制度，同时对全县在任村党组织书记和村委会主任实行参加新型农村社会养老保险制度。按规定，村党组织书记和村委会主任的岗位报酬，按照不低于当地农村劳动力平均收入水平或农民人均纯收入的二倍，由银行直接发放，使农村党组织书记和村委会主任的报酬水平由原来的每年4000多元提高到了现在的每年8400多元。村党组织书记、村委会主任在任职期间，按每人每月30元的标准，政府给予专项缴费补贴，直接计入参保人的养老保险个人账户。这"两项制度"的建立实施，极大地调动了全县广大农村党组织书记和村委会主任工作的积极性，也有力地促进了农村基层组织的建设。

针对全省农村基层党组织活动场所缺乏及一些活动场所急需修复的状况，按照全省统一部署，大宁县于2009年11月启动新一轮村级组织活动场所建设，目标是2010年底基本实现农村党的基层组织活动场所覆盖全部行政村，这是继在2006年到2007年底全省集中解决4000多个村级组织无活动场所的问题后，开展的第二轮村级组织活动场所建设。到2010年底，大宁县基本实现了农村基层组织活动场所"全覆盖"。

在重点加强农村基层党组织建设的同时，城市街道社区、国有企业、"两新"组织（新经济组织和新社会组织）

以及机关事业单位等基层组织也在统筹中得到了进一步加强。在城市社区，全县各社区以"三有一化"（有人管事、有钱办事、有处议事，构建城市区域化党建格局）为重点，积极推进了社区党组织建设。在国有企业，坚持推进和完善国有企业领导人员"双向进入、交叉任职"的工作机制，企业党组织的作用得到较好发挥。在"两新"组织，到2008年底，全县规模以上非公有制企业党组织实现了100%的组建率；2010年，为进一步加强全县非公有制企业党组织建设，大宁县依托省市县三级工商行政管理部门成立了中共大宁县非公有制经济组织工作委员会。

加强基层党组织建设，党员队伍建设是一个重要方面。按照注重质量、优化结构的要求，全县基层党组织在发展党员方面坚持实施了"四大工程"，即在农村全面实施"村村都有新党员"工程、在城市实施"社区入党积极分子队伍扩容"工程、在企业实施"生产经营骨干培养"工程、在新经济组织和新社会组织实施"两新"组织负责人培养工程，推进了全县党员队伍结构的优化和质量的提高。

第十四节　以农村党组织为重点的党风廉政建设

党的十七大后，省委在积极推进经常性的党风廉政建设工作的同时，联系山西实际，突出重点，深入开展了以农村基层和煤焦领域为重点的党风廉政建设。

中共大宁县委积极贯彻执行中央、省、市委精神和省委、省政府办公厅下发《关于建立农村基层党风廉政建设工作长效机制的意见》，明确了建立农村基层党风廉政建设工作长效机制指导思想、主要目标、工作原则，提出了具体工作举措和办法。

2008 年 2 月 12 日，县委常委、纪委书记郑效峰深入到三多乡就农村基层党风廉政建设工作进行实地检查。郑效峰认真听取了三多乡负责人就农村基层党风廉政建设的工作汇报，并采取随机抽查的方式，对三多乡阿龙村进行了实地检查。3 月 24 日，大宁县召开全县党风廉政建设干部大会。会上，县委常委、政法委书记姚如意传达了中纪委二次全会和省市党风廉政建设大会精神。郑效峰在会上回顾总结了 2007 年的工作，部署了 2008 年工作任务和落实措施。县委副书记、县长陈纲在会上同有关单位签订了 2008 年度目标责任书。10 月 20 日上午，大宁县委收听收看了中央召开落实党风廉政建设责任制电视电话会议实况。10 月 27 日，大宁县召开党风廉政建设警示教育大会，认真贯彻胡锦涛总书记最近关于党风廉政建设责任制做出的重要批示和全国、全省、全市落实党风廉政建设责任制电视电话会议精神，安排部署全县的党风廉政建设工作。县委副书记、县长孙京民在会上就政府系统的党风廉政建设工作进行了安排部署。县委书记张越轶在会上就如何落实中央、省、市党风廉政建设责任制会议精神和抓好全县今后的党风廉政建设和反腐败工作做了重要讲话。

2009 年 1 月 13 日上午，大宁县在太德乡堡村召开 2008 年度两委班子"双述双评双公开"现场会议。"双述双评双公开"是大宁县农廉办在实践工作中探索出的一项新举措，通过述职述廉、民主测评和党务政务双公开，让两委班子同村民面对面零距离交流，将会进一步增强村务公开的透明度。在会议现场，村民代表认真听取了两委班子的述职述廉报告，并畅所欲言，就有关农业技术、道路改造、教育、种草养羊等涉及村民生产、生活切身利益的实际问题向村两委班子进行现场质询。村民代表们还对村两委班子履行工作执行情况和廉洁自律情况进行了民主测评。

2011年1月18日上午，大宁县在县政府六楼会议室召开全县农村"三资"管理工作推进会暨阳光农廉网建设工作安排会。会议就全县的农村"三资"即"资金、资产、资源"的管理工作以及涉农资金专项检查工作进行了具体的安排部署。宣布了关于成立阳光农廉网建设工作领导组的通知，并就此项工作进行了具体安排部署。4月10日，县纪委在三多乡召开全县农村干部警示教育大会。组织农村干部收看了《小官大贪》警示教育片，认真分析当前农村基层党组织和党员干部中存在的主要问题以及问题的成因和对策，促进农村基层党组织和党员干部进一步加强和改进作风，切实提高执行政策的意识和能力，增强创造力、凝聚力和战斗力。9月29日，全县举行阳光农廉服务中心建设昕水现场会暨昕水镇阳光农廉服务中心揭牌仪式。会议听取了昕水镇负责人关于昕水镇阳光农廉网建设情况汇报。焦宏文在会上讲话指出，阳光农廉服务中心的建设是推进农村基层党风廉政建设的重大创新和重要举措。各乡镇各部门必须从讲政治、讲大局的高度，扎实推进阳光农廉服务中心建设工作的顺利开展，不断开创全县农村党风廉政建设工作的新局面。

2012年6月11日，中共大宁县委发出《关于建立基层组织建设"三定三查三结合"长效责任机制的意见》(大委发〔201216号)。"三定三查三结合"长效责任机制的主要内容是："三定"是指定基层党组织书记的岗位责任、职责任务、作目标;"三查"是指季度函询、半年述评、年终考察;"三结合"是指考核结果和提拔任用结合，和评模评优结合，和工资晋升结合。7月4日，大宁县召开2012年农村党风廉政建设工作推进会。会议宣读了《中共大宁县纪委、大宁县监察局、大宁县经管中心关于进一步加强农村财务管理工作的通知》。焦宏文在会上分析了当前农村干部中出现经济问题的原因，并对今后如何抓好落实，杜绝农村干部工作中出现的经济问题提出了具体意见。

按照《意见》的要求和部署，全县各级和各有关部门紧紧围绕农村改革发展稳定大局，紧密结合实际，强化分类指导，不断推进"六大机制"的建立与完善。一是以乡（镇）领导班子成员、村干部和基层站所负责人教育为重点，开展了主题教育、廉政宣传教育、培训教育、示范教育、警示教育等，同时加强农村廉政文化建设，在全省农村营造了"以廉为荣、以贪为耻"的良好氛围。二是建立和完善了中央关于农村基层民主决策组织监督、农村资金资产资源管理、乡(镇)政务公开村务公开党务公开、农村综合改革等各项制度，形成了用制度管权管人管事的新局面。三是开展监督检查，改进监督检查方法，并注重运用监督检查的成果，推进强农惠农政策的落实。四是排查突出问题，加大解决问题的力度，加大涉农案件的查处力度，有效排查和解决了损害农民群众利益的突出问题。五是建立健全考核体系，考核每年进行一次，实行分级负责，对考核成绩优秀的单位和个人进行通报表彰，并作为评比先进和选拔任用干部的重要依据，取得了积极成效。六是建立健全农村基层党风廉政建设联席会议

（领导组）制度，并发挥县委的关键作用、乡（镇）的基础作用、农民群众的主体作用，确立了农村基层党风廉政建设的领导工作机制。

经过长期艰苦的努力，大宁县初步形成"六大机制"：农村基层拒腐防变教育长效机制、用制度管权管人管事的权力运行监控机制、贯彻执行党的农村政策情况的监督检查机制、对损害农民群众利益突出问题的排查解决机制、农村基层党风廉政建设工作的科学考核评价机制、加强农村基层党风廉政建设的领导工作机制。

第十五节　中共大宁县第十一次代表大会召开

中国共产党大宁县第十一次代表大会于 2011 年 6 月 9 日至 10 日召开。出席会议的代表 229 名，代表着全县 4292 名党员（其中：预备党员 141 名），列席代表 61 名。大会听取、审议并通过了刘奎生代表中共大宁县第十届委员会所作的题为《奋发图强，奋力赶超，为建设富裕文明和谐新大宁而奋斗》的工作报告，焦宏文代表中共大宁县纪律检查委员会所作的《中国共产党大宁县纪律检查委员会工作报告》，审议中共大宁县委组织部《关于全县党费收缴、使用和管理情况的报告》；选举产生了中国共产党大宁县第十一届委员会、中国共产党大宁县纪律检查委员会和出席中国共产党临汾市第三次代表大会的代表。县委委员 33 名，他们是（按姓氏笔画为序）：王会玲（女）、王好收、王建平、白会宁、白慧星、冯小宁、冯曹宁、权建威、任春平、刘奎生、杨对明、吴滨、张志荣、张新平、陈东楷、陈旭平、陈海涛、房蒲建、赵晨伟、郝爱民、姚如意、贺博、贺振宁、贺晓东、贺润成、贺寅生、高红旭、曹鸿斌、常庆宇、焦宏文、雷建鹏、樊宇、潘宁平。候补县委委员6名，他们是：王俊奇、白海平、冯会龙、乔富萍（女）、杨金平、单云平。县纪委委员13名，他们是（按姓氏笔画为序）：王文珍、冯国杰、任春平、李青峰、杨森、张卫平、张俊锁、郝壮兰（女）、贺宝平、程廷、焦宏文。出席中国共产党临汾市第三次代表大会的代表10名，他们是（按姓氏笔画为序）：白建荣、任秀红（女）、刘奎生、吴滨、张志荣、郝爱民、贺兰珍、高红旭、焦宏文、樊宇。

在中国共产党大宁县第十一届一次会议上，选举产生了县委常委10名，他们是：刘奎生、樊宇、吴滨、焦宏文、王好收、郝爱民、冯小宁、陈海涛、陈东楷、张新平，刘奎生为书记，樊宇、吴滨为副书记。

在中国共产党大宁县纪律检查委员会第十一届一次会议上，选举产生了县纪委常委7名，他们是：冯国杰、任春平、李青峰、郝壮兰（女）、贺宝平、程廷、焦宏文。焦宏文为书记，程廷、任春平为副书记。

7月20日，县委书记刘奎生主持召开十一届委员会第二次全体会议，安排部署当前重点工作。

2012年2月12日，中共大宁县第十一届三中全会暨经济工作会议召开。会上，县委副书记吴滨宣读了中共大宁县委、大宁县人民政府《关于表彰2011年度经济工作先进单位和先进个人的决定》，并主持颁奖。与会领导为2011年度在本县经济和社会事业发展过程中涌现出来的先进单位和个人进行了颁奖。

会上，刘奎生作了《县委常委会工作报告》。他要求，各级各部门要认真贯彻落实县委、县政府的决策和部署，把思想统一到县委、县政府的安排部署上来，进一步增强做好工作的激情和干劲，将会议的精神落实到各项具体工作中；要按照会议的要求，立足自身职能，结合各自实际，理清发展思路，明确工作任务，找准工作的切入点，制定突破措施，搞好协调配合，迅速开展各项工作；要进一步转变工作作风，围绕会议确定的目标任务，制定出本乡镇、本部门的实施方案，对目标任务进一步细化量化，层层分解，将责任落实到每一个部门、每一个岗位、每一个环节、每一个人头上，通过细化责任，确保工作得到全面落实。

随后，县委委员、候补委员围绕《县委常委会工作报告》进行了分组讨论，并对《中共大宁县委 2011 年抓基层党建工作情况的报告》进行评议。与会县委委员表决通过了《中国共产党大宁县第十一届委员会第三次全体会议决议》。

第十六节 持续推进扶贫和"两区"开发工作

"十二五"期间，国家和省、市持续加大对"两区"扶持力度。2011 年 7 月 22 日，省老促会常务副会长郑友三一行来大宁就革命老区建设工作进行调研。郑友三一行先后深入到太德乡桃园基地、同盛羊场、辰康科技有限公司、大冯滩滩涂开发基地进行了实地调研，详细了解了大宁县经济建设情况并召开座谈会，认真听取了县直有关部门和县老促会近年来工作情况汇报以及工作中存在的实际困难和问题。对大宁县近年来经济建设取得的成绩和老区建设工作给予了充分肯定，并指出：国家和省委、省政府非常重视革命老区建设工作，各级老促会要抓住机遇，积极开展工作，深入调查研究，进一步摸清老区建设基本情况和现状以及发展中存在的问题和制约因素，积极总结典型经验，借鉴外地好的做法，努力推动老区建设和发展。

2012年3月27日至28日，省委副书记、省长王君深入临汾市的永和、大宁、吉县，就吕梁山区、沿黄集中连片贫困地区扶贫开发、民生保障、社会事业发展以及重点工程建设等工作进行检查指导。他强调，要认真贯彻落实全国两会精神和国务院第五次廉政工作会议精神，坚持以人为本、执政为民理念，切实转变工作作风，带着对广大人民群众的深厚感情，扎实做好新阶段扶贫开发工作，加快革命老区经济社会发展，带动老区人民脱贫致富奔小康。

王君一行沿着吕梁山，由北向南一路走来，城市乡村处处洋溢着盎然生机和浓浓春意。永和、大宁、吉县都是吕梁山革命老区集中连片贫困县，主要以农业生产为主，经济社会发展相对落后、发展不足是这些地区面临的共同问题。带着对山区群众的深切关怀，王君一行来到吕梁山革命老区，进田间、入学校、看项目、问农事、访民情，先后深入到永和县芝河镇刘家庄村、大宁县太德乡太德村、太德乡越奥公司种羊养殖基地、吉县吉州学院、吉昌镇上东村以及苹果冷库储藏基地，看望慰问老区人民，与基层干部群众亲切交流，共同探讨研究新形势下革命老区、贫困地区农民增收、农业发展、农村繁荣的新路径。

当前，两轮"五个全覆盖"工程实施的如何，质量是否有保证？王君对此牵挂于心。在大宁县太德乡太德村，王君一行沿着平坦的道路，走进整洁的村庄。看到整齐的房屋，干净的街道井然有序，看到农村文化体育场所、卫生院都很漂亮的情景，赞不绝口。在修葺一新的村委会，王君同村委会主任亲切攀谈起来。村街巷硬化全覆盖、农村便民连锁商店全覆盖、农村文化体育场所全覆盖……被问及新的"农村五个全覆盖"，村委会主任对答如流。农村实用技术、人物传记、军事、历史……太德村"农家书屋"内的各类书籍一应俱全。王君来到书架前，拿起一本书认真地翻阅了起来。他叮嘱当地干部要深入贯彻落实中央一号文件精神，更多地充实农村种植、养殖技术类的书籍，鼓励农民多读书、读好书，向农村群众普及农业科技知识，通过农业科技支撑提升农业发展的质量和效益。太德乡卫生院配备了 B 超机、X 光机等医疗设备，落实了医疗药品"零差价"的销售方式。王君对这里的工作予以高度评价，并要求当地政府和有关部门进一步健全和完善三级医疗卫生体系，多渠道引进高水平的医务人员，加强对现有医务人员的培训，不断提高医技水平，确保群众小病不出村、大病不出县。王君所到之处，广大群众都热烈鼓掌欢迎，争相握手，群众把省委、省政府实施的两轮"五个全覆盖"工程称作农村"幸福全覆盖"，说党和政府是真心实意为农民办实事、办好事。大家说："我们这几年不愁吃、不愁穿，老了有人给钱，病了有地方看病，房子坏了政府帮着修，这些实实在在的惠民工程更坚定了我们自力更生、脱贫致富的信心。"王君告诉大家，"全心全意为人民服务是我们党的宗旨。我们不仅要巩固农村'五个全覆盖'成果，如期完成农村新的'五个全覆盖'工程，还要继续围绕解决群众最急需的民生问题，启动实施更多的惠民项目，让群众的日子越过越红火，越过越幸福！"

贫困山区群众的脱贫致富是此次调研的一个重点。在大宁县越奥有限公司，王君向企业负责人详细了解种羊品种、饲料加工、市场销售、促农增收等情况，当听到该企业可带动 1400 余户农户人均增收 890 余元时，他微笑颔首。

王君强调，要积极发展壮大县域经济。针对县域特点，立足资源禀赋、产业基础，加大煤层气等优势资源的开发力度，积极培育壮大县域产业，推动县域经济大发展、大跨越。同时，还要全面落实近年来行之有效的一系列安全生产措施和制度，认真做好各类安全隐患排查治理工作，切实防范各类事故的发生，巩固和发展来之不易的安全生产大好形势。

在此期间，王君还了解了春耕春播、农副产品销售和农村小额信贷等情况。他反复叮嘱陪同的有关领导干部，百姓利益无小事，各级党委、政府特别是领导干部，要牢固树立立党为公、执政为民的理念，不折不扣地贯彻落实中央大政方针和省委、省政府的工作部署，确保中央和省里关于"三农"的各项决策部署落到实处，取得实效。要怀着对人民群众的深厚感情，深入调查研究，了解群众疾苦，倾听群众呼声，始终把人民群众的事情挂在心上、抓在手上，始终保持与人民群众的血肉联系。要大力弘扬求真务实、真抓实干的作风，狠抓落实，注重细节，扑下身子把关系群众切身利益的事情办好，不断提高人民群众的满意度。他说，一年之计在于春，一季度全省经济社会发展实现了良好开局。各级各部门要进一步强化机遇意识、责任意识，进一步细化工作举措，落实工作责任，加大工作力度，努力保持全省经济社会又好又快发展态势，为圆满完成全年各项目标任务打下坚实的基础。

2012年2月19日，大宁县召开"两山"（太行山—燕山、吕梁山）扶贫开发"四个统筹"（四个统筹即将扶贫开发与产业开发、城镇建设、生态建设和社会保障四项工作统筹同步推进）试点县工作部署会。会上，与会人员就进一步搞好"两山"地区扶贫开发工作提出了具体的建议和意见。

会议之后，大宁县进一步加大"两山"地区等贫困地区的扶贫开发工作，自觉担当起做好这项工作的责任感，自觉把扶贫开发工作和区域经济发展结合起来考虑，在做规划时要注意点面结合，以点带面，同时要注意与易地移民搬迁相结合，与产业开发、城镇建设、生态建设和社会保障"四个统筹"同步推进。

第十七节　开展党的纯洁性教育活动

2012年3月8日上午，大宁县召开保持共产党员纯洁性教育动员大会。会上，县委常委、组织部部长郝爱民宣读了《关于开展保持党的纯洁性学习教育活动的实施方案》。

此次开展的保持党的纯洁性学习教育活动重在思想提高，坚持以思想教育、正面教育、自我教育为主的原则，把深入学习、提高认识贯彻始终，把边学边改、解决问题贯彻始终，旨在使党组织的凝聚力、战斗力得到进一步增强，领导班子和干部队伍建设得到进一步加强，全心全意为人民服务的宗旨意识得到进一步强化，全县经济社会发展各项事业得到进一步推动。

活动从3月开始，到6月结束，共分为动员部署、学习提高、问题查摆、整改落实四个阶段。

3月16日，县纪委监察局召开保持党的纯洁性学习教育活动动员会。会议要求全局广大党员干部要充分认识开展保持党的纯洁性学习教育活动的重要性和紧迫性，深入贯彻落实关于开展保持党的纯洁性学习教育活动的实施方案和县委的有关部署，按阶段认真落实；要把保持党的纯洁性学习教育活动与创先争优活动、"基层组织建设年"活动紧密结合起来，切实抓好各项工作落实，做到认识到位、领导到位、责任到位、工作到位，形成保持党的纯洁性学习教育活动的合力；要建立健全有效的工作保障机制，力争使每名党员、干部都参加活动、受到教育，确保纯洁性学习教育稳步开展、扎实推进，取得实效。

4月25日上午，大宁县举办保持党的纯洁性学习报告会。报告会特邀临汾市委讲师团副团长贾成奎、尧都区贺家庄乡下东庄村党委书记张建国就保持党的纯洁性学习教育活动进行了专题辅导。

5月31日，大宁县委班子召开保持党的纯洁性专题民主生活会，副市长陈小洪出席会议并讲话。会上，大宁县委班子成员分别结合各自分管的工作,围绕"党的纯洁性教育活动"主题，对照自己的思想、作风、工作、廉洁自律等方面情况，进行了深刻的自我剖析，认真查找当前影响和制约大宁县科学发展的突出问题，并提出了整改措施和今后努力方向。

2012年6月底，大宁县开展党的纯洁性教育活动圆满结束，通过这次活动，全县广大党员的党性意识和整体素质有了明显提高，各级党组织的凝聚力和战斗力显著增强，有力地促进了各项工作的深入开展，为党的十八大的召开营造了良好的舆论氛围。

第八章 改革开放时期经济社会发展综述

第一节 徘徊中前进和蓬勃发展时期 (1977~1985)

1978年中共十一届三中全会后，全党工作重点转移到经济建设上来，通过贯彻国民经济"调整、改革、整顿、提高"的方针，实行"对外开放、对内搞活经济"的政策，农业全面实行家庭联产承包责任制和"大包干"责任制，工商业实行生产经营承包制，工农业生产形势迅速好转，国民经济进入蓬勃发展时期。1985年和1977年相比，工农业总产值由1316万元增长到2527万元，增长92%，平均年递增8.5%。其中，工业总产值增长26.8%，平均年递增3%；农业总产值增长1.22倍，平均年递增10.5%。9年中，县级财政收入增长1.14倍，平均年递增10%；社会商品零售总额增长61.4%，平均年递增6.4%；建筑业产值达到342万元，增长1.57倍，平均年递增12.5%；公路通车里程达到995公里，增长67.5%；货运量增长16.6%，客运量增长83.6%；邮政业务量增长3.6倍。

第二节 "七五"计划时期 (1986~1990)

"七五"计划时期，大宁县人民按照全县第八届人民代表大会要求，工农业、教育科技、交通电力、人民生活和社会主义精神文明建设 5 个方面有很大发展。国民经济和社会发展经过"六五"和"七五"两个五年建设，提前 3 年实现国民生产总值第一个翻番，经济和社会面貌发生变化。全县主要经济指标都超额完成，1990 年全县生产总值 4737 万元，比 1985 年增长 106.5%，平均每年递增 15.6%。国民收入 4149 万元，超"七五"计划指标 39.3%，平均每年递增 14.7%。工农业总产值 3279 万元，比 1985 年增长 29.8%，平均每年递增 5.3%。地方财政收入连年超收，1990 年 185.9 万元，超过"七五"计划指标 24%，平均每年递增 23.9%。

第三节 "八五"计划时期 (1991~1995)

"八五"计划时期，大宁县人民以建设中国特色社会主义理论为指导，学习贯彻落实中共十四大会议精神，抓住机遇，深化改革，扩大开放，促进发展，保持稳定，全面实施"兴宁富民"战略，完成或超额完成"八五"计划确定的各项指标。全县生产总值年均增长 18.4%，比"七五"时期提高 3.2 个百分点。农业总产值平均增长 4.9%，比"七五"时期高 4.6 个百分点，粮食总产量 1.705 亿公斤，比"七五"时期增长 43.5%；棉花产量 335.1 万公斤，比"七五"时期增长 3.6 倍，新增果树面积 3.1 万亩，累计 6.3 万亩，果品产量 1500 万公斤，比"七五"时期增长 14.2%；大牲畜存栏比"七五"时期增长 9.8%，平均增长 3.3%，畜牧业产值平均增长 10%，比"七五"时期高出 9 个百分点，乡镇企业总产值 1.9 亿元，实现营业收入 1.02 亿元，实现税金 222 万元。工业总产值 1.46

亿元，比"七五"时期增长164.7%，年均增长13.3%。实
现利税2710.8万元，比"七五"时期增长184.4%，年均增
长40.7%。全县工业企业实现"一无三不欠"，即无亏损，
不欠税金，不欠银行当年贷款利息，不欠职工工资。财政收
入2009万元，年平均递增22.4%。

第四节　"九五"计划时期 (1996~2000)

　　"九五"计划时期，大宁县人民坚持以党的基本理论、
基本路线、基本方针为指导，正确处理改革、发展、稳定三
者之间的关系，瞄准农民稳定脱贫奔小康、财政尽快脱补促
发展两大基本目标，推进经济体制改革和经济增长方式两个
转变，努力实施龙头企业特色县这一发展战略，靠工业富县，
靠果牧富民，加大工作力度，在连续5年特大旱灾的情况下，
完成"九五"计划确定的任务和目标。到"九五"计划末，
全县国内生产总值1.16亿元，年均递增2.1%；农民人均纯
收入849元，年递减1%；县级财政收入801万元，年递增
10.9%；城镇居民的人均可支配收入3153元，年递增6.8%；
重点工程建设成绩显著，基础设施明显改善，实现80%乡
镇通沥青路，80%行政村通机动车辆，县城通讯落后状况得
到改善，40%以上家庭安装电话；有线电视开通18个频道，
60%乡村完成村村通工程；电力建设得到加强，城乡电网改
造基本结束；农村饮水困难得到缓解；生态环境初步得到改
善，治理面积14.7万亩，抵御自然灾害的能力得到提高。
扶贫工作得到加强，群众温饱问题基本解决。基础教育稳步
发展，基本达到普及九年制义务教育的要求。卫生医疗条件

得到改善，基本解决群众看病难问题。经济结构调整开始起步，政府机构改革进一步推进。科技兴县和可持续发展战略进一步实施。社会主义精神文明、物质文明、社会法制建设有了新发展。

第五节 "十五"计划时期 (2001~2005)

"十五"计划时期，大宁县人民以建设绿色大宁为目标，抢抓机遇，努力工作，使县域经济稳步发展。2005 年，全县生产总值 2.1 亿元，比 2000 年增长 77.29%；财政收入 1303 万元，比 2000 年增长 146.78%；固定资产投资 4229 万元，比 2000 年增长 126.27%。2005 年，全县农业生产总值 6761 万元，比 2000 年增长 56.54%。全县规模以上工业企业增加值完成 6806 万元，比 2000 年增长 150%。

第六节 "十一五"规划时期 (2006~2010)

"十一五"计划时期，是大宁县实现转型发展、跨越发展的重要时期，是全面建设小康社会的关键时期。全县人民以科学发展观为指导，谋发展，搞建设，不断改进工作作风，创优发展环境，扩大对外开放，凝聚各方力量，狠抓任务落实，着力提高农业产业化、工业新型化、社会服务现代化水平，从容应对和解决发展中面临的突出问题。通过全县上下共同努力，逐步使经济和社会发展步入良性发展快车道。"十一五"规划期末，全县生产总值 4.9 亿元、年均增长 18.2%；规模以上工业增加值 2.16 亿元，年均增长 27.2%；

财政总收入 3323 万元，年均增长 20.6%；社会消费品零售总额 1.61 亿元，年均增长 17.4%；全社会固定资产投资 3.35 亿元，年均增长 151.3%；粮食总产量 26240 吨。

第七节　"十二五"规划时期 (2011~2012)

"十二五"规划期间，大宁县人民以强县为目标，在生态立县、林果富民、山川绿化、工业崛起、城镇建设、民生改善上实现新突破。2011 年，全县生产总值 3.45 亿元，同比增长 30.1%；财政总收入 4136 万元，同比增长 24.47%；固定资产投资 4.3 亿元，同比增长 22.41%；社会消费品零售总额 1.9 亿元，同比增长 16.72%；城镇居民可支配收入 11566 元，同比增长 15.3%；农民人均纯收入 1666 元，同比增长 27.7%。

2012 年，全县生产总值 4.16 亿元，同比增长 20.46%；财政总收入 4846 万，同比增长 17.17%；城镇居民人均可支配收入 13095 元，同比增长 13.22%；农民人均纯收入 2012 元，同比增长 20.77%；社会消费品零售总额 2.2 亿元，同比增长 15.02%；固定资产投资 6 亿元，同比增长 39.91%。

第六编

新时代中国特色社会主义时期

（2012 年 11 月至今）

第一章 全面建成小康社会

第一节 深入贯彻党的十八大精神

2012年11月8日至14日，中国共产党第十八次全国代表大会在北京举行。大会通过了胡锦涛所作的报告和《中国共产党章程（修正案）》，批准了中央纪律检查委员会的工作报告，选举产生了新一届中央委员会和中央纪律检查委员会。

党的十八大是在我国进入全面建成小康社会决定性阶段召开的一次十分重要的大会。大会的主题是：高举中国特色社会主义伟大旗帜，以邓小平理论、"三个代表"重要思想、科学发展观为指导，解放思想，改革开放，凝聚力量，攻坚克难，坚定不移沿着中国特色社会主义道路前进，为全面建成小康社会而奋斗。

大会回顾和总结了过去5年的工作和党的十六大以来的奋斗历程及取得的历史性成就，确立了科学发展观的历史地位。科学发展观同马克思列宁主义、毛泽东思想、邓小平理论、"三个代表"重要思想一道，是党必须长期坚持的指导思想。确定科学发展观为党的指导思想，是党的十八大作出的重要决策和历史性贡献。

大会贯穿始终的一条主线就是坚持和发展中国特色社会主义。报告指出，建设中国特色社会主义，总依据是社会主义初级阶段，总布局是社会主义经济建设、政治建设、文化建设、社会建设、生态文明建设"五位一体"，总任务是实现社会主义现代化和中华民族伟大复兴。

大会确定了全面建成小康社会和全面深化改革开放的目标。为确保到 2020 年实现全面建成小康社会宏伟目标，根据我国经济社会发展实际，在党的十六大、十七大确立的全面建设小康社会目标的基础上，报告提出了努力实现的新要求。即：经济持续健康发展，在发展平衡性、协调性、可持续性明显增强的基础上，实现国内生产总值和城乡居民人均收入比 2010 年翻一番；人民民主不断扩大，文化软实力显著增强；人民生活水平全面提高；资源节约型，环境友好型社会建设取得重大进展。

大会选举产生了由委员 205 人、候补委员 171 人组成的中央委员会和由委员 130 人组成的中央纪律检查委员会。11 月 15 日，党的十八届一中全会选举产生了新一届中央政治局和中央书记处。选举习近平、李克强、张德江、俞正声、刘云山、王岐山、张高丽为中央政治局常委，习近平为中央委员会总书记；决定习近平为中央军事委员会主席；批准王岐山为中央纪律检查委员会书记。

党的十八大肩负着全党全国各族人民的信任和期待，凝聚亿万人民的智慧和力量，开启了具有许多新的历史特点的伟大进军，开启了共创中国人民和中华民族更加幸福美好未来的崭新征程。

中共大宁县委组织广大干部群众收听收看了大会和中央政治局常委与中外记者见面会。全县上下掀起学习贯彻十八大精神热潮。11 月 20 日上午，大宁县召开科级以上领导干部大会，传达学习党的十八大会议精神。县委书记刘奎生等县四套班子领导出席会议。各乡镇及县直单位负责人参加会议。刘奎生传达了党的十八大精神并作讲话。同日，中共大宁县委发出《关于深入学习宣传贯彻党的十八大精神的通知》（大委发〔2012〕10号），以下简称《通知》)，对学习贯彻落实党的十八大精神作出部署。

11月26日，县委组织召开学习党的十八的精神报告会，邀请临汾市讲师团副团长常风鸣作专题辅导报告。县委书记刘奎生，县委副书记、县长樊宇等县四套班子领导出席报告会。县委常委、宣传部部长张新平主持报告会。报告会上常风鸣就党的十八大报告精神进行了深入浅出的讲解，常风鸣指出，党的十八大精神内容丰富，博大精深，报告开宗明义地阐明了大会的主题，鲜明地回答了党在新的起点上举什么旗、走什么路、以什么样的精神状态、朝着什么样的目标继续前进的4个根本问题，为党和国家的各项工作指明了前进方向。刘奎生在会上就下一阶段如何宣传、贯彻、落实党的十八精神进行了安排部署。

11月27日，县委书记刘奎生深入下乡驻村联系点——三多乡楼底村，向基层干部群众宣讲党的十八大报告精神，了解群众所思所盼，共商农村发展大计。县委副书记吴滨，县委常委、宣传部部长张新平一同参加了宣讲活动。在三多乡楼底村村支部会议室，刘奎生同大家一起学报告、议报告，交流探讨农村发展大计。吴滨、张新平也分别发言，结合基层工作实际，形象生动、深入浅出地将党的十八大精神传达给了基层党员群众。

11月28日，县委常委、组织部部长郝爱民深入下乡住村联系点——曲峨镇黑城村，给基层党员送去学习资料，向基层干部群众宣讲十八大报告精神。郝爱民以通俗易懂的语言，将十八大报告与基层群众生产、生活息息相关的内容向群众做了详细解读和传达学习。宣讲结束时，郝爱民对村党支部下一步的学习宣传、贯彻落实工作和主导产业发展提出了明确要求。

11月30日上午，大宁县在宣传文化活动中心召开党员冬训暨学习贯彻党的十八大精神报告会。邀请市委讲师团副团长贾成奎就党的十八大精神进行专题辅导。县委常委、组织部部长郝爱民，各乡镇、县直各单位党员骨干，农村党支部书记、村委会主任，大学生村官，共500多人参加报告会。报告会上，贾成奎从党的十六大以来取得的辉煌成就、党的十八大的鲜明特色、坚持和发展中国特色社会主义、科学发展观、全面建成小康社会奋斗目标的新要求和主要任务进行了深入浅出的讲解。宣讲报告紧扣党的十八大报告的主题，深入浅出，通俗易懂，既有理论上的独到见解，也有实践中的升华提炼，具有很强的政治性、思想性、指导性，极富感染力和吸引力。

12月13日上午，清华大学教育扶贫办公室来大宁开展党的十八大精神宣讲报告会。清华大学特聘教授、全国政协委员、吉林省委原副书记林炎志，为大宁县党员干部深入解读了党的十八大报告。县委书记刘奎生等县四套班子领导以及各乡镇、县直各单位负责人聆听了报告。报告会上，林炎志从十八大召开的时代背景和国内外形势、十八大报告的主题与框架结构、十八大报告的内容与主要思想等方面进行了准确、系统、深入的阐述，阐明了十八大的鲜明主题和历史性意义，阐释了党和国家过去 10 年的重大成就，论述了中国特色社会主义这条突出主线的丰富内涵，系统讲解了全面建成小康社会和全面深化改革开放的总体目标以及社会主义经济、政治、文化、社会、生态文明建设的重大部署和重大举措。

12 月 19 日，大宁县召开百人进百村宣讲党的十八大精神活动培训会。县委常委、宣传部部长张新平及各乡镇负责人、大学生村官、包村干部参加会议。会议宣读了关于开展百人进百村宣讲党的十八大精神活动的实施意见。张新平在会上讲话指出，深入学习宣传贯彻党的十八大精神，是我们当前的一项重要任务。各乡镇要严肃对待，精心组织，恪尽职守，扎实工作，以实际行动把县委交给大家的任务完成好，确保宣讲活动取得实效。

2013 年 1 月 5 日至 25 日，县委组建"大宁县学习贯彻党的十八大精神宣传团"，深入基层进行宣讲。

通过大力宣传，深入贯彻，使党的十八大精神深入人心，成为推动脱贫攻坚和经济社会发展的强大动力。

第二节　党的群众路线教育实践活动

2013 年至 2014 年，根据党中央、省委、市委部署，大宁县在基层党组织中开展了党的群众路线教育实践活动。

全县参加活动的212个基层党组织4465名党员,按照"高起点开局、高标准推进、高质量收官"的要求完成三个环节的工作，取得预期的效果。

突出学细学深，提升境界，党员干部受到一次思想教育。

坚持把学习教育贯穿活动的全过程。通过集中学习、个人自学、专题辅导、讨论交流、观看专题片等形式，学习规定篇目，重点学习习近平总书记系列讲话精神、"三严三实"要求，以及刘云山同志、王儒林同志在全省干部大会上的讲话精神。把学习焦裕禄精神作为一条红线贯穿始终，开展"学习焦裕禄学什么、对照焦裕禄"改什么""为了谁、依靠谁、我是谁""入党为什么、为党做什么、在党留什么""向突出问题说不、向不良习惯叫板"等专题讨论，组织贺兰珍等6名先进典型深入基层进行先进事迹报告，要求县级、科级干部每月写一篇思考性文章。

县委中心组集中学习 23 次，各单位专题辅导 522 次、讨论交流 523 次，撰写思考性文章 700 多篇。广大党员干部受到一次马克思主义群众观教育，精神上补了"钙"、充了"电"、提了"神"。党员干部反映，通过教育实践活动，思想受到教育，观念得到升华，作风得到锤炼，增强同群众的思想感情，掌握一定的群众路线的工作方法，突出整风精神、见人见事，党员干部适应新常态的能力得到提高。

开展县级党员领导干部联系点"六个一"活动，县直机关千名党员下基层活动，运用发放征求意见表、设置意见箱、召开座谈会、公开电话、调研走访等多种途径，广泛听取群众意见。县委印发《人生旅途、修身正己 20 问》，指导基层党员干部对"四风"清单进行二次聚焦，集体研究分析，认真归纳，反复甄别，力求查摆到位。按照市委活动办"十五个要"的基本要求，层层审阅把关，撰写对照检查材料，做到"对准号、像自己、有深度"。在专题民主生活会和组织生活会上，自我批评不怕揭短亮丑，敢于动真碰硬，批评他人见筋见骨、充满辣味，各级班子查摆"四风"问题2485条，提出批评意见3933条，发扬党的好传统，回归党内生活新常态。突出改变陋习、抓细抓实，党员干部的面貌有了明显变化。活动一开始，县委坚持从小处着手、从实处着力，把党员干部中存在的传统陋习作为整改的切入点，提出"改变不良作风，先要改变不良习惯"的要求，重点对"不作为、不负责、不讲规矩"进行集中治理。开展"纪律松弛、吃拿卡要""百日双百案"信访案件化解、基层组织"三不"问题以及损害群众利益问题的整顿。

进入整改阶段后，开展36项专项整治活动。行政审批项目减少到109项，减少收费、罚款项目19个，全县"三公"经费支出同比下降32%，文件会议同比减少15%，清理出租办公用房338平方米，腾退超标准办公用房1771.04平方米，腾退企事业单位占用行政机关办公用房32平方米，问责党员干部18人，化解信访案件6件，整顿软弱涣散村级组织5个，办公活动场所面积不足社区3个，"定查评"工作法拓展不深的机关党组织3个。广大群众普遍感觉到，社会上存在的婚丧嫁娶大操大办，大吃大喝等发生在群众身边的不良习气得到有效遏制，门难进、脸难看、事难办现象得到有效缓解，党员干部的精神面貌有了新变化。突出破立并举、着眼长远，制度建设取得了积极进展。县委建立走进群众深化讲规矩强责任求实效，干部监督管理、例行节约反对浪费、加强调查研究、严格"三公经费"支出等26项制度，各级各部门也结合实际在改变作风、服务群众、严明纪律、权力运行等方面制定、修订一批工作制度和管理制度。全县各单位建立制度674项。这些制度既立足当前又着眼长远，既抓大又不放小，把为民务实清廉的要求具体化、规范化，为转变作风划出"红线"、标出"雷区"、架起"高压线"，规范权力运行，管住干部行为，促进为民务实清廉的常态化。突出心系群众、走进群众，关系群众利益的事项妥善解决。把转作风与解民忧、惠民生有机结合起来，从解决出行、饮水、住房、就医、产业等群众最关注的利益问题入手，坚持边学边查边改。县委把群众最为关心的城西路建设、集中供热等 10 个问题作为重点整改事项，开通大病报销绿色通道，更新公交车辆，集中整治城区道路拥堵，清运城乡垃圾，维修农村安全饮水工程 25 处和农村道路 105 处，聘请 17 名技术员服务于苹果和大棚蔬菜产业，启动新供热、轻工业园区项目等等，各乡镇、县直各单位共完成立行立改事项 199 件。开展服务群众年活动，309 件"百千万"服务项目全部完成，一些群众关注的热点问题得到妥善解决。

第三节 "十二五"计划的完成

"十二五"时期，县委、县政府全面贯彻落实中央、省、市和县委的各项决策部署，大力实施"生态立县、林果富民、工业强县"三大战略，统筹抓好稳增长、促改革、调结构、惠民生、防风险各项工作，实现了"十二五"圆满收官，为"十三五"发展奠定了坚实基础。

实干兴县，综合实力实现新提升

"十二五"末，全县生产总值完成 4.5 亿元，年均增长 8.14 %；财政总收入完成 5602 万元，年均增长 11.1%；一般公共预算收入完成 3300 万元，年均增长 10.17%；规模以上工业增加值完成 1582 万元；城镇居民人均可支配收入完成 16541 元，年均增长 10.52%；农村居民人均可支配收入完成 2690 元，年均增长 14.41%；社会消费品零售总额完成 2.94 亿元，年均增长 12.5%；固定资产投资完成 12.1 亿元，年均增长 28.3%。

林果富民，特色产业形成新布局

坚持集中连片、规模发展的原则，全力推进"优质苹果、设施蔬菜、高效养殖"三大基地建设。一是苹果基地实现规模扩张。立足大宁县地处全国优质苹果生产带的优势，在全县发展苹果经济林 10 万余亩，累计面积达到 12 万亩，实现了人均 2 亩园的目标。2015 年 10 月，大宁县被国家质检总局正式确定为国家级出口水果质量安全示范区。二是设施蔬菜实现效益提升。立足沿川水资源丰富的优势，发展各类设施蔬菜大棚 2000 座，新建有机蔬菜示范园区 1 个、蔬菜批发市场 1 个。依托政拓公司和阳煤集团，引进了香菇、双孢菇等高效益品种，提升了产业效益，增加了菜农收入。三是高效养殖实现种养循环。坚持把生猪、肉羊养殖作为优质苹果和设施蔬菜的配套产业来抓，大力推广"猪—沼—果（菜）"循环经济模式，形成了种植业和养殖业的良性循环。全县养殖专业合作社达 62 个，生猪饲养量达 5 万头，肉羊饲养量达 8 万只，年生产有机肥料 8 万余吨。

工业强县，经济发展迈出新步伐

坚持把煤层气、光伏发电等绿色新能源产业作为大宁县新的经济增长点和工业发展的重中之重。与中石油达成了战略合作框架协议，煤层气勘探工作及产能建设在全县全面铺开，启动了 2 亿方煤层气产能项目，建设钻井 40 口，日产气量达 40 万方；启动了山西宁扬能源公司 30 万方煤层气液化调峰项目；建成了 21 个 100 千瓦的村级光伏电站。完成了轻工业园区一期建设工程，鑫辉电子、治诚科技两家高新技术企业入驻投产；完成了佳源煤业和乡宁焦煤集团的兼并重组、黄河化工和山西同德化工的重组整合，同德化工年产 1 万吨胶状乳化炸药生产线和辰康公司年产 100 吨麦绿素系列产品生产线均已投产达效。同时，积极参加中博会、能博会、广州招商引资推介会等活动，签约项目 25 个，资金总额达 250.67 亿元。

统筹发展，城乡面貌发生新变化

城市建设日新月异。编制完成了城市控制性规划和详细性规划，先后实施了城西路改造、城南路旧城改造、保障性住房等城建重点工程，共拆除破旧建筑 3 万余平方米，新增建筑面积 10 万余平方米，新建各类保障性住房 854 套，城镇化率达到 41.5%，城市开发步伐不断加快。完成了 10 万平方米供热站建设工程，实施了城市集中供气、供水、污水管网改造、红卫桥加宽、昕义桥加宽等工程，免费开放了县城公厕，城市功能不断完善。新建了城南滨河路、滨河路长廊公园、标准化体育场、全民健身活动中心和步行桥、古乡大桥、悬索桥，绿化城区面积 8.5 万平方米，城市品位不断提升，乡村面貌显著改观。完成了两轮农村"五个全覆盖"工程。新改建公路 556 公里，易地搬迁 926 户、4159 口人，改造农村危房 2010 户，新建扩建农村公办幼儿园 15 所。便民连锁店、农家书屋和路灯亮化实现行政村全覆盖，中等职业教育实行全免费，新型农村社会养老保险参保率达 100%。建成了 220 千伏、110 千伏变电站，完成了新一轮农村电网升级改造工程。实施了土地开发和土地整理项目，整理基本农田 20 万亩，平整土地 4.1 万亩。改造农村饮水安全工程 65 处，解决了 80 个自然村 1.8 万人的饮水安全问题。发展果园节水灌溉 2.16 万亩、设施蔬菜大棚灌溉 1500 亩。同时，结合环境建设年、环境提升年等活动，持续开展了城乡环境卫生、市容市貌环境、交通道路秩序综合整治活动，塑造了整洁有序、宜居宜业的大宁新形象。

生态立县，环境质量有了新提升

投入生态治理项目资金 6356 万元，先后实施了三北防护林、天然林保护等林业生态建设项目，新增造林面积 21.5 万亩，森林覆盖率由"十一五"末的 25.8% 提高到"十二五"末的 32.46%。投入水土保持项目资金 8950 万元，先后实施了生态综合治理、小流域治理、坡改梯田等项目，治理水土流失面积 69.16 平方公里。投资 1738 万元，实施了农村环境连片整治示范项目，农村环境得到明显改善。同时，加强了空气质量、水环境质量监测工作，安装了两套 PM2.5 自动监测系统。年空气质量二级天数稳定在 300 天以上，2015 年空气质量二级以上天数达 361 天。饮用水源地水质达标率为 100%。大力实施节能减排，单位 GDP 能耗同比下降 3%，淘汰黄标车和老旧车 349 辆。

改善民生，幸福指数获得新提高

教育事业均衡发展。推行 15 年免费教育，实施营养改善计划，为义务教育阶段学生免费发放校服，受惠学生达 4863 名。实施了校舍加固和薄弱学校改造工程，招聘特岗教师 190 名，高考达二本以上录取分数线 183 人。卫生计生事业加快发展。深入推进医药卫生体制改革，开展了卫生计生人才综合培养试点工作，基本公共卫生服务项目由9种扩展到12种。建成了县医院综合门诊大楼，为县医院配备了CT、DR、麻醉机和24小时动态心电图等医疗设备，县医院顺利通过了二甲医院验收。全县村级卫生室覆盖率达到100%，新农合参合率达到99.18%。文化事业扎实推进。成功创建了省级文明县城，实现了县乡村三级文化服务网络体系全覆盖，黄河仙子的传说、大宁黄煎和油糕被列入省级非物质文化遗产，连续4年举办了文化消夏月活动，创办了农村文化"美丽大宁乡村行"品牌。完成了数字电视平移工作，实施了20个行政村有线电视网络建设工程，安装广播电视卫星设备村村通2430套、户户通2650套。社保体系逐步完善。城镇职工基本养老保险、医疗保险和城乡居民社会养老保险等社会保障覆盖面不断扩大，城镇新增就业人数达2231人，城镇登记失业率控制在3.8%以内。同时，城乡低保、农村五保供养水平持续提高，基本实现了应保尽保。社会管理得到加强。认真贯彻新《安全生产法》，加强对重点领域的安全监管，安全生产形势持续稳定。全面完成食品药品监管体制改革任务，基层监管力量显著加强。"六五"普法成效明显，公民法治意识进一步增强。扎实开展了社会治安整治行动，加强了社区矫正和安置帮教工作，社会安全感满意度达到90%以上。积极处理群众提出的意见和建议，努力把各种矛盾和纠纷化解到最基层，消除在萌芽状态。各项改革全面深化。深化行政审批制度改革，严格落实两集中、两到位，全县行政审批项目从368项减少到102项。深入推进财税体制改革，健全预算管理体系，实施全口径预算管理，推进预决算公开。深化土地制度改革，农村土地承包经营权确权登记工作顺利推进。加快推进政府机构改革，完成了工商和质监、卫生和计生等部门整合工作。扎实推进农村信用社体制改革，有效化解经营风险。

第四节　中共大宁县第十二次代表大会召开

中国共产党大宁县第十二次代表大会于 2016 年 8 月 15 日至 16 日召开，听取审议并通过了王金龙代表十一届委员会所作的题为《打赢脱贫战，全面建小康，为实现大宁振兴崛起而努力奋斗》的工作报告和任鹏伟代表十一届纪律检查委员会所作的题为《挺纪在前，忠诚履职，为努力开创全县党风廉政建设新局面而奋斗》的工作报告。

大会确定了今后 5 年工作的指导思想和总体要求是：高举中国特色社会主义伟大旗帜，以邓小平理论、"三个代表"重要思想、科学发展观为指导，深入贯彻落实党的十八大以来的路线方针政策，以习近平总书记系列重要讲话精神为指引，坚决贯彻落实省委"两手硬"的战略部署和市委"三市建设"（中西部经济强市、旅游强市、生态强市）的安排部署，实施富民强县"五大战略"（产业富民、工业崛起、以城带乡、生态立县、开放拉动），推进民生改善"五大工程"（教育兴县工程、医疗惠民工程、社会保障工程、文化共享工程、社会治理工程），落实脱贫攻坚"五项举措"（迎难而上，层层传递压力；精准发力，不落一户一人；抢抓机遇，发挥政策效应；发动群众，激发内生动力；廉洁扶贫，护航脱贫攻坚），突出党的建设"五项工作"（加强思想政治建设、加强干部队伍建设、加强基层组织建设、加强干部作风建设、加强反腐倡廉建设），凝心聚力，真抓实干，坚决打赢脱贫攻坚战，全面建成小康社会，为实现大宁振兴崛起而努力奋斗。

大会选举产生了中国共产党大宁县第十二届委员会和纪律检查委员会。在十二届一次会议上，选举王金龙、樊宇、李永升、赵晨伟、武艳娟、刘照舫、贺晓东、任鹏伟、张振荣为常务委员会委员，选举王金龙为书记，樊宇、李永升为副书记。在十二届纪委一次会议上，选举任鹏伟为书记，任春平、贺宝平为副书记。

第五节　轻工业园区的创建与发展

为了使大宁经济有较快的发展，大宁县政府于 2013 年创建大宁县轻工业园区。轻工业园区位于大宁县昕水镇小冯村赛子湾，距离县城 2 千米处，现建筑面积 15180 平方米，绿化面积 4664 平方米，硬化面积 2600 平方米，总投资 5000 万元，交通运输方便，地理位置优越。2016 年 8 月，由县委、县政府正式批准组建大宁县工业园区管理办公室，负责县工业园区的规划、开发、建设、管理，在授权范围内，负责园区内工业投资项目和技改项目的审批 (审核) 工作；协助入园企业办理相关手续等。工业园区管理办公室为政府直属正科级财政拨款事业单位，核定全额预算事业编制 6 名，2017 年，在编人员 5 人。

2017 年，大宁县轻工业园区根据发展需要，全面推进园区基础设施建设，在原有两栋厂房的基础上，再建两栋厂房和一栋集办公、培训、众创空间于一体的综合大楼，发展壮大园区。培训就业扶贫基地是大宁确定的 2017 年重点建设项目。该项目位于大宁县小冯新区，总投资 1.9 亿元，总建筑面积 66866 平方米，建设内容包括：7 栋实训厂房、1 栋配套食堂、1 栋教育实训楼及小区市政路网和其他配套附属设施。2017 年计划投资 4750 万，完成 2 栋实训厂房和教育实训楼的建设 (总建筑面积 1.5 万平方米)。该基地以培训贫困人口职业技能，承接环境友好型、劳动密集型企业为主，与大宁县贫困人口易地扶贫搬迁项目同步规划、同步设计、同步建设，使贫困农户迁至移民新区，培训工作在扶贫基地，最终实现"搬得出、稳得住、能致富"的脱贫目标。

根据县委、县政府安排部署，大宁县轻工业园区对曲峨工业园区进行基础设施配套工程建设，军线线路迁改已完工，由园区负责承办的手套厂和花卉基地道路建设施工已完成。曲峨工业园项目建设区域供电线路迁改铺设工程于 2018 完工。

2017 年，大宁县轻工业园区创新观念，强化措施，主动出击，开展多层次形式多样的招商活动，采取"走出去，引进来"、以商招商等方式吸纳大项目、好项目进入园区，同时坚持走科技含量高、经济效益好、资源消耗低、环境污染少的新型工业化之路，实现园区的可持续发展。

积极主动对现有企业进行服务，对所有招商引资项目提供零距离、无干扰、保姆式服务，壮大企业，发展经济，为企业申请技术改造项目资金、企业员工培训资金、申请科技创新专利发明等，使其发展壮大，做大做强。为治诚科技有限公司在县科技局申报高新技术企业，2017 年先后为治诚技有限公司和鑫辉电子元件制造有限公司协调资金贷款 500 余万元。

2018 年，大宁县工业园区简化入园项目审批、工程招投标、安全生产管理等职能，理顺园区工作流程、完善各项规章制度，提高办事效率和服务管理水平，优化企业投资环境。采取走出去、请进来的方法，参加县委、县政府组织的招商引资任务和学习考察，召开招商引资座谈会，企业交流座谈会，抛砖引玉，完善招商引资网络；多次接待市县级领导来园区现场参观调研，接待省内外企业家来园区考察，宣传大宁县园区发展的优惠政策、资源优势、交通优势、发展优势，为招商引资奠定良好基础。

2018 年底，大宁县工业园区已入驻的企业有冶诚科技、鑫辉电子、宇良光电、森普电子 4 家企业，解决大宁县 500 余人就业问题。园区内冶诚科技公司主要生产光敏元器件、光敏电阻、光电耦合器、环境光探网器等产品。该科技公司共有员工 70 余人，年产值 350 余万元，该公司在听水镇而吉村建设生产点，可带动 50 余名贫困人口脱贫。园区内的鑫辉电子公司，主要生产指针、导针、品针等系列产品，组装加工蜂鸣器等元件，现有员工 100 余人，年产值 1800 余万元。该公司发挥企业内蜂鸣器可以在家中生产的特点，采取"公司＋农户"模式，带动贫困户在家中实现就业增收。园区内的山西宇良光电科技有限公司，计划投资 8000 万元，建设山西最大的民用光学元器件生产线，主要生产手机摄像头、行车记录仪和工业用镜片，年产量 2400 万片，产值 5000 万。该企业有 7 道生产工序，属于密集型劳动企业，达产达效后将带动 500 人就业。已投资 2000 余万元，带动 200 余人就业。

2019 年，大宁县工业园区服务中心按照园区定位布局，引进相关龙头及配套加工等拓展性项目，提高入园项目质量，以优势产业为纽带，以大型企业为龙头，加强产业的分工和协作，加速上游和中下游产品的开发和招商，填补产业链条上的空白点，形成完整的产业体系，降低整个行业生产加工成本，做大做强主导产业和优势产品。开展招商活动，采取"走出去，引进来"、以商招商等方式吸纳大项目、好项目进入园区，坚持走科技含量高、经济效益好、资源消耗低、环境污染少的新型工业化之路，依托天然气资源，发展资源转化水平高、产品附加值高、技术先进可靠、产品市场前景好、竞争力强的高端工业产业链，以谋划"引进大项目、好项目"为重点，加快工业园区建设，拓展招商领域。2019年，对接商会、行业协会等招商平台，利用大宁县的政策优势，招商渠道，调动社会各界人士参与招商引资工作，扩大招商规模，提升招商质量，3月下旬，由政府副县长许华伟带领园区招商团队，赴江苏省连云港市，对连云港隆创电子科技有限公司进行考察交流，与该公司负责人进行座谈，5月，县委王金龙书记带队，对企业进行考察，达成初步投资意向。县委书记王金龙一行人对江苏星和瑞塑木科技有限公司和宜兴市雷森电子有限公司进行考察调研。

同年，大宁县工业园区服务中心按照县委政府关于安全生产工作的重要指示和要求，坚持"安全第一，预防为主"的方针，强化安全生产目标管理，联合安监、消防等部门，多次定期不定期到企业进行安全生产的宣传、指导和监督检查，确保全年无事故，实现消除隐患、预防事故、谋求发展的目标。

同年，大宁县工业园区服务中心紧扣县委确定的六大重点任务和县政府部署的八个聚焦聚力、"五个大宁创建""六县同建"等重点工作，落实功能定位，建设以轻工业电子产业为主的高新技术企业培育，引导园区企业朝着"专而精"的特色化道路迈进，做好宇良光电、治诚电子等重点企业高新培育工作。规范管理，以管理为抓手，帮助企业与其他职能部门协调，开展代办全程服务，做到政府企业"零距离"、生产环境"零干扰"，为项目建设提供优质服务和强力保障。

第六节　扶贫攻坚再发力

　　党的十八大的召开，标志着中国特色社会主义进入新时代。大宁县委、县政府以习近平新时代中国特色社会主义思想为引领，牢固树立"四个意识"，特别是核心意识、看齐意识，把打赢脱贫攻坚战作为维护核心、见诸行动的具体实践，统筹推进"五位一体"总体布局，协调推进"四个全面"战略布局，坚决贯彻省委"一个指引、两手硬"重大思路和要求与市委"345"发展战略，尤其是认真贯彻习近平新时代中国特色社会主义思想、党的十九大对全面深化改革、脱贫攻坚、生态文明建设、实施乡村振兴战略的决策与部署，落实习总书记视察山西时的重要讲话精神以及省委的两个《实施意见》，在省委、省政府和市委、市政府的坚强领导下，全县上下解放思想，开拓创新，凝心聚力，砥砺奋进，坚持以脱贫攻坚统揽经济社会发展全域全局，牢牢把握精准扶贫、精准脱贫基本方略，探索出了"党建引领、改革创新、产业支撑、技工推动、生态保障"五位一体的脱贫攻坚新路径。

　　2015年，全县完成了7500口人的减贫任务，还识别出贫困村 80 个，建档立卡的贫困户 8503 户 23852 人。2016 年，通过全县上下的共同努力，全县生产总值完成 5.17 亿元，财政总收入完成 5871 万元，一般公共预算收入完成 3101 万元，农村居民人均可支配收入完成 2905 元。全年脱贫 17 个贫困村，减贫 1777 户 4402 人，出列 504 户 1540 人，自然减少 108 户 173 人，新增（返贫）347 户 825 人，脱贫攻坚实现了首战告捷。2017 年，全地区生产总值完成 5.5 亿元，同比增长 10%；社会消费品零售总额完成 3.1 亿元，同比增长 8%；城镇居民人均可支配收入完成 19000 元，同比增长 7%；农村居民人均可支配收入完成 4900 元，同比增长 12%；固定资产投资完成 12 亿元，同比增长 18%；规模以上工业增加值完成 14%；一般公共预算收入完成 3200 元，同比增长 3%。2017 年，全县实现 26 个村、2601 户 10816 人脱贫，取得了脱贫攻坚再战再胜。

突出"党建引领"，在从严管党治党中强化脱贫攻坚组织保障

把加强党的建设、夯实基层组织作为第一抓手，强责任、促担当，抓"三基"、补短板，打造脱贫攻坚"红色引擎"，努力实现党的建设与脱贫攻坚"双促双赢"。一是紧盯脱贫攻坚，强化责任担当。紧扣"六个精准""五个一批"和"两不愁、三保障"的总体要求，下足绣花功夫，集中力量攻坚。坚决落实中央精神和省市部署要求，脱贫攻坚领导组实行书记、县长双组长负责，严格基层"双签"责任。制定了《中共大宁县委关于深入学习贯彻习总书记视察山西重要讲话精神的实施意见》和《中共大宁县委关于深入学习贯彻习总书记在深度贫困地区脱贫攻坚座谈会上重要讲话精神的

实施意见》，出台了《大宁县脱贫工作成效考核办法》《大宁县脱贫攻坚督查巡查工作办法》等文件，压实脱贫攻坚主体责任。成立了所有县级领导参加的包乡驻村脱贫攻坚工作组，组织各级帮扶干部"五一"假期进村入户，查漏补缺、整改落实；组织开展了党建、脱贫、生态建设现场观摩；逐项逐级细化量化任务，并由分管县领导带队随机抽查督导，抓两头、带中间，量化排队，倒逼任务落实，分类实施整改。同时，加大监督执纪问责力度，突出抓好扶贫领域监督执纪问责，深入开展扶贫领域不正之风和腐败问题专项治理活动，县乡约谈321人次，开展专项监督检查5批次，给予党政纪处分12人（免职1人），诫勉14人，移送2人，为脱贫攻坚提供了坚强的政治和纪律保证。二是着力"三基"建设，增强党组织功能。在全市率先启动了"三基建设"，确定了103项具体任务。实施支部阵地提档升级，对84个村阵地全面修缮，统一设置党员群众服务中心LED标识牌，完善村级便民服务中心，对3个社区阵地进行提升打造，面积全部达到500平方米以上，党支部的政治功能、服务功能全面增强。严格"三会一课"制度，坚持"4+X"党日活动制度，通过召开脱贫攻坚专题组织生活会，规范组织生活"奏国歌、重温入党誓词（或汇报入党历程）、观看警示教育片、通报工作情况、开展批评与自我批评、奏《国际歌》"六步骤，回归了党的组织生活好传统，落实了全面从严治党新要求。坚决落实省委、省政府对乡村两级经费保障的要求，全额下拨了乡镇运转经费、乡镇工作人员补贴、乡镇机关食堂补助、乡镇干部周转房建设资金和农村、社区工作经费1666万元，建设乡镇干部周转房3323平方米，基础保障力度不断加大。

坚持聚力基层一线，调整充实乡镇党委书记、乡镇长6名，选派30名优秀年轻干部到乡镇挂职锻炼；出台了《关于进一步加强驻村工作队和第一书记管理的补充规定》，实行驻村精准帮扶"1354"工作机制（突出党建引领，落实定人员、定职责、定任务"三定"，实施帮思想、帮政策、帮产业、帮技能、帮治理"五帮扶"，强化管理、考核、激励、保障"四个重点"），建立起了乡镇对驻村工作队和第一书记"人、财、物"权责统一的管理体系，着力构建重心下移、力量下沉、保障下倾的工作机制。三是突出思想教育，激发队伍活力。扎实推进"两学一做"学习教育常态化制度化、维护核心见诸行动主题教育。对照习总书记视察山西重要讲话精神、7·26重要讲话精神、十九大精神进行了封闭学习，中心组成员讲专题党课28节，撰写体会交流文章50余篇。各乡镇、县直各部门分别通过学习交流、集中研讨、专题党课、专题组织生活会等形式，深学细研，深刻领会，增强了维护核心、紧跟核心的思想自觉和行动自觉。全县以"一学双亮一帮带（学习贺星龙先进典型，亮身份、亮服务，帮带贫困户）"为载体，开展了建党96周年"十个一"系列活动，举办了贺星龙先进事迹报告会，通过设立党员示范岗、悬挂"共产党员户"牌子亮身份、亮服务，创建农村党员产业示范园150多个，1500余名机关党员结对帮扶贫困户，在脱贫攻坚主战场上进一步发挥先锋模范作用。出台了《中共大宁县委关于在打赢脱贫战全面建小康中加强领导班子和领导干部思想政治建设的意见》《大宁县激励干部担当作为干事创业实施办法（试行）》《大宁县支持干部改革创新合理容错实施办法（试行）》等文件，全面推行"一线工作法"，扎实落实

"13710"工作制度，举办了脱贫攻坚、党建、党风廉政"三位一体"培训、"领头雁"培训、后备干部主体培训，共培训2100余人次，提升了各级干部引领脱贫攻坚的能力。

突出"改革创新"，在全面深化改革中激发脱贫攻坚活力

坚持积极探索、勇闯新路，以改革促创新、以创新推动脱贫。成立了由县委书记为组长、县长为第一副组长的全面深化改革领导小组，出台了《大宁县2017年全面深化改革工作要点》，明确了7大类35项重点改革任务，制定了书记和县长抓改革台账，确定主抓的9项13个具体改革任务。一是顺利完成了监察体制改革。积极推进乡镇监察试点工作。二是实施生态文明体制改革综合试验。制定了《大宁县关于开展生态文明体制改革综合试验的实施方案》，以"山水林田河统一规划、垣峁沟坡川统一治理"的思路，扎实推进生态治理、环境整治、河长制、城乡建设，构建新能源工业体系，发展旅游业，培育和繁荣生态文化等9大类40项改革。三是探索全面深化农村改革新路径。按照习总书记"壮大集体经济""提高农民进入市场的组织化程度"和省委书记骆惠宁视察大宁期间提出的"修建村间道路、小型饮水工程等应更多吸收群众参与，既为农民解决生产生活困难，又使他们在这一过程中增收"的指示，深化、延伸购买式造林改革。四是进行了教育资源整合改革，坚持对内整合、对外融合，教师编制统筹于教育局管理，成立了大宁一中与襄汾中学教育联合体，农村学校由原来的19所，改革为新办寄宿制学校8所，优化了师资力量配置，集聚了学生资源，形成了生源回流的良好态势，缓解了贫困固化、代际传递问题。

五是开展了医疗卫生体制改革，组建了大宁县医疗集团，成立了"山西医科大学第一医院大宁分院"，全力打造临汾西山"区域医疗中心"。重点落实"三保障、三救助"政策，继续落实贫困户新农合参合费用补贴、住院补贴、大病保险报销、免普通门诊挂号费等惠民政策，高度关注贫困群体，突出落实"三保障、三救助"政策。六是深化重点领域和关键环节改革。坚持发展导向、问题导向、民生导向，突出重点、以点带面，统筹推进"五位一体"和党的建设等各领域改革，呈现出全面发力、多点突破、纵深推进的生动局面。重点推进供给侧结构性改革，投融资体制改革、"放管服效"改革、财税金融体制改革，有力有度有效落实"三去一降一补"重点任务，持续推进简政放权、放管结合，大力推行 PPP（政府与社会资本合作）模式，制定了《大宁县关于推进司法体制和工作机制改革方案》，细化了法院、检察院和公安机关工作职能。围绕细胞激活、凝心聚力、示范引领、群众满意"四大工程"，实施了群团改革，在乡镇成立群众工作部，建立了群团干部直接联系群众制度，构建了"互联网＋群团服务"模式，切实去"四化"、增"三性"，群团组织的活跃度和群众的满意度有了新提升。

突出"产业支撑"，在实现富民强县中夯实脱贫攻坚的基础

跳出传统思维定式，树立发展新理念，注重处理好稳增长和调结构、"老饭碗""新饭碗"、当前和长远的关系，努力实现农业现代化、工业新型化。一是实施全民招商引项目。认真贯彻习总书记视察山西时作出的"要以营造良好营商环境推动经济转型发展"的重要指示和省、市优化营商环

境会议精神，全面深化商事制度改革，着力打造"六最"营商环境，构建投资的洼地、发展的高地。先后引进了山西新大象集团投资 11.35 亿元的百万头生猪养殖项目、隆泰集团总投资 1.37 亿元的现代农业花卉双创示范园区项目、鸿锐集团总投资 4 亿元的一次性防护手套产业扶贫项目。其中，隆泰花卉双创示范园区项目建成后可实现年营业收入 5000 万元，带动 1000 户建档立卡贫困户增收，目前正在紧张施工，第一个 1000 平方米温室月底投产；鸿锐集团医用手套厂项目一期投资 2.2 亿元，建设 PVC 一次性手套生产线 24 条，年产值 4 亿元，实现税收 2600 万元，出口创汇 6000 万美元，可为 1000 名贫困户提供就业岗位。依托轻工业园区，引进了总投资 8000 万元的同城光电公司，建设山西最大的民用光学元器件生产线。同时，签约了华电集团投资 36 亿元的风力发电、光伏发电项目和华电科工集团投资 1.1 亿元的生物质能发电、分布式能源及多能互补项目。二是围绕"有机大宁"创建培育特色产业。全面深化农业供给侧结构性改革，提出创建"有机大宁"目标，落实"五有"产业扶贫政策，大力培育苹果、蔬菜、小杂粮等特色产业。成功创建大宁县出口水果质量安全示范区，建成高标准出口水果示范园 6 个，实施经济林提质增效 9000 亩，发放农业特惠补贴 157.5 万元，用于支持中药材、小杂粮、薯类等特色农业。注重围绕主导产业、特色产业，提升产业经营组织化水平，县成立总社，乡镇设分社，村有合作社，建立苹果、核桃、小杂粮、红薯、西瓜、赤焰椒合作社，打造红薯小镇、西瓜小镇、苹果小镇等特色小镇，发展小杂粮、设施蔬菜、赤焰辣椒、牛蒡、草花、黑小麦、养牛、养驴、养猪等特色种养殖业。同时，全面加快"有机大宁"创建步伐，台湾、日本有机农业专家和企业先后来大宁县调研考察。开展了"有机大宁·振兴乡村"行动，田间地头现场培训，发动全县干部群众利用冬闲时间，通过秸秆堆沤有机肥、深耕涵养土地等方式，加强农田基本建设，推进有机大宁、脱贫攻坚、环境治理深度融合，三是大力开发绿色能源。利用丰富的太阳能资源，建成20兆瓦扶贫光伏电站，建成100千瓦木村级光伏电站42座，今年投资5920万元新建38座，扩容8座村级光伏电站，实施煤层气LNG液化调峰项目，全年投资8000万元。

突出"技工推动"，在民生普惠化中共享脱贫攻坚的成果

坚持以人民为中心的发展理念，从解决群众最关心最直接最现实的利益问题入手，不断满足人民日益增长的美好生活需要，使人民获得感、幸福感更加充实、更有保障、更可持续。一是着力就业增收，打造"大宁技工"品牌。依托新大象集团百万头生猪养殖，隆泰集团现代农业花卉双创示范园，鸿锐集团医用手套、治诚科技、鑫辉电子等企业，组织贫困劳动力赴石家庄、太原等地，实地培训一次性手套生产与检测、花卉培育、光敏电阻、蜂鸣器生产、手机摄像头研磨等工种，协调鑫辉电子和治诚科技生产线下乡，致力打造"大宁技工"品牌，成功地让贫困人口能够在家门口有工作、有钱赚，形成了外出务工人员返乡创业的可喜局面，同时，成立了大宁技工新时代讲习所。二是着力移民搬迁，确保百姓安居，遵循习总书记提出的"整村搬迁要统筹解决好'人、钱、地、房、树、村、稳'7个问题"指示和省委、省政府"六环联动"举措，精准实施易地扶贫搬迁，切实解决"一方水

土养育不了一方人"的问题。具体工作中，坚持"六个强化"：强化精准识别，出台了《大宁县关于开展易地扶贫搬迁对象核准工作方案》，严格核准登记、书面申请、村民评议、备案审定等程序，建立了搬迁户、村支书、第一书记、乡镇长、乡镇书记"五方签字"核准机制，强化群众意愿，采取以集中建房安置为主、集中统一购房安置和分散货币化安置为辅的安置方式，充分考虑村民的生活习惯、承受能力，设计了20~135平方米6种户型，严守每口人25平方米、每户自筹上限1万元的红线，将每平方米造价锁定在1200元以内，确保"不超标、不豪华、不闲置"；建立了项目档案管理制度和资金管理台账制度，对建档立卡搬迁人口和同步搬迁人口的资金安排、使用分类管理；强化建设，按照"五规合一"的要求，采取规划、设计、招标、施工、管理"五统一"做法，集中办理各项手续，同步推进基础设施和公共服务配套；强化旧村复垦，搬迁安置协议与旧房拆除协议同时签订、双向牵引，旧宅基地按照"宜耕则耕，宜林则林"原则复垦，复垦后的土地确权到户，赋予搬迁户相应的承包经营权，享受同等权益。对于整体搬迁村实行村庄销号、拆除腾退，鼓励支持土地、林地有序流转，依法保障搬迁群众的产权、地权、林权。强化保障跟进，围绕产业支撑和劳务输出两条主线，依托"一村一品一主体"，鼓励搬迁人口发展小杂粮、中药材以及养猪、养牛、养驴、养鸡等种养殖业增收，引导搬迁人口在花卉园区、生猪养殖、医用手套等企业以及鑫辉电子下乡生产线就地就业增收，倡导搬迁人口按照村社合一、股份合作的办法，采取"合作社＋企业＋贫困户""合作社＋贫困户"等模式，通过土地流转、林地入股，"联产联业""联股联心"，抱团发展，促进农业生产增效、农民生活增收、农村生态增值，搬迁人口实现保底分红、收益分红、务工收入"三重收益"。三是着力资金管理，确保使用效益。形成"多个渠道引水、一个池子蓄水、一个龙头放水"的扶贫投入格局。整合资金主要用于主导产业、特色农业特惠补贴、村级光伏电站建设、教育扶贫、生态林业建设、基础设施建设等，推进贫困村整村提升，农村人居环境不断改善。同时，加强对扶贫资金使用的全程监管，阳光操作，确保每一分"造血钱""救命钱"都真正用到贫困村、贫困户身上。

突出"生态保障"，在建设绿水青山中拓宽脱贫攻坚的路径

牢固树立"绿水青山就是金山银山"的理念，积极探索、创新实践，在全市率先实施了购买式造林，实现了生态建设和脱贫攻坚的高度融合。同时，以购买式造林为突破，全面推进生态脱贫向纵深发展。开展资产性收益扶贫试点，推广"企业＋合作社＋农户"的模式，鼓励县域龙头企业成立专业合作组织，群众以林地经营权、林木所有权以及财政补助资金折股量化，以股权的形式入股合作社，实现"资源变资产、资金变股金、农民变股东、收益有分红"。目前已出台《大宁县开展林业资产收益扶贫试点的工作方案》，共有2个合作社与221户群众签订入股合作协议，涉及建档立卡贫困户130户，其中：森科农牧专业合作社与40户建档立卡贫困户签了入股合作协议，40户贫困户每年共可获得收益9.5万余元，户均增收2375元/年，收益年限为30年。四是在全国率先设立脱贫攻坚生效益补偿专项基金，每年拿出150万元巩固造林成果。

第七节 党的建设不断加强和改善

党的十八以来，大宁县第十一、十二届县委全面加强党的建设。开展了党的群众路线教育实践活动，学习讨论落实活动、"三严三实"专题教育和"两学一做"学习教育，以深入学习贯彻习近平总书记系列重要讲话精神为重点，用新理念、新知识、新方法武装广大党员干部的头脑，各级领导班子，干部队伍整体素质和执政能力进一步提高。基层基础不断夯实，不断强化管党治党意识，严格执行中央"八项规定"，狠刹"四风"突出问题，开展了"讲规矩，强责任，求实效"等39项纪律作风专项整治。从严落实"两个责任"，认真贯彻《准则》《条例》，积极构筑惩治和预防腐败体系，狠抓领导干部廉洁自律、案件查办、纠正部门行业不正之风等工作都取得了新的成果。

县委常委会坚决贯彻省委、市委的决策部署，坚定理想信念，严明政治纪律，思想统一，步调一致，在政治上，讲党性、讲规矩，始终与中央、省委和市委保持高度一致；在工作上，注重发挥每个班子成员的积极性、主动性，相互沟通，密切配合，坚持不懈推进大宁发展；在作风上，恪尽职守，勤奋敬业，不折不扣执行"八项规定"，严格遵守中央和省、市的有关规定；在学习上，认真落实中心组学习制度，解放思想，更新观念，提升能力，服务发展，有力地促进了学用结合和作风转变。

大宁县第十二届县委遵照习近平总书记"党要管党，才能管好党；从严治党才能治好党"的要求，切实担当全面从严治党的政治责任，为"打赢脱贫战，全面建小康"和提升党建科学化水平提供了坚强保障。

党的十八届六中全会作出的全面从严治党的战略决策，对于开拓中国特色社会主义伟大事业、推进党的建设新的伟大工程，夺取新的斗争伟大胜利，具有重大而深远的意义。大宁县委各级党组织站在党的建设和党的事业发展的高度，把全面从严治党各项要求落实到思想、组织、作风、反腐倡廉和制度建设全过程，认真履行全面从严治党主体责任，严格落实责任清单、工作约谈、党委巡察、监督提醒和深化"四述"五个实施办法；各级党政负责人对本乡镇本部门本单位的政治生态负责，切实增强了管党治党意识和能力，加大了领导力度，做到真管真严，敢管敢严，长管长严，建设廉洁政治。党组织书记负好主责，首责，全责，班子成员自觉履行"一岗双责"，县纪委要认真履行监督执纪问责，推动形成横向到边、纵向到底、以上率下、层层落实的主体责任和监督责任体系，加强了对主体责任落实情况的监督检查，对失责者严格追究，对尽责者给以鼓励，推动了全面从严治党常态化长效化。

县委深切地认识到，推动党的事业发展，关键看干部。他们始终树立正确用人导向，严格执行《党政领导干部选拔任用条例》《推进领导干部能上能下若干规定》，《关于防止干部"带病提拔"的意见》等规章制度，坚持"德才兼备，以德为先"，坚持五湖四海、任人唯贤，坚持事业为上、公道正派；坚持依事选人、人岗相适，注重"从好人中选能人"，优先选拔任用在脱贫攻坚工作中表现优异、贡献突出的党员干部，严防干部"带病提拔"，坚决防止选人用人上的不正之风。认真落实干部任期制和干部交流制度，重视选拔优秀年轻干部，全面做好干部离退休工作。构建有效激发干部内生动力的长效机制，日常从严监督管理，完善干部考核监督机制，加强提醒、函询、诫勉等日常管理监督，督促干部勇担当、善作为。盘活全县人才选用好现有人才，培育好后备人才，吸收好优秀人才，建立后备干部库，为大宁县各项事业发展提供生生不息的人才支撑。

党的基层组织是党的执政基础，县委把抓好"三基建设"，夯实党的基层基础作为重要内容一抓到底。把加强"基层组织、基础工作、基本能力"建设作为推动党的建设开创新局面的有力抓手，深入开展了"三基建设年"活动。强化基层组织。结合脱贫攻坚和村委换届工作，加强村"两委"干部及后备人选的培训力度，发挥好包村领导、驻村工作队和第一书记"三支队伍"的带动作用，构建重心下移、力量下沉、保障下倾的体制机制。严格落实《关于进一步加强县乡干部下乡驻村精准帮扶工作的实施意见》，做好对下乡驻村工作人员的关心和爱护，妥善解决"第一书记"工作经费，确保精干力量在基层，精干力量带基层，推动村级集体经济持续健康发展，打牢基础工作。以"事事有人管、人人有专责、处处见规范"为目标，补好大宁县基础工作薄弱这一短板；规范工作行为，严格落实县委的决策部署，规范办事程序，切实履职尽责；完善工作考核，尤其是对脱贫攻坚工作，从严把关，从严监督，从严问责；落实好"三会一课"、组织生活会、民主评议党员、领导干部过双重组织生活等制度，进一步严肃了党内政治生活；加强各级各类单位效能建设，推进精细化管理，形成系统完备的职能表、责任书、资料库、管理册、信息网，提高了规范化建设水平。提升基本能力。着眼提高政治素质、拓宽知识视野、增强业务本领、适应时代进步，持续巩固和深化"两学一做"学习教育，推动广大党员干部基本能力的提升，依托县委党校、干部在线学院、外送培训和聘请专家讲座等形式，强化基本能力精准培训，根据工作岗位不同，有针对性地提高通用知识和专业知识水平，提高了把握政策、化解矛盾、处理复杂问题的能力，做到人岗相宜，更有效地履行职责。

县委始终坚持"反腐倡廉必须常抓不懈、拒腐防变必须警钟长鸣"，增强党员干部的党章党规意识，扎实开展"讲政治，知敬畏，守规矩"专项治理活动，认真落实《中国共产党党章》《新形势下党内政治生活的若干准则》《中国共产党廉洁自律准则》《中国共产党纪律处分条例》《中国共产党问责条例》《中国共产党党内监督条例》，真正把纪律严起来，把规矩立起来。坚决落实主体责任和"一岗双责"，把管党治党的分内之责担起来，把全面从严治党落实到每一个党组织，做到全覆盖，运用好监督执纪"四种形态"，常用第一种形态，善用第二种形态，慎用第三种形态，敢用第四种形态，坚持监督约束与信任激励并重、惩治腐败和保护干部并举，分类处置，宽严相济，加大谈话函询力度，坚决查处各种违反纪律规矩的行为。强化纪律审查工作，严查群众身边不正之风和腐败问题，发挥好巡察、审计等部门利剑作用，保持惩治力度不减、零容忍态度不变，持续保持反腐高压态势。严格落实中央"八项规定"，持续狠刹"四风"，坚决防止反弹回潮，以优良党风政风带动社风民风。按照既定的"时间表"和"路线图"抓好监察体制改革，精心组织部署，顺利完成了检察院反贪、反渎和职务犯罪预防机构、职能、人员的划转，实现监察委员会的挂牌运行，圆满完成监察体制改革任务。

随着大宁县脱贫攻坚、经济社会和党的建设各项任务的深入推进，县委创新工作的理念和办法，加快节奏，提高标准，树立强烈的责任意识，把责任高举过头顶，真心实意谋事，脚踏实地干事，千方百计成事。按照中央和省委、市委、县委的要求，找准薄弱环节，明确改进措施，对标中央，对照一流，学习先进地区和典型的好做法好经验，提升工作标杆，奋起直追，务求赶超。认真落实省委出台的《激励干部担当作为干事创业办法》和《支持干部改革创新合理容错办法》，为担当的干部担当，为负责的干部负责，旗帜鲜明地支持担当者，保护负责者，重用优秀者。树立对标一流、争当一流的意识，把工作当事业来追求，全面落实"13710"工作法，形成了争先创优、比学赶超的良好工作氛围。

第二章 为实现中华民族伟大复兴的
中国梦的远景展望

第一节 制定"十三五"规划

"十三五"时期发展的指导思想

高举中国特色社会主义伟大旗帜，全面贯彻党的十八大和十八届三中、四中、五中全会精神，以马克思列宁主义、毛泽东思想、邓小平理论、"三个代表"重要思想、科学发展观为指导，深入贯彻落实习近平总书记系列重要讲话精神，遵循"四个全面"战略布局，坚持发展是第一要务，牢固树立并切实贯彻"五个发展"新理念，坚持法治大宁建设、坚持党的领导，继续坚持"生态立县、林果富民、工业强县"三大战略不动摇，紧扣苹果、设施蔬菜、高效养殖三大产业，走出一条农业品牌化、工业园区化、服务业集约化的路子，推动经济社会持续健康发展。着力实施精准脱贫、"五个一批"工程，提高农业质量效益，扩大工业经济规模，提升现代服务业水平，保障和改善民生，加强生态文明建设，实现脱贫摘帽和全面建成小康社会的奋斗目标。

"十三五"时期经济社会发展目标和基本要求

（一）全面脱贫和建成小康社会的目标要求

经济转型升级取得突破性进展。主动适应经济发展新常态，努力推动经济平稳较快增长。2016 年至 2017 年，保持平均增速 6.5% 左右。2018 年至 2020 年，工农业实现突破性发展。农业品牌化和现代化取得阶段性成果，优质苹果每年增加值不低于 2 亿元 (按 1500 公斤 / 亩，4.4 元 / 公斤，6600 元 / 亩，9 万亩新增果园，与 2015 年比，新增产值为 5.94 亿元，降去 60% 中间消耗，新增的增加值应为 2.3 亿元，保守算不低于 2 亿元) (现价水平)；工业园区化和新型能源产业取得重大突破，煤层气产业园区实现年产气不低于 2 亿立方米，增加值不低于 2 亿元，光伏扶贫试点工作快速推进，240 兆瓦项目逐步并网发电，争取实现 300 兆瓦以上项目，产值争取突破 3 亿元，农产品深加工项目增加值不低于 0.5 亿元；服务业集约化取得关键进展，城乡一体化实现质的提升，快速增长，到 2020 年，服务业年产值不低于 4.3 亿元。2018 年至 2020 年，实现从现有的农业主导型经济向协调发展的现代产业体系转型，三大产业结构得到调整优化，大幅提高新型工业固定投资和 GDP 占比，凸显大宁县农业三大主导产业效益，大幅提高农业增加值，快速提升服务业增加值，三次产业结构调整到 22∶47∶31，这个结构反映了全县特色农业提质增效，新型能源工业快速发展，服务业健康增长的产业特征。

坚决打赢脱贫摘帽攻坚战。将"精准扶贫、精准脱贫"作为基本方略，坚持"创新扶贫、协调发展、全县人民共享扶贫成果"的理念，以"农业扶贫、百企千村产业扶贫、金融扶贫、教育扶贫"为主要抓手，深入推进"五个一批"工程，做好旅游扶贫、医疗扶贫、科技扶贫和保障扶贫等工作，确保扶贫措施逐项落实到户、到人。坚持扶贫开发和经济社会发展相互促进，和生态保护并重，和社会保障有效衔接。

提升人口城镇化水平。构建科学、有效的村镇格局，促进人口向城镇集中、产业向园区集中、土地向规模经营集中，优化公共资源配置，努力实现"迁转一体、产业一体、市场一体、规划一体"目标，提升城镇化发展质量和规模。

提升国家级生态功能区建设水平。严控生态环境指标，提升县域资源利用水平。坚持绿色、协调、共享发展理念，保持"一河碧水，两岸青山，三川秀美"的生态发展格局，不断提高资源综合利用水平，有效控制大气污染和固体废弃物污染，防止水土流失。

普遍提升民生社保水平。就业持续增加，教育、社保、医疗、住房等公共服务体系更加健全，基础设施建设取得长足发展，基本公共服务均等化水平显著提高。一是坚持教育优先战略。加强乡村教师队伍建设和基础教育硬件设施建设，提高教学质量和教学水平，重点推进第二轮学前教育三年行动计划、职业高中实训大楼新建等项目。新建公立小学幼儿园各 1 所，改扩建 2 所，基本普及学前三年教育和高中阶段教育，入园率达到 100%，实现初等教育巩固率达到 100%，初级中等教育巩固率达到 99.5%，适龄残疾人口入学率达到 95%，高中阶段入学率达到 90%，县国民平均受教育年限达到 11.2 年。二是推进医药卫生体制改革。加强计生人口服务工作，完善医疗基础设施建设，巩固完善农村医疗服务网络建设，采取多种渠道加大投入引进和培养县、乡、村不同层次和要求的医药卫生计生专业人才和管理人才。根据国家计生委安排计划，实施一对夫妇可生育两个孩子政策，积极开展应对人口老龄化行动。到 2017 年，大宁县每千人口卫生技术人员数、每千人口执业（助理）医师数、每千人口注册护士数与全省平均水平差距缩小；县、乡、村医疗机构人员老化现象得到改善；大宁县中医院中医特色得到加强；县外转诊比例降低。到 2020 年，实现人均期望寿命达到 76.5 岁，婴儿死亡率控制在 10‰ 以下，5 岁以下儿童死亡率控制在 13‰ 以下，孕产妇死亡率控制在 0.2‰ 以下。三是深入实施就业优先战略。贯彻实施"劳动者自主就业、市场调节就业、政府促进就业和鼓励创业"的就业方针，实施大学生就业促进计划和创业引领计划，统筹做好农村转移劳动力、城乡就业困难人员和退役军人的就业。完善创业扶持政策，鼓励以创业带就业，着力解决结构性就业矛盾。"十三五"时期，全县新增城镇就业 2500 人以上，城镇登记失业率控制在 4.0% 以内，新增转移农村劳动力 5500 人。四是健全社会保障体系。全力解决民生问题，全面实施全民参保计划，贯彻城乡居民大病保险制度，健全社会养老服务体系，坚持基本保障与补充保障相结合，加快完善覆盖城乡、人人享有、保障更好的社会保障体系，努力提高社会保障卡应用水平，更好地实现对群众"记录一生、保障一生、服务一生"。到 2020 年，实现城乡基本养老、基本医疗和失业保险参保率达到 98% 以上，工伤保险参保人数达到 4450 人，生育保险参保人数达到 4330 人，社会保障卡持卡人数达 40196 人。人民健康水平显著提升，安全生产向本质安全坚实迈进，收入差距缩小，中等收入人口比重上升，城乡居民收入与 GDP 同步增长、农村居民收入增速快于城镇居民收入增速，现行标准下的贫困人口全部稳定脱贫。

开创文化科技新局面。加大公共文体设施建设，继续推进全民健身事业发展，真正贴近人民群众的实际生活。加大科技扶持力度，创新部分科技成果，使科技为当地经济发展和协调发展中发挥重大作用。

坚实迈出改革开放新步伐。加速网络基础设施建设，促进大宁与外界的互联互通，为经济社会的交流共享建设互联网平台；坚持"引进来"和"走出去"战略，促进产业转型升级；建设国家级优质苹果出口基地，促进大宁苹果出口，延长苹果加工产业链，提高苹果的附加值和效益，向保健品、化妆品、药品等多功能方向发展；构建县域金融工程，建立互联网金融信息平台，金融先行，推动实体产业经济；全面深化与周边县市合作，整合旅游资源，发展大宁县特色文化旅游产业。

民主法治建设成效显著。着力推进社会管理水平，趋于完善强化安全管理体系，严格公正廉洁执法，加强基层民主建设，扩大政务公开、村务公开和厂务公开的范围和内容，保障人民群众的知情权、参与权、表达权和监督权，坚持依法执政，实现政府、社会活动全面纳入法治轨道。

（二）以新的发展理念指导新的发展实践

着力推进产业经济创新发展。实施创新驱动发展战略，培育新要素，扶持创新产业，鼓励新模式，开辟新市场，激发我县发展的新动力。延伸并完善产业链条，加强农副产品加工和流通市场建设，建立仓储、批发、物流等配套服务设施；加强新型能源和现代轻工业园区建设，向园区现有企业的上下游延伸，吸引其他高新技术企业进驻；改革创新投、融资方式，扶持新型服务业和创新型企业。

着力推进经济社会协调发展。加大收入分配调节力度，缩小城乡收入差距，推进城乡、区域协调发展。基于"两镇四乡"的自然环境和资源分布，发展各自特色优质产业，引导产业优化布局和分工协作，塑造要素有序自由流动、主体功能有效约束、基本公共服务均等的区域、城乡协调发展新格局，推进新型城镇化建设。注重精神文明的协调发展，加强贫困村文化建设，积极开展文化扶贫活动，丰富群众文化生活。

着力推进生产生活绿色发展。立足县域良好的生态环境基础和丰富的自然资源，突出生态文明理念，严格按照国家级生态主体功能区发展要求，划定生态保护红线，规范各类开发行为，加快建设资源节约型、环境友好型社会，形成人与自然和谐发展的现代化建设新格局。加大城镇生活垃圾无害化处理，形成绿色发展方式和生活方式。

着力推进招商引资开放发展。加快对外开放步伐，坚持以开放促开发，加大对外招商引资，促进产业转型升级，增强全县经济竞争力和抵御风险能力。坚持"引进来"和"走出去"战略，促进我县优质苹果省外乃至出口销售，打造大宁优质苹果品牌；引进承接项目，完善轻工业园区建设；构建县域金融工程，建立互联网金融信息平台，引进众筹、PPP 等新型融资模式解决企业融资难的问题，推动中小企业加强自主创新和转型升级。努力形成全方位、宽领域、多层次、高水平全面开放新格局。

着力推进脱贫惠民共享发展。提高公共服务共建能力和共享水平，以消除贫困为目标，加快危房改造、易地扶贫搬迁、光伏扶贫、金融扶贫、百企千村产业扶贫步伐，坚决打赢脱贫攻坚战。坚持把发展目的落实到为民、安民、富民上，推动城乡居民收入与经济增长基本同步，使发展成果惠及全体人民。

着力推进廉洁和安全发展。惩治腐败，狠刹"四风"，保持打黑除恶高压态势，深入推进"六权治本"，创新推动廉洁发展体制机制，营造廉洁发展的社会环境。人民民主不断扩大，法治政府基本建成，司法公信力明显提高。服务型政府建设成效显著，民主法制更加健全，社会治理能力和水平不断提高，社会更加和谐稳定。

（三）以"三个突破"推进转型发展

加快推动科技创新。转变政府职能，积极营造全县激励创新的公平竞争环境。积极推动"科技创新引领万众创新、以万众创新支撑大众创业"。针对我县的生态环境优势和特色农业、新型能源加强与高等院校、科研院所合作，共建研发基地、科研实验基地；争取国家、省、市财政资金扶持大宁县中小企业的技术改造和技术创新；引导和鼓励企业加强科技研发投入；设立鼓励政策，促进科研成果转化率，提高转化速度等；大力推动县域电子商务和农村信息化建设。

加快发展民营经济。鼓励民营企业参与国有企业、事业单位改革重组；推行无刁难审批、无歧视办事、无拖延办结，促进民间资本投资便利化；从财政、信贷、税收等方面支持创业型、劳动密集型小型微型企业发展，加大鼓励创业"贷免扶补"、小额担保贷款、劳动密集型小企业贷款工作力度，激发各类群体的创业热情。全县中小微企业发展中面临诸多难题，制定操作性强、实施效果好的措施和办法，进一步优化民营企业发展环境。引进专家指导服务，提升民营企业的市场竞争力；建立科技服务民营企业平台，鼓励支持发展科技创新型中小微企业。按照"提升二产、推进一产、发展三产"思路，加快民营经济结构调整。引导民营企业集群发展。以工业园区标准厂房为载体，引导民营企业入园发展，工业园区标准厂房补助与小型微型企业入驻率挂钩。积极引进证券公司对民营企业进行改制，建立现代企业制度，推动民营企业上市，实现直接融资零的突破。完善招商引资政策，建立招商引资项目库，搭建招商引资平台，强化以园招商、定向招商、产业招商，积极引进省外民营企业到我县发展。

大力推进金融振兴。树立金融强县理念，大力发展县域金融，切实加强对金融工作的领导，推动县域金融工作机构架设，加快建立金融人才队伍，构建良好的金融生态。一是充分发挥金融的带动作用。引进各类股份制商业银行，推动农村信用联社改革，推进普惠金融，要完善和落实小微企业、"三农"和特殊群体等薄弱领域金融服务政策，引导银行业金融机构在基层地区合理布局，促进融资性担保机构服务小微企业和"三农"发展，促进优质苹果、煤层气、绿色蔬菜、肉食品、小杂粮等多层次要素市场建立，探索区域性的企业产权、农村土地承包经营权和集体土地承包经营权流转交易市场，激活农村资源，逐步促进农村资本市场发展，改变乡镇居民投资理念，鼓励居民合理投资。大力发展保险业，充分发挥保险的资金保障功能，特别是农业保险方面，抓住国家全面升级财政保费补贴型农业保险惠农力度的机会，弥补县域内保险产业在这一方面的空白，解决农民的后顾之忧，发挥农业保险支农惠农的积极作用，推动农民转变种植观念，尽快促进主动脱贫致富。二是着力解决融资困难问题。加大对担保公司的支持力度，鼓励小额贷款公司、民营担保公司发展，完善县域担保平台建设，积极开拓新的筹融资模式。鼓励和引导民间资本进入基础产业和基础设施、市政公用事业和政策性住房建设、社会事业、金融服务、商贸流通等领域。推动中小企业加强自主创新和转型升级，支持规模以上实体企业建立现代企业制度，与山西股权交易中心合作，建立以企业股权、资产所有权进入场外市场挂牌托管上市的激励机制，帮助企业进行股份制改造，促进企业直接融资。积极在污水处理、垃圾处理等公益性较强的产业和公共服务领域尝试PPP模式，积极向省级PPP项目库申报项目，减轻政府财政负担，降低投资主体的投资风险，激发市场主体活力。促进类似私募、众筹等新型金融融资模式的运用，对县域内中小企业和农民进行相关金融知识宣传，鼓励中小企业和农民合理使用这类融资方式吸引资金、打开销路。三是积极推进县域金融工程规划。建立金融服务信息平台，邀请专家学者、技术人员加入平台智库，在平台内集合县域内各类农副产品、工业产品信息，整合全国乃至全球的相关产品和服务信息，打造综合性的线上金融、信息服务平台，帮助县内县外农民和企业找专家、找资金、找资源、查政策、选项目，实现县内优势资源走出去，县外优质资源引进来，充分发挥金融推动经济发展的杠杆作用。全县各级领导干部积极学习金融知识，贯彻落实省委关于领导干部要学金融、懂金融、抓金融的要求，形成加快金融业健康发展的整体合力。

第二节　深入贯彻党的十九大精神，打赢脱贫攻坚战

深入贯彻党的十九大精神

中国共产党第十九次全国代表大会 18 日至 24 日在北京举行。党的十九大中国特色社会主义伟大旗帜，以马克思列宁主义、毛泽东思想、邓小平理论、"三个代表"重要思想、科学发展观、习近平新时代中国特色社会主义思想为指导，分析了国内国外形势的发展变化，回顾和总结过去 5 年的工作和历史性变革，指出了中国特色社会主义进入新时代、我国社会主要矛盾已经转化为人民日益增长的物质文化需要和不平衡不充分的发展之间的矛盾等重大政治论断，深刻阐述了新时代中国共产党的历史使命，确立了习近平新时代中国特色社会主义思想的历史地位，提出新时代坚持中国特色社会主义的基本方略，确立了决胜全面建成小康社会，开启全面建设社会主义国家新征程的目标，对新时代推进中国特色社会主义伟大事业和党的建设新的伟大工程作了全面部署。会议期间，中共大宁县委组织广大党员干部和人民群众收听收看大会盛况。会后，县委发出通知，要求各级党组织和全体党员认真学习贯彻党的十九大精神和习近平新时代中国特色社会主义思想，掀起了学习热潮。

打赢脱贫攻坚战

根据十九大报告："从现在到 2020 年，是全面建成小康社会的决胜期"，"从十九大到二十大，是'两个一百年'奋斗目标的历史交汇期。我们既要全面建成小康社会，实现第一个百年奋斗目标，又要趁势而上开启全面建设社会主义

现代化国家新征程，向第二个百年奋斗目标进军。"根据省委部署，全省到 2019 年，所有贫困县全部摘帽，建成小康社会。十九大以来，全县广大干部群众在县委、县政府的领导下恪尽职守、励精图治、攻坚克难、努力工作，脱贫攻坚再战再胜.

2019 年，全县累计脱贫 80 个贫困村 6343 户 17470 人，贫困发生率下降至 0.4%。贫困发生率、贫困村退出率两项核心指标全面完成；标准化卫生室、综合文化活动场所、公路硬化和客运班车、安全饮水、动力电、互联网实现行政村全覆盖，易地扶贫搬迁 27 个安置点全部建成入住，七项基础设施指标达到 100%；农村居民人均可支配收入完成 4485 元，农村低保标准提高到每人每年 5200 元，适龄儿童学前入园率达到 99.14%，义务教育阶段无因贫辍学学生，建档立卡贫困人口参加城乡居民基本养老保险、基本医疗保险参保率达到 100%，五项民生社保指标超过全省平均水平。贫困县退出 14 项指标全部达标，顺利通过第三方评估验收，如期实现脱贫"摘帽"。

脱贫攻坚取得胜利的基本经验是：

（一）瞄准根本发力，提升产业质效。实施产业扶贫是斩断穷根的根本之策，要坚持因地制宜，大力发展主导优势产业，重点抓好苹果产业提质增效和出口基地建设，融入"丝绸之路"苹果产业经济带。推进农产品品牌战略，加大"三品一标"产品认证力度，全面推进"有机大宁"创建，打造设施蔬菜、赤焰辣椒、牛蒡、草花、黑小麦、养牛、养驴、养猪、养鸡等特色种养殖业；推进绿色发展，加强农业面源污染治理，开展化肥和农药使用量零增长行动，确保农产品质量安全，让特色产业、有机农业成为农民持续增收的重要支撑。继续加大招商引资力度，全力打造"六最"营商环境，以情招商、以商招商、精准招商，吸引带动能力强、环保无污染的大企业、大项目落户大宁。推进能源革命，建设以风能、光能、生物质能为主的新能源基地，以煤层气勘探开发利用为主的绿色能源基地。重点布局煤层气转化等高端项目和新能源发电基地。实施煤层气综合利用项目，发展煤层气发电、天然气冷热电联产、精密陶瓷、药用玻璃等产业和以煤层气为原料的煤层气液化、煤层气制高纯石蜡、煤层气制甲醇等深加工项目，通过新型工业、能源产业带动群众稳定就业和持续增收，实现富民强县的目标。

（二）着力激发内生动力，加快改革步伐。按照"产业兴旺、生态宜居、乡风文明、治理有效，生活富裕"的总要求，实施乡村振兴战略，加快深化农村改革的步伐。着力实施提高农民市场化组织程度改革，组织群众联产联业，抱团发展，走向市场，奔向小康。要推进乡村现代治理体系建设，坚持"群众的事情群众办，群众的事情群众管"，实现乡村治理现代化。按照"一切工作到支部、一切资源到农户，群众的事情群众办"的思路，铺开农村道路工程建设养护、农村水利工程建设管护改革，鼓励群众参与植树造林、小型水利，乡村道路、贫困村整村提升等工程的建设和管护，解放和发展生产力，构建农村社会主义市场经济体制，走出大宁路径，交出大宁答卷。

（三）突出就业增收，打造"大宁技工"品牌。坚持制度先行，研究制定技工培训、管理、监督、法律援助、权益保障等一整套完备的制度体系，推进"大宁技工"规范化发展；探索建立大宁技工协会、大宁技工老乡会等机构和建立党组织，提高"大宁技工"的组织化程度；加大品牌宣传和建设的力度，分行业制定"大宁技工"标准，颁发相关证书，确保"大宁技工"品牌质量；强化培养培训，用好专项资金，以现有企业为依托，以"大宁技工新时代讲习所"为载体，立足大宁，面向全市、全省、全国，开展定点式、市场化培训；进一步加大与侯马市、侯马经济开发区结对帮扶力度，深度开展劳动力转移就业和技工定点输送，在促进群众增收中，打造"大宁技工"品牌，变农民为工人，为统筹解决"三农"问题，实现中华人民共和国成立100年时建成富强民主文明和谐美丽的社会主义现代化强国目标交上大宁的答卷。

（四）践行"两山"理论，实现增绿增收。深化资产性管护改革，让群众在造林护林中有效增收；加快推进森林市场建设，确立林价体系，引导成立家庭林（农）场、股份制林（农）场，依托县不动产交易中心，建立森林市场，促进林权在市场主体中交易和流转，让群众在经营森林中增收；推进碳汇交易，实现林业碳汇和光伏、风电、生物质能发电碳汇 CCER（国家核证自愿减排量）入市交易拓宽群众增收的新渠道；巩固脱贫攻坚生态效益补偿专项基金，在县财政每年拿出150万元的基础上提高补偿标准，促进群众增收，使生态建设成为大宁的名片。

（五）坚持以民为本，增进民生福祉。实施学前教育奠基、义务教育均衡、普通高中教育提升、职业教育接轨"四大工程"，充分发挥了大宁一中和襄汾中学教育联合体作用，全面提升大宁教师队伍素质和教育教学质量，阻断贫困代际传递。推进卫生系统业务用房建设项目，完成山医一院大宁分院建设工程，打造西山区域医疗中心，提升医疗水平，努力防止因病致贫、因病返贫；继续深化医药卫生体制改革，加快县乡医疗机构一体化建设；不断提升社会保障水平，健全社会救助体系，兜住困难群众民生底线。

第三节　生态建设取得新成就

2017年，大宁县被原省林业厅确定为"省级林业综合改革试点县"（晋林改函〔2017〕94号），2018年被国家林草局确定为"国家集体林业综合改革试验区"（林改发〔2018〕58号）。在省委、市委的坚强领导下，大宁人民坚持以习近平新时代中国特色社会主义思想为指引，认真贯彻党的十九大精神、习近平总书记扶贫工作重要论述、视察山西重要讲话精神、攻坚深度贫困座谈会精神，遵照习近平总书记"解放思想，逢山开路，遇河架桥，破除体制机制弊端，突破利益固化藩篱，让农村资源要素活起来，让广大农民积极性和创造性迸发出来"和省委骆惠宁书记"改革决不能落后""把困扰我们的陈旧观念彻底根除，把束缚我们的各种羁绊全部冲破"的重要指示，按照省委"一个指引两手硬""以改革促全面工作水平提升"思路要求和转型综改先行先试、攻坚深度贫困"一县一策"等决策部署，以脱贫攻坚统揽全域全局，探索形成了"党建引领、改革创新、产业支撑、技工推动、生态保障"五位一体脱贫攻坚路径，确定了创建"有机大宁、园艺大宁、土种大宁、诚信大宁、文明大宁、幸福大宁、慢生活大宁""七彩大宁"的奋斗目标，认真贯彻落实"国家集体林业综合改革试验区"各项任务，创新实施了购买式造林改革，探索总结出了绿水青山转变为金山银山的9条有效实现途径；拓展实施了"深化农村改革、振兴乡村经济"工作，探寻出了物归原主、还权于民攻坚深度贫困新方法，走出了一条以改革创新攻坚深度贫困的特色路径。

实施购买式造林，成功探索生态脱贫新模式

购买式造林是政府搞好规划设计，由造林合作社通过竞价议标，与乡镇签订合同，自主投资投劳造林，林权不变，树随地走，当年验收合格后支付30%的工程款，第三年验收后支付余款，购买造林服务的组织方式。旨在充分发挥市场在资源配置中的决定性作用，靠市场主体的获利机制推动生态建设和脱贫攻坚互促双赢，发展方向是造林营林市场化。全县组建贫困户占80%的合作社37个。

购买式造林得到了国家省市各级领导的高度肯定和各界媒体的广泛关注，时任国务院副总理汪洋、省委骆惠宁书记、楼阳生省长分别予以批示，央视新闻联播、山西新闻联播分别予以报道，人民日报、新华社、农民日报、中国扶贫、山西日报、临汾日报等各级媒体先后进行了广泛宣传报道；成功入选了2018年第二届中国优秀扶贫案例。2018年11月，晋政办发〔2018〕107号文件在全省推广。2019年4月，《中共山西省委全面深化改革委员会2019年重大改革安排及责任分工》明确要求："探索将'购买式'造林模式拓展到乡村建设领域"，并且将"在大宁县推进国家集体林业综合改革试点"作为全省重大改革事项。

不断深化拓展，积极探索"两山"转变有效实现途径

大宁人民努力践行习近平生态文明思想，贯彻落实国家

林草局赋予的"全国集体林业综合改革试验区"任务，深化拓展购买式造林改革，初步探索出了绿水青山转变为金山银山的 9 条有效实现途径：

实施购买式造林。绿了荒山，富了百姓，把打造绿水青山的过程，变成群众积累金山银山的途径。

实行资产化管护。根据原省林业厅《关于精准聘用贫困森林管护员的指导意见》，选聘护林员 450 名，其中贫困户 385 名，签订资产化管护责任书，以合同形式将每个责任区的管护任务落实给管护员，管护有价，损失赔偿，管护成效决定护林员工资，把保护绿水青山的过程转变为增加金山银山的渠道。

设立"脱贫攻坚生态效益补偿专项基金"。从 2017 年起，县财政每年投入 150 万元，对全县未纳入生态效益补偿范围的生态林和达产达效前的经济林，给予每年每亩 5 元的生态效益补偿，保护绿水青山，增加金山银山。

推进林业资产性收益。出台了《大宁县开展林业资产收益扶贫试点的工作方案》，按照"企业＋合作社＋农户"的模式，2 个龙头企业成立专业合作社，发展经济林、建设生态林，群众以林地经营权、林木所有权以及林业项目财政补助资金折股量化入股，实现"资源变资产、资金变股金、农民变股东、收益有分红"。共有 221 户群众签订入股协议，入股林地 7708 亩，每年获得收益，受益年限 30 年，构建绿水青山转变为金山银山的长效机制。

探索建立森林市场。依托县不动产交易中心，开展林木评估，建立林价体系，打通社会资金进入生态建设领域的通道。在不改变林地使用性质、保障生态效益的前提下，鼓励支持创办股份制林场、家庭林场，让集体林流转起来，推进适度规模经营和集约生产，让森林通过市场交易实现价值，努力构建绿水青山转变为金山银山的市场机制。

探索林业碳汇扶贫。根据《国务院关于支持山西省进一步深化改革促进资源型经济转型发展的意见》（国发〔2017〕42号）文件中"推动山西省建立健全碳排放权交易机制"的部署，对近3年16.4万亩新造林进行林业碳汇CCER（国家认证自愿减排量）开发，依据林木固碳释氧量给林农以经济补偿，盘活碳汇功能，增加群众收入，探索绿水青山消除碳足迹、应对气候变化功能转变为金山银山的有效方法。

创建"园艺大宁"。着眼逆城镇化发展和美丽中国建设对园林花卉产品的巨大市场需求，充分发挥大宁县光照充足、昼夜温差大、生产的花卉品质全国一流的自然优势和煤层气资源丰富、产地价格较低的成本优势，引进落地投资1.37亿元的隆泰集团现代花卉双创示范项目。

创建有机大宁。着眼推进健康中国建设，贯彻落实习近平总书记视察山西时提出的"大力发展有机旱作农业"的指示，应用生态学原理，推广"六不用"（不用化肥、农药、农膜、除草剂、人工合成激素、转基因种子）有机农业生产技术，引导群众诚信做人、诚信生产、诚信经营，成功创建了国家级出口水果质量安全示范区，建设了6个高标准出口水果示范基地，发展小杂粮有机示范基地6个5300亩、有机蔬菜示范园4个150亩、有机苹果示范基地7个11400亩、有机西瓜示范基地2个67亩，创建太仙村1000亩苹果省级旱作农业封闭示范片，大力发展有机旱作农业，维护食品安全，呵护百姓健康，探索绿水青山转变为人民健康与幸福的金山银山。

赋予股份经济合作社资源开发权。将黄河采砂权交由股份经济合作社承办，组建了黄河采砂股份经济联合总社，发动全县84个村集体和广大群众入股，经省市水利部门批准，领取了采砂证，购置回采砂船9条，进行了试采，7月进入汛期后停止采砂，将再购买9条采砂船，汛期过后，全面推进黄河采砂，黄河采砂权返回到全县农民手中，将绿水青山的资源禀赋转变为群众稳定增收致富的金山银山。

深化农村改革，探寻物归原主、还权于民攻坚深度贫困新方法

2017年11月21日，省委书记骆惠宁莅临大宁视察指导工作，不仅充分肯定大宁县购买式造林改革，而且指示我们"修建村间道路、小型饮水工程等应更多吸收群众参与，既为农民解决生产生活困难，又使他们在这一过程中增收"。遵照骆书记的指示精神和省委转型综改先行先试、攻坚深度贫困"一县一策"决策部署，结合落实"中央农村集体产权制度改革试点县"任务，我们把购买式造林的成功经验，拓展到农村道路修建与养护、水利工程建设与管理、贫困村提升等领域，开展了"深化农村改革、振兴乡村经济"工作。

坚持党的领导，赋予村党支部事权，党支部发起成立全体成员志愿加入的股份经济合作社，组织村民承接工程、发展产业、实行自治。股份经济合作社严格按照有关规定召开股东会议，审议通过《股份经济合作社章程》，选举产生股东代表会、理事会、监事会。统筹考虑村民的户籍关系、集体土地承包关系、对集体积累的贡献等因素，开展村集体经

济组织成员身份的确认，经村民会议或村民代表会议确认、公示后对农村集体经济组织成员身份进行确定。积极推进"支部＋合作社＋农户"等运营模式，引导农户以土地经营权、农机具等要素折价入股合作社。运用市场经济的理念，将水利工程、道路工程、村文化广场、卫生室等整村提升工程用竞价议标的办法，择优赋予股份经济合作社承建，最大限度地让贫困户、本集体组织成员参与。合作社内部实行"新时代联产计酬责任制""组织起来再单干""合作社内部再购买"等管理办法，充分调动贫困群众参与工程建设的积极性，有效防止"出工不出力"现象的再现。全县 84 个村都成立了股份经济合作社，组织群众承接道路、水利、贫困村提升等工程，发展多种经营，让贫困群众在家门口通过参与工程建设，实现了物归原主、还权于民，增加了群众收入，壮大了集体经济，增强了党支部的凝聚力、号召力，激发了乡村活力和群众内生动力，深得群众拥护。

　　"深化农村改革、振兴乡村经济"工作得到了各级领导的一致肯定。2018 年 6 月 24 日央视新闻联播、10 月 10 日山西新闻联播头条、10 月 11 日山西新闻联播二条，对大宁县深化农村改革进行了专题报道。新华社、山西日报、临汾日报等媒体也分别予以报道。2018 年 8 月，中央党校经济学部徐祥临教授实地考察后指出："满足国家、壮大集体、富裕自己是大宁经验的精髓，是我国农村基本经营制度的重大创新。"2019 年《求是》杂志第 17 期刊登了巨力的文章《中华人民共和国 70 年创造人类减贫奇迹》，文中以大量的篇幅介绍了大宁县开展"购买式"造林，实现生态保护和农民脱贫致富的"双赢"。

改革创新，奋发有为，尝试推进脱贫攻坚与乡村振兴有机衔接

2019年以来，大宁县委、县政府以"改革创新、奋发有为"大讨论为契机，贯彻落实中央和省市关于攻坚深度贫困、实施乡村振兴战略的决策部署，遵照省委骆书记"要把抓好脱贫攻坚与推进乡村振兴衔接起来，既要确保真脱贫，又要不断巩固脱贫成果""进一步先行先试，力争在更多领域破题领跑"和楼省长"集中攻坚深度贫困硬骨头，坚持'一县一策'"的指示，在去年把造林、交通、水利、整村提升等工程赋权股份经济合作社实施的基础上，进一步尝试推进脱贫攻坚与乡村振兴有机衔接。

成立了全省首家乡村振兴研究院。聘请全国著名"三农"问题专家温铁军教授为名誉院长，中央党校徐祥临、中国人民大学周立、中科院植物研究所蒋高明等20余名知名教授专家担任顾问，中国人民大学乡建中心、西南大学中国乡村建设学院、梁漱溟乡村建设中心、福建农林大学海峡乡建学院、山西农业大学等11家高等院校为共建单位，下设"三农"政策研究中心、生态经济研究中心、城乡融合发展研究中心、乡村振兴人才培养中心、"七彩大宁"研究中心5个中心，旨在充分发挥集聚高校、专家、学者的"智囊团"作用，努力探寻攻坚深度贫困与实现乡村振兴有机衔接的途径与办法。

与省交通运输厅、省路桥集团一道，培育"大宁技工路桥工匠"。把有劳动能力的贫困群众组织起来，在外地没有固定工作的贫困群众发动回来，组建大宁技工路桥工匠合作总社，下设7个分社，通过专业化培养培训，向省路桥建设

集团进行劳务派遣,参与隰吉高速公路、沿黄旅游公路建设,长远目标是培养路桥集团产业工人,与路桥集团一起成长、一起发展。

扎实推进国家集体林业改革试验区建设。认真贯彻省委2019年重大改革安排,紧紧围绕"在完善集体林权保护制度,培育新型林业经营主体,创新森林经营管理制度,创新小农户和现代林业发展有机衔接机制,深化集体林权股权化、社会资本投入林业模式改革"等五个方面先行先试重点任务,在巩固完善现有"两山"转变9条有效实现途径的基础上,对标一流,奋勇争先,探索森林资源证券化、生态资源价值化,尝试构建农村三级市场,完善提高绿水青山转变为金山银山的有效实现途径,努力让大宁老百姓在建设绿水青山中实现脱贫,在享受绿水青山中建成小康。

第四节　扫黑除恶专项斗争

2018年,根据中央、省、市的统一部署,大宁县委、县政府成立了扫黑除恶领导小组,按照省委"十个进一步""十个强化"要求,强力开展扫黑除恶专项斗争。

在扫黑除恶专项斗争中,县委、县政府高度重视,始终将扫黑除恶专项斗争作为一项重大的政治任务列入重要议事日程。制定了大宁县《关于落实中央督导要求边督边改五个工作方案》,逐级压实责任,推动整改落实。按照《关于落实中央督导要求边督边改逐级压实责任开展督导谈话的工作方案》的要求,全面展开以县委书记王金龙为组长的履责督导谈话工作。谈话结束后,县扫黑办经过认真总结,层层梳理，县、乡、村、成员单位共查找问题 135 条，共梳理归纳 7 个问题。制定了《关于落实中央督导组边督边改对反馈问题进行整改的工作方案》。方案中对梳理出的具体问题，制定整改措施进行整改。各乡镇、成员单位均根据本单位在边督边改中存在的问题，制定整改方案，列出整改措施，进行整改。

全县自上而下成立了由主要领导任组长、其他领导任副组长、分管领导兼任办公室主任的扫黑除恶专项斗争领导小组，明确工作职责，设置专门办公室，办公室均配齐配强工作力量，形成了分工明确、配合密切的工作专班。县财政拨付 70 万元扫黑除恶专项经费，保障了专项斗争的顺利开展。

县扫黑办建立完善了工作例会、定期报告、定期通报、专题研究、分析研判、涉黑涉恶案件线索移交、重大案件会商、信息简报、督查指导、考核问责等长效工作机制，健全了"两循环双通道"工作流程。政法机关建立并完善了专题研究、请示报告、案件会商、"4 个 3"工作衔接机制。各行业监管部门建立了排查制度、移送制度、协作制度、培训制度、督导考核制度、联席会议制度等一系列工作制度。

为了使扫黑除恶家喻户晓，在全县形成人人喊打的浓厚氛围，县扫黑除恶领导组不断创新宣传方式，拓宽宣传渠道，提升宣传质量。一是充分利用传统媒体深入宣传，在街道、社区、乡村、市场、工地刷写了固定标语 400 余条，在人流密集场所悬挂横幅和电子屏飘字，制作大型宣传广告牌 3 块、扫黑除恶展板 8 组等，县政府印发《大宁县人民政府扫黑除恶专项斗争举报奖励公告》500 份，政法委、法院、检察院、公安局、司法局五部门联合印发《关于敦促黑恶势力犯罪人员主动自首的通告》500 份，扫黑除恶告知书 15000 份，扫黑除恶专项斗争公开信 15000 份，扫黑除恶专项斗争宣传知识手册 2000 份，扫黑除恶专项斗争问卷调查 10000 份，扫黑除恶专项斗争线索摸排调查书 5000 份。二是大宁县各基层党组织开展了以"参与扫黑除恶行动、弘扬正气维护稳定"为主题的党日活动，激发了各级党组织参与扫黑除恶的积极性和自信心。三是综合利用大宁电视台、《今日大宁》、微信公众号等新媒体进行大力宣传。县公安局、检察院、法院、司法局就扫黑除恶专项斗争在大宁电视台《今日大宁》栏目录制了专题访谈节目。宣传部微信公众号设立扫黑除恶工作专栏，每天定时推送扫黑除恶信息。四是县工商局结合工作职责，组织非公企业党支部负责人开展扫黑除恶专项斗争知识集中宣讲活动，县工商质监局发放《扫黑除恶知识口袋书》1000 余册，《致市场主体经营者的一封信》1000 余册，发放针对市场经营者有关问题调查问卷 1000 余份。县司法局印制扫黑除恶宣传抽纸 500 余盒，发放到各个宾馆、餐厅，制作扫黑除恶手提袋、宣传手册各 5000 余份。县委宣传部、县委政法委、县文化局开展了以"扫黑除恶维护稳定"为主题的扫黑除恶专项斗争文艺下乡并组织开展了扫黑除恶专项斗争基本知识、业务知识、基层党组织建设知识培训和测试。通过不断创新宣传方式，加深宣传力度，提高了宣传覆盖面和群众知晓率、参与度，推进全县扫黑除恶专项斗争工作进一步取得成效。

县扫黑除恶领导组，把线索收集作为扫黑除恶的重要抓手，通过受理群众举报、大力摸排、网络舆情、微信微博多种渠道广泛收集线索。扫黑办制定并下发了《关于摸排报送涉黑涉恶犯罪及"保护伞"线索和案件办理情况的实施方案》，保障了全县涉黑涉恶线索摸排和报送工作有序开展。同时，大宁县政法干警加快涉黑涉恶线索核查、侦查、起诉、审判进度，依法快侦快诉快判黑恶势力犯罪。县公安局、法院、检察院及时召开了联席会议，对黑恶势力犯罪的认定标准及流程等问题进行研讨，统一执法思想，加强协作配合，确保打准打狠。县公安局抽调精干力量 14 人组成了扫黑除恶专业队伍，县法院成立了涉黑涉恶犯罪专门审判团队，选派"政治过硬、业务精通、纪律严明、作风优良"的骨干力量承担审判业务、负责涉黑涉恶案件的审理。

加强行业监管部门的日常监管和源头治理，从源头上遏制黑恶势力滋生蔓延，是扫黑除恶专项斗争的重要内容。大宁县各行业监管部门对扫黑除恶高度认识、认真部署，积极行动，结合本部门工作在本领域认真组织开展了扫黑除恶工作。扫黑办制定并下发了《2018 年扫黑除恶专项斗争重点工作任务实施方案》《关于在扫黑除恶专项斗争中开展涉黑涉恶重点治乱工作的实施方案》，根据方案要求，各行业各领域按照"有黑扫黑，有恶除恶，有乱治乱"和"谁主管、谁负责"的原则，针对 12 类打击重点所涉及的区域、行业、领域、场所和人群，进行系统性大排查、大整治，各成员单位积极部署，迅速行动，进一步净化了行业环境、规范了行业秩序。政法部门与行业监管部门相互配合，高效联动，提高了共同打击黑恶势力的整体性、协同性。公安机关针对大宁县侦办黑恶犯罪中发现的行业监管漏洞向县交通局和住建局提出了加强监管和行政执法的建议。县检察院向文化局、水利局、中石油共提出检察建议 10 条。县法院就黄河采砂问题向水利局提出了司法建议 2 条。行业监管部门对政法机关提出的建议，立即召开专题会议安排部署进行整治，并及时向政法机关反馈了整治结果。政法委组织全县"一村一警"，对全县所有外出务工人口进行了摸底调查，登记建档，掌握了外出人员基本信息、务工情况、随行人员、联系方式等内容，真正做到了"底数清、情况明"。县工商局、安监局、商务局、交通局开展了整治打击汽油柴油黑窝点联合执法检查，确保成品油销售市场的稳定、安全有序运行。县农委从种子站、植保站、农业执法大队抽调精干力量联合执法，对农资门店、生猪肉销售市场、农贸市场、农业企业、农民专业合作社、三品一标认证企业大力排查整治，确保了全县农产品质量安全。县司法局就涉黑涉恶特殊人群，分片入户、拉网式排查走访、摸清了底数、建立了台账，掌握了其生活生产状态。

为了深入推进扫黑除恶专项斗争，坚决打掉黑恶势力的"关系网""保护伞"，县纪委监委成立了领导组，建立了定期分析研判工作机制，制定下发了《大宁县纪委监委扫黑除恶专项斗争中深挖"保护伞"，严惩涉黑涉恶腐败的实施方案》，下发了《关于进一步明确整治涉黑涉恶腐败和"保护伞"工作机制的通知》《关于进一步明确纪委机关相关部门整治涉黑涉恶腐败和"保护伞"工作职责的通知》等文件。认真落实县纪委监委与政法机关的协同配合机制，省、市、县政法机关向县纪委监委移送问题线索 5 批次 14 件，县纪委监委向县政法机关移送问题线索 2 批次 6 件。截至目前，县纪委监委对 2014 年至 2017 年对群众举报、案件查办发现、上级转办、监督检查发现、巡察发现、政法机关移送等六类线索进行大起底，梳理出问题线索 1 件，查实 1 件，党纪处分 1 人；对省扫黑办交办 3 批 6 件已全部办结，党纪处分 2 人，谈话函询 1 人，移送司法机关 1 人；启动问责程序，对落实主体责任、监管责任、监督责任的 6 名乡科级干部予以问责，党纪处分 2 人，诫勉谈话 3 人，批评教育 1 人。县法院成立了深挖涉黑涉恶"保护伞"、严惩涉黑涉恶腐败工作领导组，对 2014 年以来办理的涉黑涉恶犯罪案件"回头看"，建立工作台账，逐案过筛。

县委组织部按照省、市、县扫黑除恶工作部署，聚焦基层党组织软弱涣散、政治功能和组织功能不强，村"两委"换届选举等突出问题和薄弱环节，发挥组织优势，狠抓任务落实，切实把加强组织建设作为铲除黑恶势力流窜滋生土壤的治本之策。一是县委组织部和民政局联合制定了《关于在全县扫黑除恶专项斗争中逐村排查农村涉黑涉恶问题线索健全长效机制的实施方案》，组织部制定了《关于落实扫黑除恶专项斗争有关任务的实施方案》，2 次召开会议，对农村涉黑涉恶问题线索排查进行安排部署，推进落实。县委组织部建立"月例会"制度，全年共召开 8 次例会，对基层党组织参与扫黑除恶进行专题安排。二是集中整顿基层党组织。制定了《关于在"强化责任、严守纪律、树好形象"专项治理活动中开展基层党组织集中整顿实施方案》，组建 13 个督查组，对全县 84 个农村及社区、机关事业单位等所有党组织进行了无死角的督查，共排查出 14 个方面 38 条具体问题，逐项下发了整改通知书，建立了问题清单和整改台账。三是重点整顿软弱涣散党组织。以乡镇为单位，采取进村入户、走访座谈等形式，排查软弱涣散党组织 8 个，采取

"包、访、讲、教、帮"五步工作法进行集中专项整治。"包"落实工作责任。实行县委常委包点制度，通过看领导责任落实、信访举报查处、换届纪律执行、换届程序执行、后续工作跟进等"五看"，集中分析研判，坚决防止把黑恶势力选进班子。

为确保专项斗争取得实效，县扫黑除恶领导组坚持把学习培训贯穿专项斗争始终，各行业各部门积极组织认真学习习近平总书记关于扫黑除恶专项斗争的重要指示精神、学习中央、省、市、县有关扫黑除恶的各种会议和文件精神，学习有关扫黑除恶基本知识理论等，通过学习不断提升思想认识，提高工作能力。县扫黑办举办了扫黑除恶专项斗争培训会，会上由政法委、公安局、组织部等主要分管领导系统全面地讲解了扫黑除恶知识内容，县扫黑除恶各成员单位领导组成员参加了培训。县检察院组织检察官及助理监察员参加扫黑除恶专题培训，利用每周四的业务学习时间，由员额检察官轮流讲解两高两部《关于办理黑恶势力犯罪案件若干问题的指导意见》，以及对涉黑涉恶案件易触犯的常见罪名进行系统讲解。司法局积极引导督促律师队伍加强学习培训，从维护社会稳定的高度依法履行代理、辩护等职能，提高开展黑恶势力犯罪案件的业务能力。

县扫黑办从政法委抽调业务骨干组成了6个督导组，深入到6个乡镇、城区服务中心，84个行政村（社区）、各成员单位对扫黑除恶工作开展情况进行督导检查。督查前，县扫黑办组织召开专题会议进行安排，制定督查提纲和督查细则，督查结束后，召开督查情况汇报会，各督导组就督导情况进行全面细致汇报，对查出的问题——督促落实整改。

第五节　开展新冠肺炎疫情防控工作

2019 年末至 2020 年初，突如其来的新型冠状病毒疫情发生。

疫情发生后，大宁县委、县政府坚决贯彻落实习近平总书记关于疫情防控工作的重要指示批示精神，严格按照省、市和县委县政府的安排部署，把保障人民群众生命安全和身体健康作为压倒一切的政治任务，周密部署，全面落实联防联控，采取有力举措，有效防控了疫情在大宁的发生。

截至 2020 年 8 月，经过全县上下的艰苦努力，疫情防控取得阶段性成果，全县无一感染者，确保了人民生命和健康安全。

第五节　大宁的明天更美好

大宁县自北魏置县以来，已有 1400 多年的历史，大宁人民在这片古老而又充满活力土地上，创造了灿烂的文明。在各个历史时期，大宁人民在生产生活的过程中，在抵御列强侵略、争取民族独立的过程中，在反抗独裁统治、谋求自身解放的过程中，在追求幸福生活、建设美好家园的过程中，铸就了彪炳千秋的大宁精神，那就是刚正不阿、奋勇拼搏的精神；勤劳朴实、埋头苦干的精神；坚韧不拔、改革创新的精神；顾全大局、无私奉献的精神；努力进取、敢为人先的精神。这种精神是以爱国主义为核心的民族精神和以改革创新为核心的时代精神的体现，也是脱贫致富奔小康，进而建设社会主义现代化强国，实现中华民族伟大复兴的中国梦的强大思想武器和精神动力。

经过全县人民的共同努力，脱贫攻坚战获得全胜，彻底甩掉了"贫困县"帽子。站在新时代的起跑线上，县委、县政府又为全县绘制了更为壮丽的蓝图。在2020年9月召开的县委十二届八次全会上，王金龙书记在讲话中提出了聚焦十个创建，实施十项战略：

一是聚焦创建省级现代农业产业示范区，实施对外开放战略；二是聚焦创建花卉产业集群，实施非均衡发展战略；三是聚焦创建全省能源革命综合改革示范县，实施优势转换战略；四是聚焦创建全省有机旱作农业示范县，实施"有机大宁"发展战略；五是聚焦创建黄河流域生态保护修复试点县，实施可持续发展战略；六是聚焦创建国家森林城市，实施绿色发展战略；七是聚焦全省农村综合改革排头兵，实施改革创新战略；八是聚焦创建全省乡村振兴示范县，实施乡村振兴战略；九是聚焦省级文明县城建设，实施以德治县战略；十是聚焦黄河旅游板块重要支撑点，实施文旅融合战略。

"忆往昔，峥嵘岁月稠"，看今朝山川秀美人欢笑，望未来前程似锦更辉煌。包括大宁人民在内的老区人民既有"雄关漫道真如铁，而今迈步从头越"的坚强决心，更有"暮色苍茫看劲松，乱云飞渡仍从容"的豪迈气概。随着十个创建和十项战略的稳步推进和"十三五""十四五"计划的实施和完成，一个具有大宁特色的富裕民主文明和谐美丽的新大宁必将呈现在世人面前，大宁的明天更美好！

第三章 新时代中国特色社会主义时期 经济社会发展综述

第一节 "十二五"计划时期（2013~2015）

2013年，全县生产总值完成4.4亿元，同比增长6.2%；财政总收入完成5390万元，同比增长11.2%；公共财政收入完成3125万元，同比增长11.5%；城镇居民人均可支配收入完成14326元，同比增长9.4%；农民人均纯收入完成2249元，同比增长11.8%；社会消费品零售总额完成2.47亿元，同比增长13.4%；固定资产投资完成8.05亿元，同比增长35%。全县粮食总产量达到3.9万吨，同比增长18%。

2014年，全县生产总值完成4.78亿元，同比增长4.3%；财政总收入完成6228万元，同比增长15.5%；公共财政预算收入完成3518万元，同比增长12.5%；规模以上工业增加值完成1505万元，同比增长13.8%；城镇居民人均可支配收入达到15466元，同比增长8.1%；农民人均纯收入达到2541元，同比增长12.3%；社会消费品零售总额完成2.74亿元，同比增长11%；固定资产投资完成10.4亿元，同比增长29.1%。全县粮食总产量达到5.3万吨，同比增长35.9%。

"十二五"末，全县生产总值完成4.5亿元，年均增长8.14%；财政总收入完成5602万元，年均增长11.1%；一般公共预算收入完成 3300 万元，年均增长 10.17%；规模以上工业增加值完成 1582 万元；城镇居民人均可支配收入完成 16541 元，年均增长 10.52%；农村居民人均可支配收入完成 2690 元，年均增长 14.41%；社会消费品零售总额完成 2.94 亿元，年均增长 12.5%；固定资产投资完成 12.1 亿元，年均增长 28.3%。

第二节　"十三五"计划时期（2016~2019）

2016 年，全县地区生产总值完成 5.17 亿元，同比增长 12.9%。固定资产投资完成 18.37 亿元，同比增长 51.9%。一般公共预算收入完成 3101 万元，好于年初计划。社会消费品零售总额完成 3.17 亿元，同比增长 7.7%。工业增加值完成 1373 万元，同比增长 4.8%。居民人均可支配收入为 8789 元，同比增长 7.4%。其中，城镇居民可支配收入为 17484 元，同比增长 5.7%。农村居民可支配收入为 2905 元，同比增长 8.0%。

2017 年，全县生产总值完成 5.87 亿元，同比增长 10.5%，增速全市第二；全社会固定资产投资完成 11.9 亿元，同比增长 66.8%，增速全市第二；社会消费品零售总额完成 3.38 亿元，同比增长 6.6%；一般公共预算收入完成 3303 万元，同比增长 6.51%；规模以上工业增加值完成 1422.8 万元，同比增长 0.6%；城镇居民人均可支配收入完成 18533 元，同比增长 6.0%；农村居民人均可支配收入完成 3303 元，同比增长 13.7%，增速全市第一。

2018 年，全县地区生产总值完成 6.73 亿元，同比增长

9.3%，增速全市第一；固定资产投资完成 15.04 亿元，同比增长 26.4%，增速位居全市前列；规模以上工业增加值完成 3106 万元，同比增长 76.7%，增速全市第一；社会消费品零售总额完成 3.64 亿元，同比增长 7.6%；一般公共预算收入完成 3772 万元，同比增长 14.2%；城镇居民人均可支配收入完成 19719 元，同比增长 6.4%；农村居民人均可支配收入完成 3782 元，同比增长 14.5%，增速全市第一，农村居民收入增速持续快于城镇居民收入。

2019 年全县地区生产总值完成 9.43 亿元，同比增长 17.1%，增速全市第一；一般公共预算收入完成 6199 万元，同比增长 64.3%，增速全市第一；规模以上工业增加值同比增长 57.4%，增速全市第二；全社会固定资产投资完成 17.9 亿元，同比增长 19%，增速全市第三；社会消费品零售总额完成 3.92 亿元，同比增长 7.8%，增速全市第四；城镇居民人均可支配收入完成 21375 元，同比增长 8.4%，增速全市第四；农村居民人均可支配收入完成 4485 元，同比增长 18.6%，增速全市第一。

2019 年，全县累计脱贫 80 个贫困村 6343 户 17470 人，贫困发生率下降至 0.4%。贫困发生率、贫困村退出率两项核心指标全面完成；标准化卫生室、综合文化活动场所、公路硬化和客运班车、安全饮水、动力电、互联网实现行政村全覆盖，易地扶贫搬迁 27 个安置点全部建成入住，七项基础设施指标达到 100%；农村居民人均可支配收入完成 4485 元，农村低保标准提高到每人每年 5200 元，适龄儿童学前入园率达到 99.14%，义务教育阶段无因贫辍学学生，建档立卡贫困人口参加城乡居民基本养老保险、基本医疗保险参保率达到 100%，五项民生社保指标超过全省平均水平。贫困县退出 14 项指标全部达标，顺利通过第三方评估验收，如期实现脱贫"摘帽"。

2019 年全县生产总值 94280 万元，增长 17.1%，规模上工业增加值同比增长 57.4%，全县固定资产投资完成总额 179120 万元，同比增长 19%，公共财政预算收入 6199 万元，同比增长 64.34%，城镇居民人均可支配收入 21375 元，同比增长 8.4%。农村居民人均可支配收入 4485 元，同比增长 18.6%，社会消费品零售总额 55346.2 万元，同比增长 52.1%，全年粮食总产量 22023.06 吨，同比下降 54.65%。

2020 年地区生产总值 109624 万元，按可比价格计算，同比增长 6.6%，规模上工业增加值同比增长 141%，全县固定资产投资完成总额 191628 万元，同比增长 7%，公共财政预算收入 6855 万元，同比增长 10.6%，城镇居民人均可支配收人 22508 元，同比增长 5.3%，农村居民人均可支配收入 5553 元，同比增长 23.8%，社会消费品零售总额 54571.4 万元，同比下降 1.4%，全年粮食总产量 24570.29 吨，同比增长 11.57%。

附 录

附录一：

历届中共大宁县委书记名录

抗日战争时期（1937.7~1945.8）

中共大宁临时县委（1938.2~1938.5）

书　记	籍　贯	任职时间	备　注
郝光耀	陕西省延川县	1938.2~1938.5	

中共大宁县委（1938.5~1939.12）

书　记	籍　贯	任职时间	备　注
郭宜民	山西省洪洞县	1938.5~1938.9	
郭万胜	山西省灵石县	1938.9~1939.12	又名：郭轮
房居平	山西省大宁县	1941.8~1943.11	负责人

全国解放战争时期（1945.8~1949.9）

中共大宁县委（1945.8~1949.9）

书　记	籍　贯	任职时间	备　注
房居平	山西省大宁县	1946.3~1947.6	
罗　沛	山西省隰县	1947.6~1949.6	
曹步斐	山西省石楼县	1949.6~1949.9	

社会主义革命和建设时期（1949.10~1978.12）

中共大宁县委（1949.10~1958.6）

书　记	籍　贯	任职时间	备　注
曹步斐	山西省石楼县	1949.10~1951.10	
刘　波	山西省吉县	1951.10~1955.1	
孙宗武	山西省洪洞县	1955.1~1958.6	

中共隰宁县委（1958.6~1958.9）

书记	籍贯	任职时间	备注
李立功	山西省交城县	1958.6~1958.9	第一书记

中共吕梁县委（1958.9~1961.6）

书记	籍贯	任职时间	备注
李立功	山西省交城县	1958.9~1960.1	第一书记
宋发义	山西省沁水县	1960.1~1961.6	第一书记

中共大宁县委（1961.6~1967.1）

书记	籍贯	任职时间	备注
宋发义	山西省沁水县	1961.6~1964.10	
仝兴才	山西省沁水县	1964.10~1967.1	

中共大宁县核心小组（1967.5~1969.12）

书记	籍贯	任职时间	备注
曹玉泉	河北省完县	1967.5~1969.12	称组长

中共大宁县革命委员会核心小组（1970.1~1971.3）

书记	籍贯	任职时间	备注
曹玉泉	河北省完县	1970.1~1971.3	称组长

中共大宁县委（1971.3~1978.12）

书记	籍贯	任职时间	备注
刘吉文	四川省井研县	1971.~1973.8	
李俊	山西省洪洞县	1973.8~1978.12	

改革开放时期（1978.12~2012.11）

中共大宁县委（1978.12~2012.11）

书记	籍贯	任职时间	备注
李俊	山西省洪洞县	1978.12~1981.1	
高峰	山西省尧都区	1981.3~1982.6	
宋纯义	山西省古县	1982.6~1983.4	
杨家洪	山西省襄汾县	1983.4~1988.11	

柴建新	山西省曲沃县	1988.12~1996.6	
李建荣	山西省乡宁县	1996.6~2000.4	
杨玉龙	山西省尧都区	2000.4~2006.3	
张越轶	山西省永和县	2006.6~2011.4	
刘奎生	山西省洪洞县	2011.5~2012.11	

新时代中国特色社会主义时期（2012.11~）

中共大宁县委（2012.11~）

书记	籍贯	任职时间	备注
刘奎生	山西省洪洞县	2011.11~2015.12	
王金龙	山西省文水县	2011.11~2021.3	
王晓斌	山西省临汾市尧都区	2021.3~	

附录二：

历届大宁县人民政府县长名录

全国解放战争时期（1945.8~1949.9）

大宁人民民主政府（1945.8~1949.9）

县 长	籍 贯	任职时间	备 注
许科堂	山西省大宁县	1945.9~1947.5	
黄建邦	陕西省黄陵县	1947.8~1949.8	
解学温	山西省交口县	1949.8~1949.9	

社会主义革命和建设时期（1949.10~1978.12）

大宁县人民政府（1949.10~1955.1）

县 长	籍 贯	任职时间	备 注
解学温	山西省交口县	1949.10~1951.9	
贾稷凯	山西省稷山县	1951.9~1955.1	

大宁县人民委员会（1955.1~1967.1）

县 长	籍 贯	任职时间	备 注
仝兴才	山西省沁水县	1955.1~1958.6	
1958.6~1961.6大宁先后与隰宁、吕梁合并，并县期间县长名录缺失			
仝兴才	山西省沁水县	1961.6~1967.1	
梁红星	山西省安泽县	1965.4~1967.1	代县长

大宁县革命委员会（1967.4—1981.11）

主 任	籍 贯	任职时间	备 注
王德政	山西省交口县	1967.4~1968.6	
曹玉泉	河北省完县	1968.6~1971.5	
王进级	山西省翼城县	1972.4~1972.11	
张作武	山西省浮山县	1972.11~1975.11	
宋纯义	山西省古县	1975.11~1981.10	
韦彬	山西省吉县	1981.10~1981.11	

大宁县人民政府（1981.11~2012.11）

县 长	籍 贯	任职时间	备 注
李兴荣	山西省大宁县	1981.1—1983.12	
解学兵	山西省交口县	1983.12~1987.5	
柴建新	山西省曲沃县	1987.6~1988.12	
段兰记	山西省尧都区	1990.5~1992.11	
李建荣	山西省乡宁县	1993.5~1996.8	
刘明贵	山西省交口县	1997.3~2000.5	
王 林	山西省襄汾县	2001.2~2004.6	
张越轶	山西省永和县	2005.3~2006.6	
陈 纲	山西省吉县	2007.5~2008.4	
孙京民	山西省曲沃县	2008.5~2009.11	
程明温	山西省浮山县	2009.11~2011.5	
樊 宇	山西省安泽县	2011.6~	

附录三：

大宁县革命老区重点村分类表

所 属 类 别	村数	村 名
一、党组织建立最早的村	1	而吉村
二、老一辈革命家生活和工作过的村	4	县城西堂、原县贸易公司、
葛口村、县城东河沿		
三、我党、政、军领导机关驻扎过的村	2	县城城隍庙、葛口村、道教村
四、发生过重大战斗、事件的村	11	堡村、西南堡村、张家塬村、中垛村、小冯村、三多村、东木村、云居村、割麦村、石城村、茨林村
五、战争年代出兵、出粮、出钱多，支援革命贡献大的村	2	当支村
六、在革命战争年代有较大影响的村	1	白杜村

后　记

白露已过，秋风将至，大地丰收，硕果飘香，又是一个金色的季节。正当全县人民在全面完成脱贫摘帽历史性任务，向小康社会大踏步迈进之时，经过近两年的紧张工作，由大宁县老区建设促进会组织编写的《大宁县革命老区发展史》一书付梓面世了。

《大宁县革命老区发展史》是根据中国老区建设促进会中老促字〔2017〕15号文件精神，由省、市老促会部署指导下，经过全体编纂人员深入调研、辛勤笔耕、五易其稿而完成的。

本书翔实地记载和反映了土地革命、抗日战争、全国解放战争时期，大宁革命老区人民在中国共产党的领导下，不屈不挠浴血奋战、前仆后继、英勇斗争的战斗历程和英雄事迹；记载和反映了大宁广大干部群众，在社会主义现代化建设新时期，特别是党的十一届三中全会后改革开放以来，顽强拼搏、开拓创新，把大宁建设成为富强民主文明和谐美丽的新大宁的巨大成就和精神风貌；记载和反映了进入新时代中国特色社会主义时期，大宁人民为实现美好生活向往和中华民族伟大复兴的中国梦而继续不懈奋斗的冲天干劲和坚强决心。

《大宁革命老区发展史》一书，分6编、25章、141节和附录5篇，共28余万字。本书由冯玉生为主编，贺润成、任振荣、贺炳文为副主编，李宏伟为执行主编，由张九锁、李玉山为特邀编审对全书进行了统一审稿。

本书征编中，县委、县政府十分重视。召开专门会议进行研究部署，成立了编委会，拨付了专项经费，在人员和办公设施等方面予以了大力支持。编撰人员怀着强烈的事业心和历史责任感，深入农村、社区进行调研，多次到市、县档案局查找文献档案，取得了第一手资料，为本书编写打下了坚实的基础。在进入编写阶段，他们更是夙兴夜寐，字斟句酌，反复推敲，数易其稿，付出了辛勤的劳动。为了保证全书质量，他们一丝不苟、兢兢业业地做好每一件工作……为人们所赞美的老黄牛精神，在他们身上得到了完美的体现。

编写过程中，得到了临汾市老区建设促进会、襄汾县老区建设促进会、永和县老区建设促进会、县委党史研究中心和县档案局和县统计局等单位的大力支持和精心指导，在此一并表示衷心的感谢。

本书虽经多次考证修改，但由于历史资料不全，有些史料难以考证，加之编撰人员水平所限，尽管作了努力，书中仍难免存在繁简不当甚至错误之处，敬请广大读者惠赐斧正。

《大宁革命老区发展史》编委会

2020 年 9 月 19 日